倾听
Listen

五种简单的方法
助你应对日常育儿挑战

Five Simple Tools to Meet Your
Everyday Parenting Challenges

【美】帕蒂·惠芙乐（Patty Wipfler）著
　　塔莎·肖尔（Tosha Schore）

陈平俊　孙富华　陈瑜　陈兢　译

北京大学出版社
PEKING UNIVERSITY PRESS

著作权合同登记号　图字：01-2017-2862

图书在版编目(CIP)数据

倾听：五种简单的方法助你应对日常育儿挑战 /（美）帕蒂·惠芙乐,（美）塔莎·肖尔著；陈平俊等译. —北京：北京大学出版社，2019.4
ISBN 978-7-301-30015-2

Ⅰ. ①倾… Ⅱ. ①帕… ②塔… ③陈… Ⅲ. ①儿童教育-家庭教育 Ⅳ. ①G782

中国版本图书馆 CIP 数据核字(2018)第 246949 号

书　　名	倾听：五种简单的方法助你应对日常育儿挑战 QINGTING：WUZHONG JIANDAN DE FANGFA ZHU NI YINGDUI RICHANG YU'ER TIAOZHAN
著作责任者	〔美〕帕蒂·惠芙乐(Patty Wipfler)　〔美〕塔莎·肖尔(Tosha Schore)　著 陈平俊　孙富华　陈瑜　陈兢　译
责任编辑	赵晴雪
标准书号	ISBN 978-7-301-30015-2
出版发行	北京大学出版社
地　　址	北京市海淀区成府路 205 号 100871
网　　址	http://www.pup.cn　新浪微博：@北京大学出版社
电子信箱	zpup@pup.cn
电　　话	邮购部 010-62752015　发行部 010-62750672　编辑部 010-62754271
印　刷　者	大厂回族自治县彩虹印刷有限公司
经　销　者	新华书店
	650 毫米×980 毫米　16 开本　22.25 印张　290 千字 2019 年 4 月第 1 版　2025 年 7 月第 4 次印刷
定　　价	56.00 元

未经许可，不得以任何方式复制或抄袭本书之部分或全部内容。
版权所有，侵权必究
举报电话：010-62752024　电子信箱：fd@pup.pku.edu.cn
图书如有印装质量问题，请与出版部联系，电话：010-62756370

帕蒂的序

我13岁的时候就已经完全了解和小孩子打交道是怎么一回事了。我家有6个孩子，我是老大，13岁时就已经有多年照料弟弟妹妹、表弟表妹以及邻居家孩子的经验了。在学校，每逢下雨，孩子们不得不在室内用午餐时，老师总是派我到那个最吵闹的班里去。我知道怎样让那个班——总共52个孩子——不出乱子。

从10岁起，每个夏天我都在和小孩子打交道。直到上完大学，21岁结婚，成为一名老师，我的生活重心一直都是孩子。所以当我怀上我自己的第一个孩子时，我确定自己会是个好母亲，因为我经验丰富。我热切地盼望成为母亲。

然而，第二个儿子出生后，我遇到了麻烦。我变得易怒，开始发脾气。一天，当两岁的长子要去伤害弟弟时，我朝他猛扑过去，就在我要把他推撞到墙上的一刹那，我控制住自己，停了下来。看到儿子眼中的恐惧，我为自己差点要做出的事感到震惊。

同一个人，两种表现。我是个好妈妈——除了我表现糟糕的时候。我擅长照顾孩子，可有时会失控。很小的时候我就发誓永远不粗暴地对待孩子。直到第二个孩子出生之前，我也的确做到了。我究竟是怎么了？我该怎么做来帮助我自己、帮助我的孩子们？但那时我没对任何人说过自己的焦虑。

1973年的一个周六，我和一个朋友珍妮·卡什尼一起散步。她问我做母亲的感觉怎么样。我突然大哭起来，告诉她发生在我身上的事有多可怕。我告诉她我的父亲曾经很暴躁——父亲在我们小的时候一直背负着巨大的压力——而现在我正在变成那个样子！面对着实际上我并不是很了解的珍妮，我毫无节制地哭着。她就看着我哭，听我说。她真好。当我能平静下来的时候我向她道歉。她却毫不见怪，还让我放心，她很乐意这样倾听我诉说。

当天下午和孩子们一起玩的时候，我很有耐心，也很愉快。整个人感觉轻松多了。做母亲的快乐又回来了。之后好几个星期我都没有对孩子发过脾气。不管珍妮为我做了什么，那必定是我所需要的！

珍妮告诉我，她参加过一些课程，课堂上人们轮换着倾听对方的希望和忧虑。随着彼此信任的加深，人们会更多地大哭大笑，认为这样释放情绪特别有用。这让我明白了我那次长达15分钟的痛哭流涕为什么会对自己有那么大的帮助，也明白了我为什么会对着她哭。她懂得如何倾听，而我下意识地知道这一点。她的倾听帮助我重新恢复了我最需要的对孩子的耐心。于是我迫不及待地参加了珍妮提到的课程。

我的第一个倾听伙伴是位工程师，一位和我同龄的忧郁的父亲，他的妻子刚刚离开了他，留给他一个6个月大的患唐氏综合征的女儿。他既没有照顾婴儿——一件费心费力的事——的经验，也没有朋友和帮手。他和我每周交换倾听时间，每人每次一个小时，持续了12年。对我来说，这让我的家庭生活很快变得温暖和轻松。对他来说，效果显现得相对缓慢，但很扎实。

就在那时候，有件事让我大为惊讶。我两岁的儿子雅各布染上了结膜炎，医生开了几天用量的眼药水。我知道儿子很怕滴眼药水。我能想象到的情景是：我不得不用膝盖压住他的两只胳膊，手捏着滴管，朝着他拼命扭动的小身体俯下身。如果情况真的如此，那么他对我的信任在这几天里会大打折扣。

等到弟弟睡午觉了，我决定倾听雅各布对于要滴眼药水的感觉，这么做或许有帮助，毕竟得到倾听对我确实有帮助。尽管我不知道该如何做，但总不会有什么损失。

于是我让他看看那个装眼药水的小瓶，告诉他我得给他的两只眼睛滴些药水。他往后一仰，倒在床上大哭起来。我守在他旁边，一边专心地听着他哭，一边告诉他那个药水会让他好起来。他继续大哭。等他哭得不那么厉害时，我就轻轻地扶他坐起来，再给他看那个小瓶，说："我得把药水滴到你的眼睛里，让你的眼睛好起来。"我每次这样做，他都会大哭起来。

这样反反复复地持续了半个小时之后，我问他要不要看看药水是怎样被挤出来的。他说要。我用滴管吸了药水，把它举起来，再把药水滴回小瓶里。他看了一会儿，又仰倒在床上大哭起来。过程就是这样：让他看滴药水，他大哭，再让他看滴药水，他再大哭。

之后，雅各布问我可不可以让他试试挤那只滴管。他试了几次之后，我问他有没有准备好让我给他滴眼药水。他又开始号啕大哭。我守在他身边，盯着他的眼睛，喃喃地说："我很抱歉让你这么为难。"

几分钟之后，他不哭了，坐起来问我："可以让我来滴眼药水吗？"我必须得承认，就算再活上一百年我也不会想到让一个两岁的孩子给自己滴眼药水！我说："行，你可以试试。可是如果你滴不准，我就得帮你滴。"

我大为惊讶！之后的几天，滴眼药水对他来说就像穿袜子一样寻常。他的恐惧消失了。

那天的尝试让我有了重要的想法。父母的很多焦虑、压力是可以预防和避免的。我是在承受着巨大压力的优秀父母的养育下长大的。我见过压力之下的好父母会给他们自己造成什么样的伤害。父母自身需要有个情绪的出口。他们不一定非得以高压态势对待孩子。如果父母能够倾听孩子，孩子就会从顽劣不化变得合作、配合。

我意识到，倾听是充满尊重的给予爱的有效的方式，而且它最终会解决问题。以这种方式抚育孩子——面对并处理孩子的情绪，而不是抵触它们——感觉真好。我知道自己这一生要做什么了。

自那以后，除了睡觉，我几乎把所有的时间都用在抚育两个儿子以及去探索、了解父母如何营造支持自己的环境以便更好地抚育子女上。在过去 40 年间，我有幸帮助了成千上万的父母和孩子，了解到父母如何通过与孩子的情感联结以及倾听孩子的情绪来帮助孩子渡过生活中的坎坷。回报有时来得很快，就像发生在我儿子身上的事情那样，有时则需假以时日。无论如何，我确信父母有能力帮助自己的孩子渡过各种难关。父母之间通过相互倾听，也会获得成长。

　　一而再、再而三地看到倾听给父母和孩子带来的巨大益处，我希望把这些想法和方法传递给更多的父母。于是，1989 年，在朋友们和支持者的帮助下，我建立了"手拉手做父母"——一个非营利的服务于父母的机构。最初它发展得很慢，以我们自己的坚实的亲身体验为基础开展着各种活动。现在我们则是以更丰富多样的方式帮助父母。

　　塔莎·肖尔在 2005 年参加了我的一个持续性父母小组。她出色地利用了"手拉手做父母"的资源帮助自己的家庭渡过了许多难关，包括疾病、创伤以及与孩子的学习有关的各种问题。现在这位三个男孩的母亲已经成为"手拉手做父母"的培训师、全球范围内的父母的咨询顾问、男孩子的有力支持者、受欢迎的博客写手。我喜欢她实事求是的态度、缜密的思考、勇气和在抚育子女时保持与孩子的全面联结的能力。这本书有她的参与正是我所期待的。

　　这本书的内容基于我们有幸获得的所有见解。我们很高兴能通过这本书把我们的经验以及来自五大洲的 70 多位父母抚育子女的故事一同呈现给你。本书是以"手拉手做父母"为基础的集体努力的成果，旨在向读者展现能够帮助你向孩子传递爱的最棒的工具。衷心希望它对你有用。

帕蒂·惠芙乐
"手拉手做父母"的创立者及项目指导

塔莎的序

我原来的名字是希瑟（Heather Megan Schore），得名于我家附近小山上覆盖着的美丽的紫色植被。我幼年的记忆是甜蜜的——荡秋千、采摘野生莓果、坐在暖炉前的豆袋沙发上、在那些讨厌的鼻涕虫身上撒盐、每天都能吃到我家漂亮菜园里的蔬菜。

我五岁那年，父母离婚了，我心爱的房子被卖掉了。父亲离开了，母亲和我也远走他乡，远离了我所有的朋友。我变成了充满愤怒的女孩。我恨父亲，也生母亲的气，把自己的名字改成塔莎（Tosha），换过三个幼儿园，在校长办公室度过了小学一年级的大部分时间。

幸亏我的母亲从来没有忘记我善良的本性。即使我在学校乱踢乱叫到处惹麻烦，她仍然始终如一地支持我。她让自己保持良好的心态以便能倾听我发脾气，还不会因为把我骂她的话当真而失去冷静。母亲是我坚如磐石的依靠。

现在我成了母亲。我有丈夫和三个儿子，他们每人都有自己的难题。成为母亲无疑是我有生以来所做的最好的决定。我爱做母亲，但这并不总是轻松容易。

二儿子出生后我变得对所有的事都失去耐心，那不是我想要的状态，这让我的心情很糟。我知道我需要帮助。我想知道我该怎么应付我那两岁的儿子——他夜里每隔两个小时就要吃奶，而我得早起去上班。我想知道我怎么能在跟他说"不"的时候不会对他大喊大叫。我想要真正地享受和孩子们在一起的时间，因为我知道在我能做好思想准备之前他们就已经长大了（要离开家了）。

母亲说："给帕蒂·惠芙乐打电话吧。她就在咱们附近，而且她为家庭做的活动很不错。"于是我拿起话筒打了电话。

一周后，我开始参加帕蒂的每次两个小时的父母支持小组，事实证明那正是我需要的。那个小组人不多，组员是想暂时逃离繁忙家务的母亲、伴侣和劳作者，把享受与他人建立联结的两个小时作为给自己的礼物。在那间屋子里我们得到了无条件的爱与接纳。我们有一个安全的地方让我们可以因为孩子、因为我们身为父母所遭遇的不公正而大哭、颤抖和发怒。我们彼此分享成功的快乐，确信这间屋子完全属于我们，在这里我们不会受到评判。

自那以后10年过去了。孩子们依然在我的生活中占有很重的分量。他们分别是13岁、11岁和9岁。我依然在满负荷地运转，每天用着诸位会从这本书里看到的有效的倾听方法。日子很难的时候——当然有这样的日子——即便是我正在经历青春期的大儿子也确信我会在他身边支持他。我一次次地看到，当他需要我的时候，他就会来向我求助。

我不敢想象，没有稳定的倾听伙伴关系（listening partnerships），我的家庭会是什么样子。是这种倾听式伙伴关系给了我勇气去倾听孩子们的哭泣和暴怒，与他们建立深度联结，坚定而充满爱地对他们说"不"，和孩子们尽情地游戏。

那些倾听方法已经成为我的路线图，引导我的育儿行为，使之成为我引以为傲的经历。我是完美的母亲吗？当然不是！我的孩子是全优、会自觉地去洗碗并且从来不还嘴吗？不，他们不是那样的。但是他们很努力，他们知道我不允许恐惧阻碍他们追求梦想。他们会刷盘子也会洗衣服。他们知道如果自己做错了什么，可以在心甘情愿的时候道歉。不过，最重要的是，他们知道有人爱自己，无论发生了什么。当我晚上亲吻他们向他们道晚安时，我知道我已经做到了最好，他们也一样。

我希望这本书也能帮到你，让你感受到自己的价值，增强自信，并给你的家庭生活带来你所渴望的改变。

塔莎·肖尔

"手拉手做父母"的认证培训师

"你的育儿伙伴"项目创始人

导　　读

当爱在我们和孩子之间流淌的时候，我们的生活便充满了意义。孩子会在父母的爱中茁壮成长；我们也有足够的精力照顾好孩子的方方面面，同时安枕无忧。

但是每个得到足够关爱的孩子都有出问题的时候，有的孩子似乎从一出生就没舒坦过。事情进展得不顺利时，我们向其他父母取经，并试着运用新学的育儿经验。可是孩子总是让我们无计可施。他们会不断地把我们"逼疯"。

更难的是，我们所用的育儿经验必须涵盖孩子的各个年龄段，从对妈妈离开几分钟去冲澡都感到恐惧万分的婴儿，到晚上10点不肯睡觉的12岁少年；从兄弟姐妹之间的争吵到与家庭作业相伴的磨难；从夜晚的恐惧到因为豌豆沾上了土豆泥这类鸡毛蒜皮的小事而被破坏的晚餐。直到孩子18岁成年，他们有多少行为问题需要我们去应对！

为了让孩子少出问题，大多数父母会使用基于奖励与惩罚的办法。可是，不论是威吓孩子，罚他们一段时间内不可以做喜爱的事，还是因为他们按时完成某件事而小小奖励一下，这样做会有持久的效果吗？事实是，我们与孩子的关系紧张度在升高。大多数父母会发现，今天用的威吓明天还得用；今天用的惩罚导致明天还得惩罚；今年的小奖品到孩子五年级时会升级为含有更多的糖分或价格更昂贵的奖品。等孩子到了15岁时，所有这些办法都会失效。

当你用奖惩的办法时,重点在交易:孩子学会了以自己的行为来交换你的爱或其他物质奖励。他还知道你的爱是有条件的:当他表现差时你会表现得不那么在乎他。他不会随着年龄增长获得更好的判断力,反而只会专注于你会对他的行为开什么价,而他会通过配合你赚得什么。这会令亲子之间的温暖亲情丧失殆尽,代之以某种看不到尽头的低层次的权力之争。因此我们一定得有更好的办法!

用本书介绍的方法,你可以改变孩子的行为。你能学到如何帮助孩子恢复他热切的、合作的、富于爱心的天性。这些办法适用于任何年龄的孩子。你在阅读那些来自世界五大洲有着不同文化背景的父母们的经历时就会明白如何应用这些办法。这些父母当中有些人的子女多达 8 个。他们有的是单身父亲或母亲,独自抚育子女;有的是夫妻双方共同养育子女。他们当中有非洲裔美国人、拉美人和亚洲人;有的孩子是领养的,或是有特殊需要的;有的成长在贫困家庭;有的打破了家庭中互虐的恶性循环……他们的洞察力、关爱和幽默感会让你备受鼓舞。

本书向你介绍的方法是基于在全球开展的长达 40 年之久的亲子互动的经验,并经过最新研究的确认。"手拉手做父母"的实践依据,也是出自实践的真知:当父母与孩子关系亲密、沟通良好的时候,也就是他们处于最佳状态的时候。那些让你筋疲力尽、让孩子麻烦不断的问题有可能通过注重改善你们彼此的联结而得以解决。而且,由于生活中总有不痛快的时候,所以为你自己和孩子设置情绪出口也是很重要的。与你保持着牢固的情感联结,孩子不论在顺境还是逆境都能够茁壮成长。

你会从这本书里学到具体、实用的方法来减轻你自己的和孩子的焦虑紧张。养育子女不易,但你现在总算有办法帮助自己了。

阅读指南

写这本书时我们设想你可能没有时间从头到尾读完它。如果你做到了，你就充分了解了"手拉手做父母"的理念以及在家里营造更多乐趣与和谐的各种方法。但是如果你整天忙于应对各种各样的事，哪怕一次读上 10 分钟也同样能够领悟其中的理念和技巧。

本书分为四个部分：

Ⅰ．以新的视角看待父母角色

Ⅱ．五种有效的倾听方式

Ⅲ．应对日常的育儿难题

Ⅳ．我们的未来，紧密的联结

我们诚恳建议你从第一部分"以新的视角看待父母角色"读起。这部分内容阐明了我们做父母的之所以耗尽了耐心和精力的原因；介绍了养儿育女的新思路和想法，并说明了它们之所以有效的原因以及你能够期待的效果。

第二部分"五种有效的倾听方式"是"手拉手做父母"所运用的方法的核心部分。应用这五种倾听方式会改变你和孩子的生活。这些倾听方式有助于你顺应孩子的本能排解烦扰他的紧张情绪。其中有一种是专为你设计的。它会帮助你缓解焦虑、自责、恼怒以及由于过度劳累和担忧而产生的疲惫不堪。利用好它们会帮助你渡过难关。有时间的话请读完第二部分，然后就开始尝试去做吧！积极的改变不久就会出现。

不过，如果你觉得无法再忍受哪怕一个不眠之夜，或简直无法再次忍受孩子的某个愚蠢行为，那么你可以直接翻到第三部分"应对日常的育儿难题"。在"培养合作关系""日常别离""消除恐惧"以及"帮助有攻击性的孩子"中，你会找到可以直接拿来使用的方法。针对每一个挑战我们都提供了独特的思路，而且从众多父母的亲身经历中你可以了解如何通过倾听与孩子建立联结，推动事情朝着积极的方向发展。之后你可以再返回第二部分，具体、透彻地了解如何运用每种倾听方式。

"手拉手做父母"的理念之一是你自己的生活和幸福至少与你孩子的生活与幸福同等重要。本书的第四部分为你作为父母最不顺利的时刻提供了新颖的策略。它会向你说明你怎样做可以为自己完成身为父母这一重要角色而建立起一套支持体系。这里我们会讲到曾经在"手拉手做父母"的伴随下长大的孩子目前的生活状态。我们还会为辛苦操劳的父母们草绘我们所预见的他们相互联结的未来。我们期望本书的这些章节能够鼓舞父母读者们开始着手为自己建立起应得的支持体系。

你已经具备了养育子女的条件——爱、关怀与奉献精神。本书会向你展示使用它们的新方式。我们愿你作为母亲而绽放，作为父亲而爱！愿你们的家庭生活充满快乐与亲密联结。我们相信，我们可以为你提供帮助。

为了让本书更具有可读性，我们尽可能做到让它读起来就像是一个人写的。里面讲到的个人经历是指属于我们二人之中的一个人的。每个经历都体现了我们二人熟知的方法。感谢你愿意花费宝贵的时间和精力阅读本书，这令我们深感荣幸；希望本书介绍的理念对你有用，并最终能够帮助你在养育儿女上做出积极的改变。

致中国读者

你们可能会注意到本书阐述的养育子女的理念和方法与我的另一本书,由北京大学出版社自 1998 年以来已出版至第三版的《倾听孩子——家庭中的心理调适》所阐述的主旨是基本相同的。我期望你们发现本书的内容在组织编排上有改进和扩展:增加了脑科学方面的最新研究成果以及父母们的亲身体验,便于读者了解本书介绍的理念和方法如何用于处理日常生活中的实际问题。同时,我也希望通过此书把塔莎·肖尔——我的合作者——充满活力的声音和见解引荐给广大读者。

希望你们乐于了解来自不同国家的普通父母用于建立与孩子的情感联结并因此改善了自己的家庭生活的多种方式方法。这些父母为自己建立了能够支持其履行父母职责的倾听伙伴关系,这使得他们在做父母的时候能够与孩子游戏,建立联结,自信地设置规矩,远离粗暴。

愿你们在尝试运用本书介绍的倾听方法和理念时有所收获,愿你们和孩子之间的情感联结使你们每个人的生命美丽绽放!

帕蒂·惠芙乐
2017 年 2 月

目 录
Contents

第一部分　以新的视角看待父母角色

第 1 章　做父母：一项重要而又艰巨的工作 …………………… 3
为人父母不易的外在因素/5
我们还面对着来自自身的挑战/7
做父母要处理大量情绪/8
有办法/10

第 2 章　情感联结是关键 ………………………………………… 11
当孩子感受到情感联结时才能够思考/13
情感联结的断裂：无形的"关闭"按钮/14
当孩子感觉受到伤害时无法思考/15
孩子不想闹别扭/16
孩子天生就知道如何从创伤中恢复/17
以往的伤痛也会让孩子行为失常/19
你可以和孩子成为搭档/21
孩子会把创伤展示给你/22
倾听看似简单，实则不易/23
理解孩子发出的求助信号/24

第二部分　五种有效的倾听方式

引言 …………………………………………………………………… 31

第 3 章　方式一：专门时间 ………………………………………… 34
专门时间的特别之处/34
什么时候用专门时间/37
如何做专门时间/39
不要做的事/42
当你定期使用专门时间时/45
见缝插针地安排专门时间/47

第 4 章　方式二：陪伴式倾听 ……………………………………… 49
陪伴式倾听的独特效果/50
什么时候做陪伴式倾听/52
如何做陪伴式倾听/54
处理小事情引发的不愉快可以治愈重大创伤/57
亲切温柔地支持孩子/58
用陪伴式倾听治愈孩子的悲伤/64
用陪伴式倾听释放孩子的挫折感/65
用陪伴式倾听治愈孩子的恐惧/68

第 5 章　方式三：实施干预 ………………………………………… 70
实施干预的独到之处/71
何时实施干预/73
如何做好倾听-干预-倾听三部曲/76
在孩子烦躁不安之前实施干预/82
尝试风趣地实施干预/83
通过设定期望促成孩子的进步/85

第 6 章　方式四：游戏中倾听 ……………………………………… 89
游戏中倾听的独特之处/91

什么时候做游戏中倾听/94

如何开始游戏中倾听/95

采用游戏中倾听解决挑战性问题/98

游戏中倾听经常触及更深层的情绪/100

有些孩子是慢热型，或者会在中途放声大哭/100

你可以在进行游戏中倾听时实施干预/101

第 7 章　方式五：倾听伙伴关系 …………………………… 104

倾听伙伴关系的特别之处/106

什么时候使用倾听伙伴关系/108

如何建立倾听伙伴关系/110

相互倾听时可以使用的其他技巧/117

请暂停片刻/118

请警觉有时被误认为是倾听的这些习惯/119

有时候可能需要专业的心理治疗师/120

第 8 章　综合使用五种方式：情绪处理工程 …………… 121

情绪处理工程的特别之处/122

何时介入孩子启动的情绪处理工程/123

如何把握情绪处理工程/124

完成一项情绪处理工程需要多久/127

父母也有情绪处理工程要进行和完成/132

第三部分　应对日常的育儿难题

引言 ……………………………………………………………… 137

第 9 章　培养合作关系 ……………………………………… 138

营造合作的氛围/139

第 10 章　日常别离 ………………………………………… 180

运用倾听的方法解决分离焦虑/182

第 11 章　消除恐惧 ································· 217
孩子们的恐惧从何而来 /217
如何从恐惧中康复 /218
采用倾听的方法让恐惧的孩子获得疗愈 /223
清除恐惧可能需要完成一项情绪处理工程 /235
没有单一的程序 /235

第 12 章　帮助有攻击性的孩子 ·············· 269
攻击行为是孩子感到害怕时发出的信号 /269
如何消除孩子的攻击性 /270
化解孩子攻击性的更多方法 /278

第四部分　我们的未来，紧密的联结

第 13 章　当我们觉得无计可施时，建立联结 ·········· 307
应对糟糕时刻的三件法宝 /308

第 14 章　父母的支持体系 ······················ 313
铺就一条走出孤独之路 /313
主动寻求帮助 /315
关于内疚和指责他人 /316
清除困惑 /319
突破疲惫不堪的感觉 /321
为你的家庭建立"同盟军" /323

第 15 章　前方的路 ································· 326
你的独立思考很重要 /326
倾听能够帮助孩子释放潜能 /327
倾听释放我们自己的潜能 /329
通过育儿，我们能够让事情发生改变 /331

译者后记 ·· 333

第一部分

以新的视角看待父母角色

第 1 章

做父母：一项重要而又艰巨的工作

　　作为一位父亲或母亲，最美妙的一件事是有机会能够全身心地爱我们的孩子。我们对孩子至深至切的爱是难以用语言描述的。诚然，每一位做父母的都会有时候觉得不那么爱自己的孩子。然而，我们总会转过头来，重新爱上他们。

　　看看你自己的家庭，你可能会注意到，每一代人都希望自己给孩子的爱能够比当初自己从父母那里得到的爱更多、更浓烈。大多数父母成功做到了，尽管并不具备优越的条件。

　　对于孩子的幸福，你是至关重要的。孩子需要你的爱、大量的温暖的关注以及你对他们的善良人品的坚信不疑。你旨在理解他们、引导他们的每一个努力都是值得的。你身为母亲或父亲的职责体现在与孩子的琐碎的日常互动中。你轻柔地把孩子的鼻涕擦干净；你在外面陪孩子玩游戏直到天擦黑；当孩子的那截热狗连带着一坨番茄酱滑落到地板上，你克制着自己，不说一句责备的话。到了晚上 9 点，你可能会觉得似乎自己一整天什么事都没做。可是如果我能一整天都陪着你的话，我就可以列出你默默做过的一百件关爱孩子的事。你只是由于疲劳过度而不记得它们了。

　　遗憾的是，大家对你所做的这一切视而不见。不论是孩子终于克服了对楼下邻居家的狗的恐惧，还是你终于能够冷静地处理孩子们之间的争斗，都不会成为媒体的重要新闻。毫不张扬地，你千万次地与孩子相处、互动，成就了孩子的性格。没有你为孩子投入的心血，孩子智慧的火花、旺盛的好奇心和充沛的活力就会凋零。

基于我们多年倾听的经验，可以从如下三个方面理解父母：

- 我们竭尽自己所能。尽管连续工作了24小时，父亲们还是会去参加学校的家长会。即使患了流感发着高烧，母亲们依然会照料自己的小家伙。没有保险的父母们会变卖自己的一切为生病的孩子付医疗费。无一例外，每一位做父母的都有十足的勇气，这是常理。

- 我们需要支持。要想以最佳状态和孩子互动，我们需要在相互尊重和欣赏的基础上建立温暖的人际关系。我们需要确认自己的孩子的本性是好的，而且孩子们也一直在努力表现得更优秀。我们需要有办法处理做父母时伴随着的情绪压力。

- 做父母是领导力成长的摇篮。当孩子们不停地问"为什么"的时候，我们就有机会深入思考每一个对于人类而言重要的话题——公平、同情、表里如一、文明、财产权、我们与其他生命体的关系、调解、赔偿、人格的培养、生命的意义。为了孩子要以身作则，我们学习如何与他人建立良好的关系并赢得他们的合作。在家庭生活中，我们想办法在餐桌上或早晨送孩子上学的路上引导和激发他们正确的行为和想法。只要有机会，我们就会运用自己的领导力使我们周围的环境变得更美好。

身为父母，你的重要性是显而易见的——没有你，孩子会遭遇危险和痛苦。然而无奈的是，人们很难想起你这个角色的重要性。如果你是全职父亲或母亲，当有人不经意地问及你的工作，你发现最后自己的回答是"在家照顾孩子"时，不禁心里一沉。如果你有份有薪水的工作，可能又会觉得自己像是被绑在这份单调、重复的工作上，备受折磨，难以坚持下去。无论处境如何，你身为父母的重要性都很难被他人看到，尽管每天为全家人的生活做后勤保障工作的人是你。

当你把孩子的滑翔机翅膀重新粘好的时候，或把橙子切成孩子要求的那样时，你不会意识到你做的这些会影响到以后的很多代人。不过，你的无人喝彩的这些好心会确保你的孩子将来能更加细心周到、充满智慧地对待自己的孩子。

无论是否得到了肯定，你抚育子女的工作是至关重要的。你每天无数次地把自己的爱和对世上万物的理解印刻在孩子身上，他们会终生带着这些印记，还会把它们传递下去。这是件影响久远的工作。

我们是善良的人，做着重要的工作，孩子既可爱又珍贵，那么做父母为何会那么难呢？为什么我们会经常感到自己的身体和心理每天从早到晚都那么累呢？

我们往往会责备自己缺乏耐心，或责备孩子太疯、太闹。然而我们在为人父母之路上遇到的障碍是如此普遍地存在，以至于我们不得不怀疑这里是否存在着某种"强大的机制"的影响。有孩子之前我们精力充沛，那时我们大多数人也都有一定的耐心。即便遇到困难，我们也觉得自己能学会如何克服它——我们能够成长。所以，究竟发生了什么？

为人父母不易的外在因素

事实上，的确存在着令为人父母不易的强大的机制——那些让我们无暇与孩子共度温馨的、滋养亲情的时光的社会因素。

- 抚育一个孩子直到 18 岁成年需要的花费远超 20 万美元，这还没包括那些无法计算的情感、精力和时间的投入。然而，从总体上说，为人父母是没有准备、得不到酬劳和任何防护措施的。从经济学角度看，为人父母是一种爱好。
- 家庭中父母的分工习惯以及与就业和雇佣有关的法律的

影响，使父亲疏离孩子。

- 贫困、种族歧视、性别歧视等加剧了父母的力不从心和焦虑，并伤及我们的孩子。
- 父母们很容易成为被公开批评的对象。

下面让我们更仔细地审视上述四个因素。

养育子女是完全个人的、从早做到晚的工作，以连续3年要求你的极度关注为开始，之后是长达至少15年的在时间和精力上的奉献、引导、教诲、深入了解、巧妙沟通、通宵陪伴、清洁整理、悉心辅导、准备每日三餐、每日开车接送、急救等。还有，你得日复一日地随时准备在各种大事小事上为孩子树立起情感和脑力方面的榜样。

孩子的成长需要大量的关注；需要游戏，大量的游戏；需要你迷恋他。养育子女的核心是爱，你的生命会因孩子回报给你的爱而得到滋润。在孩子生命的最初两年里，他会至少让你感冒10次，经常让你半夜醒来，让你担惊受怕，心情七上八下。最可气的是，某一天他会盯着你的眼睛跟你说："你真蠢。"可是，你的爱依然是孩子不可或缺的。所以，养育子女不是一种爱好！

工作压力以及长久以来认为养育子女主要是母亲的责任的看法会让父亲与孩子的关系疏离，使养育子女变得更加不易。如果家庭的构成有父亲的存在，但在孩子的养育过程中父亲被置于次要的位置，那么家里的每个人都是输家。有个说法是，父亲和母亲当中只要还有一位能履行父母的职责，那么这个家就还没有"破裂"。关于抗压能力的研究证实了常识所告诉我们的："只要有一个人能爱他并给予他所需要的积极的关注，孩子就能走好人生的第一步。"但关键是这个人本身也需要得到支持。

很多父母的精力因（社会的）不公正而耗费殆尽。在美国，五分之一的孩子处于贫困中。与贫困共生的是不安全的邻里社区、饥饿、疾病和低质量的学校。生活在这样的环境之中的父母充满焦虑。他们的孩子很少能有机会尽情玩耍和享受身边成人的欢乐心情所营造的愉悦气氛。当一个家庭蒙受种族歧视、同性恋恐惧或任何一种歧视的时候，家庭中每个成员的发展都会受到威胁。

最后，你可能已经发现，自己作为父亲或母亲会遭受来自认识的人甚至是不认识的路人的批评。美国的成年人经常会对孩子不耐烦。我们当中很多人会当众对孩子发飙以避免他人的批评；我们大声呵斥自己幼小的孩子，只是因为担心别人会冲过来替我们训斥他们。

孩子行为不端，人们责备父母；孩子学习吃力，人们也责备父母。但是我倾听过的每一位父亲或母亲都是在尽其所能地关爱他们的孩子。所有的父母都面对着并非是他们自找的难题。

我们还面对着来自自身的挑战

除了来自社会的压力，我们还面对着来自自身的挑战。我们对待孩子的方式有些可能来自我们自己的父母当年对待我们的最好的那些做法。不知不觉地，我们就像自己的父亲当年那样温柔地哄孩子睡觉，或者像我们自己的妈妈当年那样耐心地教孩子怎样用锤子敲钉子。然而，我们对待孩子的某些方式同样会受到我们自己的父母当年以"战斗的姿态"对待我们的影响。于是，某个诸事不顺的工作日结束后，我们会口无遮拦地朝孩子喊出正如自己的父亲当年朝我们喊出的那些狠话，或者像妈妈当年对待我们那样狠拽孩子的胳膊。你或许已经注意到，尽管你发誓不对孩子喊叫、扇巴掌、发脾气，可那天自己的怒气还是爆发了。我们是善良的父亲、母亲，但我们免不了背负着过去的影响。

做父母要处理大量情绪

你不会预先知道你成为父亲或母亲后会有什么感觉。但是你会有情绪,有很大的情绪!你会怀着巨大的希望和揪心的恐惧;波涛汹涌的感激和苦涩的怨愤。爱与恨,有担心,有快乐。某天你会因为看到孩子在公园门口结交了一位新朋友而感到自豪。可是当某天凌晨两点孩子因为耳朵痛而号啕大哭时你又会充满无助的痛苦。每种情绪出现的时候都来得很凶猛。

尽管如此,我们的情绪在程度上无法与孩子的情绪相比。孩子不仅会大哭,还会哭到伤心欲绝。他们不止会抱怨,还会大发雷霆,会尖叫、扔东西。他们会呼号着在屋子里到处疯跑。他们会踢人。他们会愤怒得发抖。和孩子在一起,你就是和一位情绪化的贝多芬——一位激情表达领域的天才——同处一室。

你不可能不去面对这些情绪,不论你是极力压住自己的不安,让自己忍耐住,还是让家人看到和听到这些情绪表达,你都得去处理它们。你可以试着去平息事态,但如果我们自身压抑着大量的情绪,是无法恰当地处理事情的。我们可以尝试按照人们热衷推荐的办法——来 10 个深呼吸——控制住自己的情绪。可是要不了一会儿,我们就会开始想找个茬儿让别人知道自己内心真正的感觉。于是,最终你还是会失控。处理这样的情绪没有什么高招。只有一件事是确定无疑的:你得去处理它。

亲子关系紧张对于一个普通家庭来说会有什么后果呢?发生在我家人身上的几个真实事例可以简要地描绘父母会面对什么。我丈夫小时候曾把他的弟弟从正在行驶的汽车里推出去跌落到金门大桥上,他的母亲不得不立即在桥中央停车跳下去往回跑把儿子抱离高速路。我的姐姐患有重度智力障碍,在一年内情况恶化到无法认人，行动困难。我的哥哥差点用弹珠枪射伤一个朋友的一只眼睛。我的表妹12岁得了类风湿性关节炎，在好几个月的时间里只能坐轮椅。我的叔叔是空军飞行员，从东南亚战场回国后完全无法与妻子和女儿们以及任何人相处，他找不到任何东西能让自己得到抚慰，最后他自杀了。

正如你能想象到的，这些事件所涉及的每个家庭成员都遭受了紧张情绪的摧残。他们当中很多人至今依然背负着创伤与悲痛。而这仅仅是一个中产阶级家族——它唯一缺乏的是情感支持——的小小的例子。

我不知道有哪位父亲或母亲没有遇到过严重的麻烦。我们努力向前，我们在人前总是保持良好的面貌。不过养育子女这件事总会让我们耗尽能量，落入难关，不论我们是贫穷还是富有。

处理情绪——找到某个途径来卸去那些紧张焦虑，同时降低那些我们用来保护自己的壁垒——还不是人们能普遍接受的概念。当我们为情绪所左右，也得不到情感方面的支持时，我们就失去了方向。我们落入了奇怪的境地。我们感觉不好，总做些让自己懊悔的事，我们太孤独或太羞于告诉任何人我们正苦于挣扎。我们当中的极少数人会悄悄地、谦卑地找到一位咨询师或某种支持小组。那里会保护我们的隐私，我们或许会看到自己在面对困境时会选择先去处理自己的情绪。在聆听他人的经历之后，我们知道，并不是只有我们自己在那样的困境之中挣扎。然而大多数人并没有去追踪自己的那些四处漫溢的情绪。我们只是注意到，随着孩子长大，我们变得越来越容易急躁，而孩子则显得没有先前那么可爱了。我们对自己说"一切都还过得去"，可是我们要付出大量的精力避免情绪爆发，以维持家里的和平气氛。

私下里，我们每个人都非常努力。我们要处理孩子爆发的情绪，也得处理我们自己爆发的情绪。当孩子受到一位朋友的冷落时，我们很想帮助他，可我们必须得先处理自己的孤独感。我们想帮助孩子解决认知方面的挑战，在养育子女方面我们有很多东西要学习和了解，可是去哪里学呢？我们该怎样做才能不再感觉自己已经被掏空了或者脾气太坏而无法与他人很好地相处呢？

有办法

好消息是：有既好用又简单的办法能够处理育儿中的情绪问题。你将会给家人带来更多的欢笑和快乐。你将能喜悦地看到那些问题因为你的努力而消失。有很多可以帮到你的办法。

当你开始使用我们介绍的多种倾听方法时，你就获得了焕发精神和充实自己的支持体系的办法。你不必再花费大量的精力去控制孩子的行为，而是注重与孩子建立牢固的情感联结，并在有破损时及时修补好。即使不用传统的哄诱或惩罚的办法你也能很好地引导孩子。你对孩子进行的行为干预实际上会让他与你更亲近！你会发现先前你没有注意到的孩子的智慧的展现。晚上你会安枕入眠，因为你确信自己已经满足了孩子的核心需求。

你要走的路少不了坑坑洼洼和迂回曲折。在我们所生活的社会中有足够多的麻烦需要你去应对。然而，怀着更清晰的见解，你和孩子能够从容地渡过那些难关，既保持良好的状态，又节省了精力。

以下是你值得拥有的做父母的总体思路以及五种容易把握的倾听方式，它们能使你更贴近孩子，更贴近最好的自己。

第 2 章

情感联结是关键

孩子的大脑是独特的、令人惊叹的。但要让正在发育中的大脑很好地运转，孩子需要感受到与你的情感联结，正如他需要食物、睡眠、卫生和安全的地方栖身一样。

当孩子感觉与你亲近时，他的大脑神经通路就能保持畅通，使他能够感知、记忆和思考。正如身体发育需要食物一样，孩子的大脑发育需要父母怀着关心和支持的态度来回应他。每一次积极的互动都有助于孩子在这一天——以及未来的几十年——做到最好。感觉到你的支持，孩子就能够认知、合作以及与他人很好地相处。一句话，感觉到与他人的亲密联结有助于孩子生发智慧并运用他已有的聪明才智。

孩子大脑神经通路的成长发育

下面我们来看看孩子的大脑结构以及情感联结对于孩子的成长如此关键的原因。

脑干从脊椎的顶端向上延伸到大脑中下方。脑干负责监控孩子的身体状况，承担着安全守卫和运作管理的角色。负责调节反应、心率、呼吸和许多其他生理机能的脑干对任何危险的苗头都会立即做出反应。例如，当突然出现很响的噪声，脑干会让孩子感到惊恐，心跳加速。脑干与思考无关，但孩子的存活依赖于脑干所担当的至关重要的职能。

边缘系统由几个复杂的部分组成，从发育顺序来看，排在脑干之后，构成了孩子的社交和情感中枢，使孩子能够与他人建立关系。边缘系统会发出信号，使你能够"读懂"孩子即时的情绪状态。它好似无形的雷达波束，检测一切闯入的数据——景象、声音、味道、触觉等——以搜寻有关安全的信息，比如"有人需要我吗""我有归属吗，这里有人会挂念我吗"等。

边缘系统的特性之一是识别身体语言。眼神、表情、声调、姿势和动作都会向孩子传递周围人的内心状态的信息。当你或其他关心孩子的成年人发出这样的信息："我在这儿，我喜欢你，我会陪在你身边。"孩子的大脑就有机会感受到你提供的情感联结，满足他与生俱来的对于被接纳和庇护的需求。

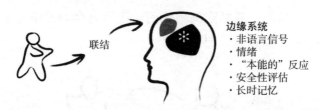

孩子具备这种对于他人内心状态的敏锐觉察必定是因为孩子需要凭借它才能存活下来。早在文明社会出现之前，一个孩子的存活与否取决于他是否知晓哪个成年人能够在不可预测的环境里满足他的需求。你肯定会注意到自己的孩子更愿意接近随和的、乐于交流的成年人。例如，当雷蒙德叔叔走到桌子旁扯着嗓门大声向你幼小的孩子发问的时候，孩子很可能会跑到你身边紧贴着你。尽管雷蒙德叔叔没有恶意，孩子的边缘系统只会收到一条信息:"小心!这个人并没有试图理解你的信号!离他远点儿!"

当孩子感受到情感联结和他人的保护,边缘系统会做一件很重要的事:协调大脑各个部分之间的神经通联。它会打开连接前额叶皮层的通道,于是那个大脑的理性判断中心就开始活跃起来。就像是情感联结"打开了楼上的灯"。

前额叶皮层使孩子成为独一无二的个体。额头里面是灰质皱褶部分,是孩子大脑最晚发育的部分。前额叶皮层的重要性在于当它活跃的时候孩子就能思考,就能进行推理判断,就能保持注意力去探索和学习。孩子对自己的情绪有一定的控制力,程度取决于年龄大小和发育的阶段。孩子可以制定计划并实施;能够记住不久前你的叮嘱,比如不要吵醒弟弟,或者晚上他得早点开始做功课。孩子的判断能力就是在这种情况下与日俱增的。

当孩子感受到情感联结时才能够思考

当孩子感受到情感联结时,他就会懂得正晾在桌子上的小甜饼是要送给婶婶的,他自己会另拿些饼干来吃。当孩子感受到情感联结时,他会很随和地让弟弟先坐在你的肩头上走一圈,因为他知道下一个就轮到自己了。当孩子感受到情感联结时,第一次滑旱冰跌倒了也会大笑,会坚持继续练习,尽管很难。当孩子不缺乏情感联结时,学什么都很快。

随着孩子对与你的情感联结的感知不断增强,便能够带着它进入学校教室，带着它和邻居家的孩子一起玩耍，充满求知欲并享受一切乐趣。

情感联结的断裂：无形的"关闭"按钮

我们现在说的是养育儿女，所以当然会有不顺利的时候！你和孩子之间的情感联结经常会断裂，尽管不是你或任何人的过错。当孩子感觉被威胁、沮丧或其他不快，他就失去了对情感联结的感知。一瞬间，他的前额叶皮层就关闭了。孩子实际上是无法思考了，这是个迅即发生的过程，你已经见过了上千次了。

- 你允许孩子在晚饭前看半小时的电视，因为刚才在你喂弟弟时他表现得像个天使。然而半小时后看完电视，孩子变得执拗不驯。他不肯帮忙摆放餐具，不肯安静地坐下吃饭。他开始大闹。
- 孩子们在你旁边一直玩得很好，你起身去厨房做晚饭。不到五分钟就听见他们大声吵起来了。
- 你带孩子去超市，准备快去快回。孩子一早上都很乖。你拿了钥匙，喂了猫，路上在加油站给车加了油。等你们到达蔬菜货架跟前，孩子开始抱怨起来，要这要那，缠着你要买那个你一直没给他买的糖果。

这类突发的麻烦事与我们大脑的构造有关。大脑的功能原本是让我们能够保持与他人的稳定沟通，在相互合作和友善的环境中生活。某些事情，如电视节目或者父亲或母亲离开了房间，会销蚀孩子对于有人关注和喜欢自己的感知。在去超市的相对漫长的过程中缺失亲子互动也会让原本很配合的孩子落入不痛快的心境。

- 受伤的感觉
- 思考的能力被破坏

当孩子感觉受到伤害时无法思考

若孩子不能继续感知与你或照顾他的其他成年人的情感联结，他会立刻感觉受到了伤害。他的边缘系统会发出警告：情况不妙！瞬间，孩子的前额叶皮层——理性、计划、冲动控制和注意力的管理中心——就会停止运作。孩子感觉受到伤害从而无法思考时，很容易做些傻事，比如去揪妹妹的头发，或在开始做功课的时候折断铅笔的笔芯以示抗议。

下面是孩子在感觉受到伤害而无法思考时会发出的一些简单信号：

- 和你对视的时间不超过一两秒。
- 不合作。
- 看起来无精打采的，或不高兴。
- 行为显得处处格格不入：吮吸拇指，抢别人的东西，困了也不睡，要求得到明明知道不被允许的东西，拒绝你的帮助，弄伤别人，跑开一个人待着。

这些信号很重要，是在告诉我们：孩子需要我们的帮助。这时候我们该立刻出手帮助孩子恢复正常，这也正是孩子们想要的。

孩子不想闹别扭

孩子行为失常的时候，正处于某种失能的状态，就像由于腿骨折而行动不自如，只有等到腿伤康复后才能重新行走、跑跳。孩子对情感联结的感知中断之后就失去了对情绪的控制以及短期记忆。他无法推理和判断。孩子不想闹别扭，他不想逼着你给他买他一直想要的东西。他宁愿自己是明朗快活、乐于合作的。只不过此时由于孩子感受不到情感联结，导致他的全部系统出了故障。

就像孩子身体里某个地方有个开关。他能思考的时候会很大方，不能思考的时候，就不让任何人碰他的东西；能思考的时候会很温柔地对待自己的妹妹，不能思考的时候，他对妹妹的拥抱就很粗鲁，或者会变亲吻为啃咬；能思考的时候会耐心等待你的关照，不能思考的时候，他会把别的孩子推到一边要你先关照他。孩子不能思考的时候，会不顾一切地要求恢复对情感联结的感知，并通过自己的行为向你传递这个信息。

在孩子完全失去对情感联结的感知之前，会时不时地设法用语言表达自己的需要。但这个时候孩子是不安静、没有礼貌的。我的一位朋友在女儿4岁的时候又生了个小宝宝。姐姐在过去的几个月里对小宝宝显得非常关心和爱护。然而终于有一天，她对情感联结的感知开始断裂了。她挺直身子高声喊道："妈，把那个该死的小东西放下，来关心关心我！"在她的思维之光摇摇曳曳将要熄灭之时，她让最后仅存的理性发出了这样的信号。

孩子天生就知道如何从创伤中恢复

现实生活中充满了各种大事小事，随时可能阻断孩子对情感联结的感知，伤害他的情感，阻止他思考，使他行为失常。幸运的是，孩子生来有一套强韧的情感修复机制。被扰动的情绪需要有个出口，孩子则需要重新感知到你对他的关爱。只有一个做法可以提供通道让他的情绪发散出去并把你的关爱传递给他：倾听。没错，倾听可以治愈创伤。

你要做的就是停下手头的事，走到孩子身边，温和地阻止他的胡闹行为。不要靠说理——孩子无法思考的时候是不能回应你的劝导的。温柔而坚定地阻止孩子的行为，让他不能继续踢门，不能把书从书架上推落下来，或者不能从做功课的桌边起身跑开。然后温和地把手放在孩子的后背上，如果他这时躺在地板上乱蹬乱踢，就蹲下来守在他身边，倾听他要表达的一切，话语和声音，捕捉他的肢体语言的含义。孩子需要有人能理解他的复杂情绪。你倾听他的时候，他会通过大哭、发火、大笑或者能帮助他从恐惧中康复的冒汗和发抖等来疗愈情感创伤。

孩子可能会持续这个样子很长时间。实际上，在你最初几次尝试倾听孩子（而不是像通常习惯的那样去严厉管教他）的时候，你可能会想："他到底能不能恢复正常？这样做可能不行吧！"我们不习惯看到如此激烈的情绪发作！但是请务必坚持住。这样的情绪发作是有道理的。正是这些情绪搅乱了孩子的行为举止。尽管孩子让你看到的是他糟糕的情绪，能如此痛快地排解掉这些侵蚀他的理智的紧张情绪会让他感到极大的解脱。当孩子释放了所有的不快之后，他会重新感受到你的关爱。他会变得更懂事，更加随和，更加自信。

我们并不是很确切地知道哭泣、发脾气、发抖、冒汗和大笑是如何释放出孩子内心的紧张情绪的。"这些表现都是正常的、是某种天生的康复机制的组成部分"的说法还是相对较新的见解。尽管我们不知道它是怎样运作的，但我们的确知道它的效果。不论孩子大脑里的神经元做了些什么，只要他有个贴心的倾听者，他哭过之后就会恢复理性。假以时日，曾经让他很煎熬的时刻或处境也渐渐变得不算什么了。你在倾听孩子的过程中会看到他的变化和成长。孩子行为失常的情况也会逐渐减少，他能更经常做到在自己变得绝望之前先让你知道他需要什么帮助。

孩子无法完全靠自己从创伤中康复。请记住，孩子作为一个社会人是需要与人相互依存的，而你是他的重要依靠。他需要你的帮助来摆脱负性情绪的影响。在孩子倾倒出那些妨碍他应对问题并享受快乐的情绪的时候，你要由衷地向他示以关爱来恢复你们的情感联结。

以下这个故事可以让你了解，示以关爱和倾听（而不是阻止）孩子的情绪宣泄会有怎样的效果。

我的孙子雷吉4岁了，和学前班里的另一个男孩伊森约好周六一起玩。伊森不想去雷吉家，而雷吉也不想让他来自己家。可是伊森的父亲需要有人照顾儿子，两家的父母也都说定了。我留下来和两个孩子待在一起。他俩没有想出愿意一起玩的游戏，就在屋子里各玩各的。我时不时地试着让他们接近彼此，却没成功。一个多小时过去了，他们俩连句话都没说。

然后伊森不小心撞倒了雷吉和爸爸先前一同搭好的一套精致

的弹球轨道。雷吉崩溃了,大哭起来。我拉他坐到我腿上。他哭着说:"我再也没法把它重新搭起来了!它太棒了!可现在全完了!再也没有了!"我说:"是啊,宝贝,可能真是你说的那样。"他听了哭得更厉害了。我不想阻止他为失去自己努力搭建的成果而尽情流泪。他需要这个机会。伊森在一旁静静地玩着,默不作声,听我们说话。我说:"伊森不是故意撞它的。这是个意外。他也不想把它毁了。"

雷吉哭了大约 20 分钟。之后我看他不再像要继续哭下去的样子,就问他们要不要吃些点心。他们说要。之后雷吉提议我们一起玩捉迷藏。两个孩子欢笑着在房子里四处奔跑躲藏,而我则总是笨拙地找不到他们。他们终于玩到一起了。他们紧贴着彼此挤进一个小橱柜,然后又挤着躲在一扇门后。我们玩了好一阵子。最后当伊森的爸爸来接他的时候,伊森央求道:"我能再多玩一会儿吗?我不想回家。"雷吉也不想让他走。

哭泣和发火并不是垃圾行为!当孩子失去理性时,大哭大闹是他所能做的最聪明的事。孩子正在努力排解紧张情绪,努力让自己恢复思考能力。当孩子大哭的时候,你可以直达他的内心。此时正是你该做些什么的时候。对于孩子来说,你这时给他的拥抱或轻柔的抚背所传递给他的爱相当于你在平时这样做所能传递给他的十倍多。这时孩子正渴望你这样做,尽管嘴里说着:"走开!我不喜欢你!"如果你能够倾听他,同时传递你温暖的爱,孩子之后的状态会完全不同。

以往的伤痛也会让孩子行为失常

孩子突然无缘无故地闹别扭又是怎么回事呢?比如,孩子一整天都很开心，可当你要求他去洗澡的时候他却气呼呼地说不去。或者他一直都在心满意足地玩着，直到你开始和妻子聊起来，他跳起来大声地阻止你们俩说话。他这样是因为不懂事，还是太霸道？

都不是的，实际上，即便是很小的孩子，只要感觉安全，感知到情感联结，就会配合地去洗澡，或让爸爸妈妈彼此说会儿话。上述情况的发生可能与孩子旧日的创伤被触碰了有关。

孩子在婴儿期和幼儿期无法彻底排解掉受伤害的感觉。他的情绪记忆里还留存着那些与尚未得到处理的事件相关的感觉。他努力不去触碰那些感觉，所以它们大多时候就静静地待在那里。然而它们总有一天会出乎意料地突然冒出来。通常是因为孩子目前的处境中有某个因素与过去他受到伤害时的处境的某个方面类似。于是忽的一下，那些感觉就冒出来了。当时的景象、声音以及当年的不快控制了孩子的整个身体。情绪控制了一切。这个时刻，孩子不可理喻，也无法感知你对他的支持。

例如，我认识的一位单亲妈妈，她6岁的女儿一直不敢自己睡觉，尽管她的床距离妈妈的床不到1米。她决定帮助女儿处理独自入睡的恐惧。这位妈妈提议她们分床睡之后，一直陪在女儿身边听她抽泣了一个多小时。之后女儿还是觉得害怕，妈妈就像往常一样和女儿同床睡了。第二天晚上，女儿不只是哭泣，还开始拼命挣扎、全身发抖。其间女儿还尖叫着说："疼！疼！" 妈妈问她是什么弄疼她了，她说："蜜蜂蜇的！"那年夏天女儿的腿的确被蜇过，于是妈妈就看了一下女儿被蜇过的地方。可是女儿却一边恐惧地挥动着手说："不是那里，是这里！"一边狂乱地指着自己右手的手背。正是这个地方，在女儿刚出生几个小时之后，一位经验不足的医师一连扎了她7次才成功地按照医嘱完成了静脉插管。独自睡觉的念头之所以会激起女儿巨大的恐惧或许正是由于她在出生第一天所遭受的伤痛。妈妈倾听着女儿，向她保证她目前是安全的，直到她的恐惧渐渐消退。经过这次在妈妈专注镇定的倾听之下进行的情绪排解，女儿在自己的床上很容易就睡着了，和妈妈分床睡再也不是问题了。

当孩子无法思考时，你不一定需要知道究竟是什么刺激了他或者为什么会刺激到他。你需要做的只是注意到孩子无法思考的状态，然后就去靠近他，倾听他（必要的话实行干预）。在下面的章节里你会了解具体怎样做。

你可以和孩子成为搭档

当孩子向你流露情绪，就意味着你向他传递爱的能力大大提高了。实际上，倾听孩子宣泄情绪使得你和孩子成了搭档。下面是你们各自的分工：

- 发现孩子变得行为失常的那一刻，你的工作就开始了。你要上前阻止孩子胡闹的行为，并开始倾听。一旦你判断孩子陷入了麻烦就要上前对他说"我知道你有麻烦了"，同时防止他做出更疯狂的举动。
- 孩子要做的就是释放自己的不安情绪。只要孩子能感知到你对他关爱的目光，他就会那样做。
- 你要做的是保护好孩子，在他的情绪变得更加激烈时让他感知到你对他的关爱。当孩子需要通过拳打脚踢来释放压抑已久的紧张情绪时，你需要防止他伤到你或他自己。
- 孩子要做的是继续向你展示他感受到的全部伤痛。同时，他会接收到你给予的有疗愈作用的情感联结。

你不必去控制孩子，不必给他任何开导，也不必去唠叨他的行为会带来什么后果。孩子只是需要释放那些情绪以便重新恢复自己理性思考的能力，你的支持可以确保他这样去做。孩子需要你的倾听来帮助他疗伤并康复。在倾倒出那些情绪之后，孩子待人处事的态度就恢复正常了。孩子又能够与人平和相处，又变回那个可以讲道理的人了，以后他也不会那么轻易就失去理性。

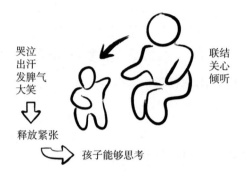

孩子会把创伤展示给你

孩子可能积累了很多有待处理的不安情绪。你通过倾听给他温暖的支持的时候，可能会担心事情在向着错误的方向发展，是因为你看到陷在那些让他行为失常的情绪之中的孩子正拳打脚踢、尖声吼叫。事实是，你倾听着这一切的时候，那些创伤正在愈合。所以你要坚持住，以倾听来支持孩子，同时保证孩子的安全。

当你这样沉稳镇定地守护着孩子，陪伴他渡过情绪激烈宣泄的全过程之后，孩子可能会在你的怀抱中最后再大哭一次，或颤抖着喘几口气，然后平静下来，觉得很轻松。假如他没有立刻进入深度睡眠，可能会对你和周围的事物思索片刻。当孩子开始打哈欠、咯咯地笑或者要一杯果汁喝，好像刚才半个钟头里什么都没发生过一样，就意味着你们该做的事都已经做完了。现在你们可以享受美好的一天了。

倾听看似简单，实则不易

现在你可能在想："要是我的孩子那样大吵大闹的，我可不愿意去靠近他！"我知道第一次去倾听闹情绪的孩子需要很大的勇气！我会把类似这种颇具挑战性的做法推荐给不辞辛苦的父母去尝试，只要这个方法有效——而它的确有效。我们已经见证了它对来自不同文化背景的家庭的成千上万的孩子是有效的。这个办法的特别之处在于我们能为你提供一个很特别的资源：倾听伙伴关系——父母们之间交换倾听时间——来支持你。你会有个空间让自己的情绪得到倾听和接纳。这会让你真正有能量去面对孩子的情绪，从而帮助你切实地享受引导孩子安然渡过情绪处理的全过程。

一旦你开始倾听孩子的情绪，你就可以把那些不那么有效的办法——责备、说教、要求、惩罚、贿赂、提高嗓门、威胁、贴星星表格以及对好的表现给予奖励等——统统丢在脑后。你无需再吓唬孩子，也不会再觉得你得监控他的一举一动。你还是会对孩子施加约束或干预，但却不会为此觉得自己做了坏事。你会注意到合理的约束或干预对行为失常的孩子是件多么好的礼物。

当你能够运用倾听的方法与孩子相处，你的家里会洋溢着笑声、欢乐、合作、信任、爱、创造性和温暖。你会看到孩子变得对自己更有信心。你对自己也更有信心。我们本来就应该是彼此联结着、亲密无间地生活在一起。

理解孩子发出的求助信号

作为一个从早到晚忙于应对各种事情的父母来说，孩子尝试与你联结的努力就像是故意要给你添乱。当孩子没有办法与负责照料自己的成年人沟通时，他会持续发出信号。感觉不到情感联结的孩子此时的行为就像世界上最执拗、挑剔、磨叽、没良心、好斗或反应过度的孩子。而父亲或母亲所不了解的是，全世界的孩子向他们筋疲力尽的父母发出的信号是完全一样的："情感危机！我感觉不到你们的爱！"这些信号的形式是行为举止，而不是言语。假如我们把你的好斗的、不讲规矩的孩子发出的信号翻译成你想要的字迹工整的文字，那么读起来可能会是这样的：

亲爱的妈妈/爸爸：

感谢你看了我的字条。我正努力想要感受到你的爱，却怎么也做不到。和你相距这么遥远让我很害怕。能不能请你尽快找个方便的时间坐下来让我和你一起待会儿？我们能不能一起玩一小会儿？或者至少抱我一会儿好让我能感觉到你们的爱？请你温和地阻止我去做傻事——我真的不想给你添麻烦。你的帮助会让我好起来。

我永远爱你！

你的（与你暂时）相隔很远的孩子

事实上，还真有个一年级的孩子给他的父母写了张字条：

我爱你们，不论我是狂躁的、悲伤的、气恼的、沮丧的、快乐的、自豪的，还是处在任何其他情绪之中的时候。我对你们的爱简直无法用语言来表达。即使我说我恨你们的时候也是爱着你们的。这是真的。我爱你们。

尽管没有人能为你翻译把你气得够呛的孩子发出来的信号，但它们还是有迹可循的。下面列举的是所有孩子都可能发出的用来求助的信号。

碎了的曲奇饼

有时候，很小的事情，比如曲奇饼掉了一个角，或者一块乐高积木找不到了，都会惹得孩子大哭一场或大发脾气。这大约是孩子们最常发出的信号，表示他们需要你的帮助和关注。这个信号说的是："现在我有太多的情绪堵在这儿，实在受不了了，它们让我的日子变得很糟糕。每件小事都会让我生气。我需要在摆脱这些情绪的时候有你陪着我！"

如果你注意到孩子一场激烈的情绪爆发是由很小的事情引发的，那么那些情绪很可能源自一件过往的痛苦经历。不完整的曲奇饼或丢失的乐高积木块只不过让孩子想起了那段很早以前的痛苦的经历。这看起来似乎是无事生非、小题大做，实际上是帮助孩子疗愈（旧日创伤）的极好机会。你可以通过倾听和主动的情感联结帮助孩子重新恢复对情感联结的感知，减少以后再发生行为失常的状况。如果你能沉稳地帮助他渡过情绪爆发的全过程，孩子就会重新恢复开朗的模样。

"变了味的出游"

这类信号往往出现在你特意为孩子安排了时间与他相处、关注他的时候，或是在朋友聚会、家庭聚会的场合。在这些特殊场合中的某个时刻，孩子可能会因为某件小事忽然闹起别扭来。这时发出的信号的意思是："这会儿我们在一起玩让我觉得充满希望。既然我们现在很亲密，就让我来告诉你有时候我有什么样的糟糕的感觉吧。帮我摆脱它们吧！求你了！"

这就好比此时此刻的安全感和愉悦感像消防水带那样有力地把被深埋的情绪一下子冲了出来。然而，这时候你正指望孩子能够合作且行为得体。

"变了味的出游"是常见的事，所以我们可以提前做些准备。生日聚会、家庭聚会、节假日、外出游玩等会触发孩子闹别扭的"机关"，几乎每个孩子都会这样，导致"变了味的出游"。然而孩子并不是不知好歹，他只是感受到身边充满了善意，本能告诉他这正是"清理房间"的好机会！

"来阻止我！"

这是另一个"经典"。当你一直在忙碌、焦虑、赶时间或正和别人在一起的时候，孩子这条小船就漂离了你的注意力锚定的位置。他可能已经发出了一两次信号要求你的关注。或许你最初的回应是打发他走开，希望他别给你添麻烦；还有可能是你当时太忙顾不上搭理他。

于是，由于迫不及待地要得到你的关注，孩子会直视着你的眼睛，做出你至少叮嘱过他10次不可以做的事。他揪掉客厅摆放着的植物的叶子，把积木扔到妹妹身上。这个信号意味着："我不知道该怎么办——我简直要疯了，你就在我旁边，可我觉得好孤单。帮帮我！"

当孩子故意打破你们已经设定好的规矩时，父母经常会认为孩子在公然反抗或胁迫我们。可是让我们生气发火并不是孩子的目的。孩子是如此迫不及待地要得到你的关注，他宁可让你向他发火也不愿意再忍受片刻的孤独。他的内心需要和你的联结，马上！立刻！于是他就找到了这个万无一失的办法让你来到他身边。

退缩

有时候，孩子会放弃向你求助。他会缩回去，做些小动作，例如不停地吮吸拇指、揪头发、把毯子或心爱的玩具当作救命稻草一样牢牢抓住——努力麻木自己不去感觉孤独或恐惧。这样的信号是在说："我不知道能做什么。我感觉很糟。我就要这样待着直到有人来帮我。"

孩子发出这样的信号时不吵不闹，但他正失去宝贵的认知和探索世界的时机。孩子没有准备好冒险弄出大动静来，但他丧失对情感联结的感知的程度足以使他无法思考、无法行动。如果他含着奶嘴，就不能说话；紧抱着一个娃娃，就不能用他的手；揪着自己的头发，就不能跑、笑、注意身边的事物。他的求助信号没有声音，而是一直保持那个样子，直到你来到他身边，关注他。

攻击性

如果孩子开始伤害自己或者其他人，他是在发出这样的信息："对情感联结的感知：零！思考能力：无！我不知道自己为什么要打人，可我就是停不下来！"当孩子陷入好斗的状态说明他感到害怕，需要有个能够相信他是个好孩子的人温和而坚定地出手阻止他。他对情感联结的感知已完全枯竭了。本书的第11章"消除恐惧"和第12章"帮助有攻击性的孩子"会介绍如何运用倾听的办法让孩子跳出因恐惧引发的行为怪圈，恢复对情感联结的感知，重新变得与人和善。

心不在焉

有时候，轻度的恐惧感会让孩子变得稍微有点紧张。唯一能让他维持在表面上显得一切正常的办法是蜻蜓点水似地一会儿碰碰这个，一会儿摸摸那个，玩什么都心不在焉的。他的心思不在那儿，与别人没有互动。每每遇到小挑战，他就会走开去做别的事。这样三心二意的，他不太能学会什么。他与别人的关系也不怎么样。他会很挑剔、爱指手画脚、冲动。他的行为是在告诉你："我很烦，做什么都不能让我开心。我得不停地变来变去，因为我找不到让我觉得安心的地方。请帮帮我吧！"

　　我们不该因为孩子的这些行为去指责他。有这些行为是因为他感觉受到了伤害，无法思考。有些孩子会重复地发出同样的信号，其他孩子可能会发出不同形式的信号来看看怎样才能引来他们所需要的关注。回应这些信号对我们来说没有什么乐趣。我们想要指引孩子走上正道，但我们发现自己做的总是老一套：大喊大叫、动粗、责骂、羞辱或对孩子不理不睬，尽管这样做不可能对正感到孤独的孩子有帮助。

　　不过，只要掌握了有效的方法，并理解情感联结的重要性，你就可以开辟出一条通道，把充满温暖、欢乐、笑声和甜蜜的时光引入你的家庭。这需要付出努力，但只要努力就行，不需要奇迹。你可以每天学着去做，关键是情感联结，加上你强烈的要好好爱孩子的愿望。

第二部分　五种有效的倾听方式

引言

以下将讲到的五种倾听方式会把你和孩子联结在一起，对营造幸福家庭起到重要作用。

专门时间是把爱和注意力倾注在孩子身上的一个简单的方法。安排一对一的时间，让孩子选择你们两个一起做什么。孩子会利用这个时间向你展示什么对他是重要的以及他在什么地方遇到了麻烦。专门时间能让孩子感受到你的关注。这能加深孩子对你的信任，同时给你一个窗口进入他的内心。专门时间营造出的安全感会促进孩子与你的合作，有助于在你和孩子之间建立起紧密的联结，自幼儿期开始并贯穿整个青少年期、青年期直至更远。当你冒出"我不知道该拿这个孩子怎么办"的想法的时候，专门时间总是首选的倾听方式。

当孩子感到受伤或害怕并表达出强烈情绪的时候，**陪伴式倾听**会传递你的关怀。孩子倾倒出自己感受到的伤痛，你倾听着他，平静地向他传递你坚信他会康复的信心。当他感到孤独和烦乱时你守护着他。倾听孩子的不安并不意味着认可他的情绪；它是让孩子在最艰难的时刻能够感受到你的关怀的方式。情绪的重负会随着倾诉而消散，而你的爱和支持会给孩子留下深刻的印记。你和孩子都会了解到，当有人倾听和关怀自己的时候，伤痛便会愈合。因为我们大多数人都没有被这样倾听过，给孩子陪伴式倾听对于父母来说可能颇具挑战性，但这个方法能够让孩子焕发精神，扭转他原先令人烦恼、担心的行为。

实施干预对于履行父母职责至关重要。在孩子行为开始出现偏差的那一瞬间，父母就需要并应该实施干预。适当的干预会让孩子有机会卸下导致他不当行为的紧张情绪，使他可以重新享受学习的乐趣，享受身边的事物。我们会帮助你识别孩子发出的预警信号，教你如何从容地进行干预，甚至让孩子高兴地接受干预。

游戏中倾听是在和孩子的游戏中无需借助挠痒痒而引发孩子欢笑的艺术。作为一个暖心的、富于创造性的倾听方式，它会令这段时间充满欢乐和喜悦，加强你与孩子的情感联结。欢笑是一副强大的解压药。当你学会如何有趣地发起游戏角色转换并让游戏充满友好的挑战和亲情时，孩子的自信就会增强。欢笑会让你的家庭变得更加温暖。

最后，**倾听伙伴关系**为父母们提供了及时加油、充电的途径。与其他父母交换倾听时间可以帮助你清理在与孩子相处时所积累的压力。倾听伙伴关系也为你提供了一个学习的僻静场所。你能得到一个安全、私密的空间表达自己的想法和情感。你希望自己对待孩子的方式在哪些方面不同于自己小时候被对待的方式？你自己的父母带给你的体验中有什么是你想传递给自己的孩子的？当你发现因为某个具体事件与孩子发生矛盾时，你是否让自己过去的经历卷入其中？你也有机会倾听另一位父母的想法、感受和领悟。你们不会相互给忠告，但每次会面时你们都会相互学习。随着你倾听对方也得到对方的倾听，你会发现欣赏孩子变得容易多了，在他们烦恼的时刻温暖地对待他们也不那么难了。

这些办法都可以为你所用！

每种倾听方式都很有效，但是不能单独使用。实施干预——运用做父母的权力——配合专门时间，让孩子在那段时间里把握方向盘。游戏中倾听的亲子互动时光是轻松愉快的，它对于你在陪伴式倾听时孩子戏剧性的大喊大叫能起到调节作用。倾听伙伴关系是个重要的学习实验室，也是你的私密休养所，在这里，你会得到尊重和理解。你的每种感觉都会被接纳，每段经历都是有趣的，每个想法都是重要的。

有了这五种倾听方式，你可以充分表达对孩子的爱，巩固你的家庭关系。请尽情享受与孩子相处的美好时光吧！

第 3 章

方式一：专门时间

　　感知亲情会带给孩子真正的力量，使他能够思考、与人合作、自我感觉良好并感受到周围人的好。它打开了孩子学习、认知的通道，有助于他逐步增强判断力。想让孩子有好朋友吗？想让他变得勇敢吗？想让他不时地自娱自乐吗？想让他明辨是非吗？请培养、充实并及时修复孩子对亲情的感知。孩子将学会在暴怒中向朋友出手的那一瞬间控制住自己，或者能够压住怒火直至回到自己的房间，再把它释放出去。专门时间——第一种倾听方式——将帮助你们保持强有力的情感联结。

　　在专门时间里，只要你留出一点时间——三分钟到一个小时——孩子就会告诉你接近他的妙方。你决定在什么时候、什么地点花些时间和他建立联结，然后由孩子决定你该怎样做。专门时间可以是随机的，也可以是日常的安排。

专门时间的特别之处

　　你可能会想："我已经和孩子们一起安排了很多专门时间！周末我带他们去公园，让他们在浴缸里玩水，和他们一起唱歌。我小时候可没有像他们这么多的机会到处疯跑。我们一起渡过了很多快乐时光。"你说得对！那些共度的时光很重要，但这些时间的效果与专门时间的效果不同。你乐于见到孩子们在浴缸里玩得水花飞溅，但如果电话响了，你会离开去接电话。如果你的另一半走进浴室想和你唠叨邻居家传来的嘈杂音乐，你会转身和他交谈。一整天总有许多事情可能并且确实分散了你的注意力。在专门时间，你拒绝被任何事分心，只专注于你的一个孩子（为其他孩子做另外的安排），而且不接电话。

与日常生活不同，在专门时间里由孩子主持一切。你当然会设定一些条件。例如，把专门时间设定为 15 分钟，可以在室内或室外，但不能开车，而且不能花钱。其余的由孩子决定，你会看到他在主导这件事情上很有创意。你的注意力要像舞台上的追光灯一样跟随他，你会发现每次是什么让他感到快乐。如果哪天你没有太多耐心，你可以把专门时间设置得短一些；如果哪天你心情不错，在时间上你就可以大方一点儿。

专门时间总是有一个开始和结束。孩子期盼着它的开始，许多父母则期盼着它的结束。对这段有限的时间做出承诺会让你更宽容地对待孩子选择的他所感兴趣的事情。例如，孩子喜欢嚼苏打饼干，然后把嘴里的饼干屑吹得像漫天飞舞的雪花。虽然你是个挑剔的人，你也能尽量露出被逗笑的样子，赞赏他的创意。你很明智，只答应了他 10 分钟，所以你还能勉强自己带着欣赏的眼光看着饼干屑洒在地板上。你自我鼓励道："是的，他喜欢混乱，但至少他有创造力！况且区区 10 分钟，还可以应付。"

你可以把与孩子相处的大部分时间比作孩子需要喝的营养牛奶，而专门时间则好比奶油，它给你们的关系增加了一个重要的特质——情感上的安全，但如果全都是奶油，对你们来说就会太腻了！

使用专门时间，父母能获得什么？你很快就会发现。你会在这本书里读到很多例子，但你和孩子最终会找到属于你们自己的路。我认识的父母们只用了短短 5 分钟的专门时间就让一个依赖性很强的孩子变得可以在聚会上和其他孩子一起玩；充分满足了孩子对火柴的好奇心，从而使他们的家庭生活更安全；去除孩子在家庭聚会上的紧张焦躁；帮助孩子释放各种恐惧；帮助孩子与长期分离的父亲重新变得亲密起来；帮助孩子从创伤中愈合；帮助孩子适应弟弟或妹妹的出生；为好斗的孩子提供发泄的出口；消除孩子对去医院看医生的恐惧。这是一个非常灵活的倾听方式，你可以使用它化解几乎所有让你头疼、恼火的（孩子的）问题行为。

下面是一位曾经很沮丧的母亲讲述自己运用专门时间使家里发生了她所期待的变化。

我害怕早上，每天都会给我留下精神上的创伤。女儿们不喜欢我催促她们，也从不听我的。我说："快去刷牙吧。"得到的回应是："我不要刷牙！我不要去上学！"之后我说的每句话都让我后悔："你必须刷牙，否则有你好瞧的！……你得去上学了，现在，我不想再听你们说一个字！"我能感觉到我母亲说过的话和用过的语气就这样从我的嘴里冒出来。我厌恶得想吐。我这是在做什么！

在尝试了可以想到的每一种威胁和惩罚后，我决定这样做：每天早起 30 分钟，这样我们就可以一起玩了！我说的是真正的玩！我们开始做专门时间。我和丈夫轮流和每个女儿玩，这样她们每个人都有机会分别和父亲或母亲在一起。我们每天会在早餐之后这样玩 20 分钟，接着她们就需要按照我们的要求做上学之前一连串琐碎的准备了。它起作用了！无需我的威胁她们就刷了牙！甚至不用我帮忙，自己整理好了床。真是不得了。仅仅凭着和她们在一起玩的那几分钟就用爱和关注"填满了她们的杯子"。是的，需要花时间和精力，但是值得！清晨 20 分钟给了我宁静和爱的时光。

这是一个非常简单的办法。当你运用它的时候，你得到的回报是（孩子）行为的改善和（对你的）更多信任。专门时间使孩子能经常感觉到温暖的亲情。它还能让你把握孩子的脉搏，不久你就能越来越准确地预测困难时刻，并学会准备好应对它们。当孩子意识到自己正偏离轨道从而要求做专门时间以便能重新与人联结而不是陷入困境时，你会很清楚自己作为父母已经做好准备来到孩子身边倾听他。

除了这些实际的好处，这样做还丰富了你们的关系。你会了解孩子的方方面面。他会通过专门时间向你展示他的所喜、所爱、所恨和所怕。他会在嬉戏中提出自己独特的、有"研究生水平"的课题，他会带你尝试你从未想过的各种类型的游戏。在与孩子一起渡过的专门时间里，你们将会一起创造一些保留节目，以后的许多年里这些节目会继续受到你们的喜爱，为你们带来欢笑。

随着孩子进入青春期，你通过专门时间营造出来的令人愉快的（与孩子的）情感联结会很有帮助。你可以让其中一些"节目"继续保持良好功能并经常使用它们，例如为女儿创造奇特的发型，或用儿子喜欢的方式按摩他的后背。尽管专门时间已经不再是孩子那么渴望的活动，但它依然会作为指向标留在那里，指向童年充满希望的时光，指引他去发现他自己的孩子将来有一天需要从他那里得到什么。

什么时候用专门时间

在以下这些情况和场合运用专门时间会很有帮助：

- 早上的例行程序。该去学校或幼儿园的时候，有些孩子难以集中注意力，总是分心，一会做这，一会做那的。还有一些孩子则什么都不肯做。专门时间能建立联结，所以如果你在对孩子说"现在该做……"之前能先给他一段专门时间的话，就可以为孩子的思考能力加油，也会使他愿意合作。许多父母告诉我们，他们早上做的第一件事就是专门时间。

- 在做其他具有挑战性的事情之前。比如理发或洗澡之前；在拜访那个过分讲究屋内整洁且不习惯与孩子相处的姨妈之前；在晚餐前；在睡觉前；在新生儿出生之前以及出生之后孩子需要适应有个弟弟或妹妹的每一天；在去教堂或寺庙前；在感恩节客人到来之前；在走进一家摆满了诱人的糖果的杂货店之前。事先运用专门时间并不一定总能奏效，但连续这样做几个月，它就常常会起到减少麻烦发生的作用。

- 孩子从学校或幼儿园回来后，以恢复联结。你可以给孩子一个机会向你展现他的状态，而不是问他"你今天过得怎样"。一旦他觉得被关注，你需要知道的一切他都会告诉你。

- 在做作业之前。专门时间是针对学校严格的作息时间和管理制度的"高效消毒剂"，它帮助孩子重新意识到有你在他的身边支持他。

- 试着容忍那些你不能忍受但孩子喜欢的活动。专门时间在这方面简直是天赐之物！当孩子着迷于拿着茶壶盖和平底锅对着敲时，你可以用定时器设置5分钟时间，戴上耳塞坚持留在现场。如果孩子要活埋昆虫、剪掉芭比娃娃裙子上的蕾丝花边、拿你当靶子比画武术动作或者要你帮助整理乐高积木以便找到他想要的某个小零件，这时，专门时间刚好能派上用场。如果你正忙得火烧眉毛，你可以说："不，现在不行。"但之后在你觉得自己能承受（孩子那些行为）时，你要提议做一次专门时间。

- 当孩子的行为偏离正轨时。当孩子抱怨个不停，当他的行为变得狂野，从别人那里抢夺东西的时候；或者当你想与一位伙伴或朋友聊天，他却爬到你身上显得极度渴望得到关注时。用专门时间来处理这些情况成效斐然，它能帮助孩子感觉被看到和听到，它也常常会帮助你看到孩子可爱的一面。

- 当孩子害怕时。例如，如果学校在一个月后开学，而孩子害怕上学，你可以每天在他的学校做专门时间。你可能还需要使用其他办法，但是专门时间有助于在孩子感到害怕的任何地点或情况下为他营造安全感。

- 当家庭压力上升时。每个家庭都会遇到艰难的时刻：孩子生病了；你失去了工作；家里的宠物走失了；一位可亲的祖父母或邻居搬走了。紧张情绪上升时，专门时间可以帮助你和孩子专注于事情积极的方面，远离那些消耗注意力的焦虑。在艰难时刻，专门时间带来的情感联结就像是你和孩子可以攀握的安全绳。

如何做专门时间

下面是做专门时间的要点，每一个都很重要，它们会为你的家庭带来积极的改变。

- 定一个称呼。什么都行，总之得有个称呼，比如"专门时间""爸爸和诺亚的时间""孩子们做主的时间"等。给它一个称呼是为了强调时间是孩子的，而你要给予孩子全身心的关注。它能帮助你更专注，也让孩子更敏锐地意识到你的注意力都在他身上。

- 如果可能，提前设定日期和时间。然后，遵守你的诺言。期待有助于记住时间，也给孩子时间去思考他打算（在那段时间里）做什么。但当生活陷入混乱状态，或者孩子的行为失控的时候，只需宣布："现在是专门时间！"然后立刻开始。

- 开始前，你说："这是你的专门时间。我会玩任何你想玩的游戏！"父母说这句话很难，但是把它说出来很重要。这开阔了孩子的眼界，让你摆脱"我需要控制一切"的思维定式。这样的突破可以令孩子对你刮目相看。

- 使用计时器。专门时间必须有一个开始和结束。计时器有助于你集中注意力。如果孩子选择做你不喜欢的事情，它也会帮助你走出困境。比如，假设你不是一个体育爱好者，当孩子把你带到人行道上，一遍遍地和你比赛跑向电线杆的时候，你绝对需要一个计时器！

- 一开始，先把专门时间定得短些，比如 5 或 10 分钟。许多父母发现在游戏中接受孩子领导的难度之大是事先想不到的。一旦你入了门能经常做短的专门时间，你就可以尝试更长的专门时间，但在任何情况下都不要超过一个小时。你会犯困，你会渴望一杯咖啡，你需要去厕所，你想要逃离那个无聊的棋盘游戏，或者你觉得给芭比娃娃穿皮衣的游戏再多一分钟你就要爆炸了！最好是把时间定得短些，如果你愿意，可以在该结束的时候稍微延长一会儿，这样做比在结束时间还没到就失去关注力要好。你在专门时间里的耐性会随着实践的增多而增长，尤其是如果你能使用倾听伙伴关系来处理自己对孩子所选择的游戏的感受。

- 期待好事发生。期待在孩子身上看到一些新的东西。我们总以为自己了解孩子的全部。事实是，我们经常无意识地给孩子贴标签，以偏概全地判断他们。做专门时间的关键是一种期待的态度——"我想知道今天会发生什么"。孩子今天可能不会冒险远离他通常的游戏套路，但只要你有所期盼就一定会发生出乎意料的事情。你的心态很重要！

- 欣赏孩子。给他更多的温暖，更多的眼神接触，并表现出对他的选择很有兴趣，即使他在过去两个星期中每一天都是相同的选择。如果信任建立得较为缓慢，就要有耐心。

- 结束时表达情感。你刚刚与一位妙不可言的聪明的年轻人渡过了一段美好的时光，所以请给他一个热烈拥抱或举手击掌，并告诉他下一次专门时间在什么时候。

一位有 8 个孩子的母亲表达了专门时间的功效，即使它做起来非常不方便：

我工作了 8 个小时后下班回到家。最近我的工作时间变成了从早到晚，这对我 3 个最小的女儿们来说太难了。我到家的时候，她们本应在床上睡觉。可今晚不是这样！已经 10 点了，她们还在等我。9 岁的肖恩想告诉我今天她班上发生的事。7 岁的谢里尔难以感受到情感联结，当她感觉不到与他人的联结时会大发脾气，对人不友善，尤其是对她的姐妹们。这时候也早过了两岁女儿的上床睡觉时间，她想要有人抱着她、抚摸她。而此时我觉得很累，漫长的一天结束后需要放松一下。我需要帮助，我的丈夫先给了我一点时间放松，然后我就来到女儿们的身边。

10 点 30 分，我让肖恩去陪两岁的妹妹，自己开始与谢里尔做专门时间。她先得来一场吵人的高声大笑，否则就无法说话。这是我第一次没有让她停止或安静下来。我听着，她讲了一些今天在学校的情况。她告诉我她与同学之间的一些事使她心烦意乱。她哭了。然后，她说着说着就止住了哭泣，清楚地说："妈妈，我不喜欢你不在家的时候。我想你。"接着流了更多的眼泪。我抱着她，告诉她我很想念她，并且下了班我会尽快回家到她身边。我告诉她我爱她，我很高兴现在我们在一起。我们互相拥抱，她说她也很高兴我们俩在一起。

专门时间结束时她头一次没有因为结束而哭泣。然后，当我与她的姐姐做专门时间时，最不可思议的事情发生了！我和肖恩做专门时间时，谢里尔陪着小妹妹玩，没有来打搅我们。这是头一次！她从来没有主动和小妹妹玩过！肖恩用完她的专门时间之后，两个大女儿上床睡觉，我就可以给最小的萨丽做专门时间。那天晚上谢里尔有了很大突破，专门时间改变了所有孩子的夜晚。

不要做的事

由于我们成年人并不总是能好好地跟随孩子的领导，以下列出的几点是提醒我们在专门时间里不要做的事。你要保证自己严格遵守这些要求，即使最初这让你很不舒服。

- 不要给孩子忠告。不要教导，不要提出你认为可能重要的训导。例如，不要在孩子的涂鸦里寻找并指出哪里看起来像字母；别让孩子数他收集的蜗牛壳。让他在游戏时有自己内心的目标。
- 不要同时做其他事情。在玩游戏期间，不要去清理粘在地毯上的绒毛。当孩子领你到他的房间时，不要顺便把叠好的毛巾放到柜子里。在女儿为你举办茶话会时，不要考虑工作上的问题。你的面前是一个重要的人。地毯上的绒毛、要整理的毛巾和工作上的问题都可以放到以后再说。
- 不要和其他人说话。手机关机，别想发短信或上网的事儿！在专门时间里你要呈现自己满满的爱，你要全心全意地去做。
- 不要改变孩子的主意。如果有安全问题，到时候再解决。如果他要像星期日下午的孩子们一样在大街上踢足球，就说："今天是星期二，街上车太多。要不到公园去玩好吗？"如果他想从自己位于一层的卧室窗户跳到外面的高高的杂草中，就把一些毛毯或一堆毛巾放在那儿，并把你的手伸给他，帮他一把。总之，找到安全的方法满足孩子的愿望。

- 不要在专门时间中途插入"个人休息时间"。在设置定时器之前，先去趟洗手间、喝杯水或吃半个苹果，让自己做好准备。如果在专门时间开始后不久你仍然强烈觉得需要做点什么好让自己舒服些，这可能意味着你准备不足。交换倾听时间会有助于你充分意识到自己的重要性。

- 不要把专门时间当作奖励。当你看到孩子开始重视专门时间时，说句"宝贝儿，不整理好你的房间，我们就不能做专门时间"似乎合情合理。但不要这样做！孩子需要通过专门时间建立与你亲近的感觉。因此，做专门时间不要附加任何条件，就像你给他吃水果和喝水一样。其他倾听方式将帮助你对付散落在地板上的玩具，在做过专门时间之后，这些功能会发挥得更好。

一位有全职工作的母亲讲述了如何用一次短短的专门时间改变了孩子的行为。

5岁的儿子和我的生活总是很忙碌。不幸的是，作为单亲妈妈，我发现自己总是在我们很晚到家之后催促着儿子赶快准备上床睡觉。我们说好他可以在我给他洗澡的时候一起玩，但洗澡后如果他想听故事就得赶快上床躺好。可是，回到家的时候，他会玩一会儿，然后就抱怨说还想要看会儿电视。再然后他会说在洗澡前要吃麦片，还说他一点也不困。他变得越来越不听话。

为什么他不肯听我的？我意识到，在睡觉前他被我催着做这做那，没有时间和我建立亲密联结。我决定早点接他回家，为他做一次专门时间。我告诉他我会设定10分钟的时间以便我们能做他想做的任何事。他的眼睛一亮："妈妈！我要你把我扔在床上，然后我要你和我一起在地板上打滚！"

我设好定时器，然后和他一起跑到卧室把他扔到床上。在8分钟的时间里，我乐颠颠地在床上把他一次次轻轻抛起，夸赞他以飞翔的姿势做出姿态各异的降落。他笑着，尖叫着："再来，妈妈！"

10分钟后，计时器响起，他意识到我们还没有在地上打滚。我提醒他专门时间已经结束了。我说，我愿意滚一会儿，但我可能需要起身去准备他的洗澡水。他同意了，我们就一起打滚大笑了一会儿。几分钟后，我起身走开，告诉他，在我准备洗澡水的时候他可以玩会儿。

后来我叫他去洗澡。让我感到惊讶的是，那一晚事情进行得很顺利。他自己洗了澡，当我叫他的时候就出来了，自己刷牙，自己穿上睡衣。我们读了一本书，他在温暖、愉快和亲情中睡着了。

专门时间用在十几岁的孩子身上效果也会很好。一位母亲决定在星期日的教堂活动之后为14岁的孩子做第一次专门时间。孩子想去码头钓鱼。所以在教堂活动结束后他们径直去往那里。虽然钓鱼不是这位母亲热衷的活动，但她还是兴冲冲地。

他们买了一些鱼饵，他说："妈妈，我要你把虫子放在钩子上。"母亲则抗议说她完全做不到。孩子知道自己在为难母亲，大笑起来，继续挑战她。那儿的一个渔夫开始对他们俩微笑，并用西班牙语说了句什么。孩子也用西班牙语做了回答，两人相互开了几句玩笑，接着又聊了一会儿。那个渔夫走过来教母亲怎样把鱼饵放在钩子上。她一边试着做一边尖叫，大家都大笑起来。母亲用赞美的眼神看着儿子。她说她以前从没听过儿子讲西班牙语，而且亲眼看见儿子如此从容地与那个渔夫交谈，颠覆了她对"我的小男孩"的全部印象。最后儿子总算把渔线放在水里，他们俩靠在栏杆上，男孩钓鱼，母亲则关注着，随时准备聆听孩子想说的任何话。

一小时后，他们收拾好自己的装备，与已成为朋友的渔夫告别，上了车。在回家的路上，儿子告诉母亲，他想骑自行车去离他们家几公里远的公园和一些朋友聚会。母亲曾一直禁止他那样做，担心他的安全。今天，这位母亲倾听他的时候获得了全新的视角,她发现儿子掌握了她不懂的某种语言,用它很轻松地结交朋友。她意识到也许需要调整自己的判断。于是在交谈中,她告诉了儿子自己的担忧。她要求儿子遵守几条安全准则,儿子同意了。于是她答应儿子,只要愿意他就可以骑车去那个公园。

他们回到家时,儿子兴高采烈,而且态度焕然一新,主动把厨房打扫干净,这可是他从来没做过的。母亲说她再也不会把儿子看作"我的小男孩"了。她发誓很快会再做一次专门时间。

当你定期使用专门时间时

如果你定期给孩子做专门时间,他会更多地向你展现自己,展现他如何看待这个世界以及他的感受。你可能会看到一个或多个迹象,表明孩子感觉与你在一起时的安全感增强了。

- 你可能会被试探。孩子可能会选择你觉得无聊或让你不快的游戏。他知道,在一定程度上,他把你推出了舒适区。但是当你决定跟他一起玩的时候,他会受到极大的鼓舞。应对自己不情愿的好方法是以幽默的方式抗议。例如,当孩子往厨房的地板上泼水的时候,你可以上气不接下气地高高扬起手来说:"哎呀!这里下雨啦!出什么事了?"孩子会大笑,因为你缓解了紧张气氛,游戏也会继续!与你激动地大叫时孩子流露出的快乐相比,专门时间结束后你花的那两分钟擦地板的时间很值得。他甚至可能决定帮助你擦干地板。第6章有更多讲述如何以幽默的抗议赢得孩子的笑声的例子。

- 孩子可能会探索新的活动或新的领域。例如,孩子喜欢用大人的关注所营造的安全感来测试自己的体能。孩子会在床上以尽可能多的姿势跳跃,挤进他能找到的最小的隐藏空间,比他之前走过的距离走得更远,或在附近水深及膝的泥坑里蹚水。

他会运用你的许可做密集、全方位的探索，挑战自己体力和体能的极限。

- 孩子可能会提出重要的问题。你温暖、放松的态度给了他足够的安全感来处理不愉快的经历。例如，如果最近医生给他打针时让他觉得很痛，他可能会找出烤火鸡时淋油的管子，热衷于假装给你打针。如果他在学校被责骂，他可能会扮演"老师"，对你逞威风，罚你出局。当他扮演强大的角色时，你可以试着做出滑稽可笑的卑微的样子求饶。不要显得太诚恳——毕竟这是游戏！如果他爆发出大笑，那是在释放紧张情绪。

- 孩子可能会显得越来越依恋你。你可能会注意到一些积极的变化，如增进的感情、充满希望、对生活的激情以及分享自己的想法和成就。孩子可能想要你给他更多的疗愈性的关注。很抱歉，你以为随着孩子长大已经消失的依赖感和恐惧可能又出现了。你可能会感到不安，以为他退步了。但实际上这更像是进步！现在他觉得有足够的安全感来为自己还未处理完的问题寻求你的帮助。

- 孩子可能会在专门时间快结束时或此后不久感到不安。与你在一起感觉更安全意味着原先被封藏的感觉更容易上升到表面了。为这一点做好准备。如果你有半小时的时间可以给他，你可能想只给他10分钟的专门时间。如果他因为今天的专门时间结束了得等到明天才会再有而感到崩溃或极度伤心，用倾听来关爱他。不要试图解决这个问题。他需要这种小小的失望感来消除他那根深蒂固的感觉。在你多次倾听他之后，他的情绪积累不再那么沉重时，他就能够接受专门时间结束的事实，不再抗议了。

随着时间的推移，专门时间会令你更准确地解读孩子的肢体语言和信号。一位母亲把专门时间作为家庭生活的一部分之后，注意到了自己在这方面的变化：

我最初做专门时间的时候很不喜欢它——简直就是煎熬。然而随着时间的推移，我变得喜欢与女儿们做专门时间了。

我开始懂得她们行为失常的模式。我几乎可以预测什么时候会有麻烦，也开始能够识别其原因。我变得能以我从来没有用过的方式协调与孩子们的关系。这可真是美妙。

例如，我注意到，如果我们参加的活动是这样的：孩子们聚在一起玩，而大人们则另外聚在一起，那么活动结束时，孩子就该闹不愉快了。在这样的聚会上，她们会玩得很开心，过得很愉快。做专门时间之前，我不明白为什么聚会之后她们会发脾气和抱怨。（而现在）我会很快意识到，在这类聚会上，她们失去了与父母的亲密联结。她们有理由感觉不到与我们的联结，因为我们有好几个小时基本上是远离她们的。我意识到，尽管我们处在同一时间、同一地点，表面上看起来是"在一起"，但我们其实并没有在一起。

所以我开始在人多的聚会或郊游之前和之后做短的专门时间。结果，在那些活动之后我们再和孩子聚在一起的那几个小时（和以前没有做专门时间相比）实在太不一样了！事情就是如此简单，不过这可是我用了好一段时间才弄明白的。

见缝插针地安排专门时间

时间是令父母头疼的问题！我们所有人几乎都会感到有压力。但对于专门时间的长短，或有多个子女时该如何安排，并没有一定之规。如果你不知道究竟该怎样在忙碌的日程中挤时间安排专门时间，找一个好的倾听者会有帮助。谈谈你生活中的美好和艰辛。允许自己释放情绪。如果需要，你可以为自己的弦绷得太紧而高声痛骂。当你觉得没有人了解你所面对的处境时，问题很难解决。在一段时间内有位倾听者给你温暖的关注，而你可以不受干扰地思考和感受，情况会很不一样。那时冒出的想法是你自己的——任何一本书给你的建议都比不上你自己在有人倾听之下产生的想法！（正如在飞机上遇到紧急状况时）你首先要自己戴好氧气面罩，然后，也只有在（你先戴好氧气面罩的）那个时候，才是该转身去帮助孩子的时候。

　　我听说，有些父母每天早上在孩子们醒来之前会先叫醒一个孩子，给他做 5 分钟的专门时间。有的是夫妻中的一方在周六或周日给一个孩子做专门时间，其他的孩子则由另一方陪伴。作为一个单身母亲，我会让两个儿子都认识的一位朋友每周一到两次放学后来我家。他会先和我的一个儿子玩，而我会和另一个儿子做专门时间。然后我会带着先和朋友一起玩的那个儿子做专门时间，先做了专门时间的儿子则和那位朋友玩。两个儿子都做过专门时间后就可以很好地在一起玩，我就能为他们的朋友做同样时长的专门时间。这使他们的朋友也成了我们家的一部分。

　　我认识一位打两份工的妈妈对她上幼儿园的孩子这样说："当我步行送你去学校的时候，你可以做任何你想做的事！这是你的专门时间。"她笑容满面地看着孩子，而孩子每天都能想出新的花样吸引妈妈的注意。随着他们之间联结的增强，孩子也越来越乐于合作。这真是个解决时间极端紧张的巧妙办法！

　　虽然预先设定的专门时间是建立和保持与孩子密切联结的关键，但它也可以战略性地在平时应用以解决具体问题。在本书的第三部分，你会读到父母们如何利用专门时间来帮助孩子处理分离、攻击、恐惧、兄弟姐妹间的争斗、合作以及其他相关问题。他们的经验会鼓舞你，但你自己的经验永远都是独一无二的。你的孩子有很多好东西等着你去发现，所以请做做看。放下书，试着来一次专门时间吧！

第4章

方式二：陪伴式倾听

父母最想要的是，当孩子经受重大挫折时，我们有能力让情况变得好些。当他们受伤时，我们想帮助他们，真正地帮他们。我们努力了，但我们的努力并不总是能让伤痛消失。我们告诉孩子不要声张，帮他把事情处理好，但结果往往是孩子依然闷闷不乐。或者我们会告诉孩子没有什么好怕的，但他还是无法改变，仍然小心提防着什么。

陪伴式倾听是指全桎倾听孩子的不安，你敞开心扉面对哭泣的孩子，陪伴着他，直到他恢复。陪伴式倾听将给你能量帮助孩子快速恢复。当狗狗撕碎了他新买的瓢虫钱包；当他的朋友说今天想和别人玩；当他从自行车上摔下来，不想再跨上去——你的倾听将帮助他在遭受重大打击后快速恢复。陪伴式倾听还会逐渐削减那些蚕食你宁静心情的讨厌的日常纠纷。

当你做陪伴式倾听时，你不再只注重事情本身，相反，你相信孩子能够恢复正常而且会想清楚事情该怎样做。你不再说教，你会支持他消除烦恼，从而使他可以更好地应对一切。你倾听他，因为倾听能够建立你和他之间的联结，让孩子知道你关心他。当孩子哭泣、大吵大闹或极度恐惧的时候，你会发现倾听是一种有效的疗法。

做陪伴式倾听时，你带着孩子航行在布满情感风暴的海面上。

他的小船在倾斜摇荡，你爬上去，镇静地把手放在舵上。他觉得迷失了方向，你低声说安全的港湾就在前方。他不胜慌乱时你留在他身边，保证他的安全。在他边发脾气边哭诉过之后，他会意识到你曾一直陪伴在他身边。他会放松，充满深深的归属感。你会和他一起努力治愈那些让他偏离轨道的伤痛。

陪伴式倾听会让你更容易进行合理的干预。当你说了"不行"但是孩子非常想听到你说"可以"的时候，陪伴式倾听是一个强劲的清理工具，会化解掉孩子的那些糟糕透顶的情绪，它们对着他尖叫着说：你不站在他那边，你不但不是一个好父母，你还是有史以来最坏的父母。

陪伴式倾听的独特效果

可以理解，父母常常因为孩子哭闹而气恼，并想方设法让孩子安静下来。在我家里，常用的威胁是："你要是现在不停下来，我会让你有的哭的！"意思直截了当："我说别哭就别哭。"不然就被打屁股。其他父母可能只是判断孩子哭的理由是否合乎情理，如果不是，就会给一顿责骂。

那些对待孩子哭闹的招数里较为温和的做法依次是：父母尝试抱着孩子摇来晃去地直到他停止哭泣；要么是老办法，让他到一边去哭；要么告诉他哭泣没有任何意义；再有就是孩子们可接受的方法，引导孩子做些有趣的事或给他们好吃的甜食来分散孩子的注意力；最后也是最昂贵的选项，满足孩子的要求——给孩子想要的、补上孩子丢失的、更换令孩子不满意的——然后结束。

问题在于这些办法的效果差强人意。我们用这些方法勉强撑着渡过眼前难关，但会有很多"老问题"日复一日地纠缠我们，使我们筋疲力尽。

方式二：陪伴式倾听

陪伴式倾听与上述招数不同，它让你陪伴着孩子任由他跟随自己的本能而大哭、发脾气、尖叫、歇斯底里。为什么？因为这有助于你们的联结，让他能够思考！

有一次，在为父母们开办的入门课上，我介绍了陪伴式倾听。一位母亲回应道："我的孩子可让我受够了，今晚我连家都不想回。这几个月我和她麻烦不断！早上起来，她讨厌我给她做的早餐。她不要穿衣服。我每天上班迟到，因为她对每一件事都要尖叫着对抗。为了让她上车，我不得不把她的手指从门板上掰开。下午去接她，情况也一样。她会没完没了地抱怨和对抗直到上床睡觉。我可不想听她大哭！我已经听得够够的了。" 她离开教室时看上去很不高兴。

然而，她下星期又来了，而且说："如果你上周告诉我说我女儿会表现得像个天使，我会当面对你嗤之以鼻。可周五我得了流感，我寻思着'哦，现在我在家，我整个周末都没有精力和她纠缠，所以我不妨试试这种倾听的方法'，然后我就去做了。我整个周末都穿着睡衣。每次她不高兴，我就和她坐在地板上听着她。我太虚弱了，别的也做不了。周六和周日，她冲着我大哭了五六次。周一的早晨，她蹦蹦跳跳地来吃早饭——吃得精光，穿好衣服，迫不及待地上了车。下午去接她时，她依然很乖。今天早上，也是这样！亲吻和拥抱！我太惊讶了！"

单是这样的改变——即接纳和支持孩子强烈、明显的情绪宣泄——就可以为你和孩子带来巨大的变化。孩子会睡得更好，吃得更好，能耐心等待轮到自己，与兄弟姐妹相处更融洽，能克服大大小小的困难。你不必求助于老套的办法。

从长远来看，孩子更可能在到了青春期时仍然愿意亲近你。他会扩展自己的世界，但他会希望其中有你的存在。他会大发脾气，狂风暴雨式地宣泄坏情绪，所以他不太可能逞强好斗，也不倾向于做冒险或反叛的事。

最后，当你做陪伴式倾听时，对于所谓"不良行为"的重新界定会成为你的依据。打人、伤人、抢夺、挑斗、从橱柜中偷拿糖果仍然属于应当制止的行为。但是在摆脱负面情绪的过程中的大哭、发脾气、骂脏话的行为不在"不良行为"之列。它们有一个闪亮的新名称"疗愈过程",只是要加上倾听,那正是你要亲身尝试的。

许多父母都惊奇地发现,倾听孩子激烈的情绪并不会助长孩子的不良行为。反而能缓解导致孩子不良行为的紧张情绪。在某种意义上,它让孩子获得了"情感释放"——释放他遭受情感创伤后遗留下来的情绪——的机会。让孩子清理掉那些情绪会培养他快速恢复的能力,并帮助他更容易地感觉到与你的情感联结。

这种方法允许情绪释放,但不接受不理性的行为。你要学会在孩子表现出无法思考的时候如何快速干预。你要平静地阻止他做无意义的事情。可能需要你在他抬手扔东西时用手按住他的手臂,或需要你在他要去抓妹妹的头发时用手臂揽住他的小肚皮,把他拖向你。这些干预不是惩罚。你只是让局面变得对所有人都安全之后再来倾听他,让孩子注意到自己的感受,让它们涌动出来。恰当的干预,紧跟着陪伴式倾听,能帮助他再次回到游戏中并重新变得行为得体。假以时日,孩子积压的情绪会被清除,自信心会高涨,智慧之光会更加闪亮。

什么时候做陪伴式倾听

可能的话,第一次尝试做陪伴式倾听时尽量选择一个附近没有旁观者的安全空间。因为你不清楚一般成年人对大哭的孩子的忍耐度。你要把注意力集中在孩子身上,把全部注意力都给他,并且在做最初几次时留意你有什么感受。

在下面这些时刻,陪伴式倾听会派上用场:

- 当孩子因为一次磕碰或擦伤而大哭的时候。
- 当一次告别引起孩子哭泣的时候。
- 当孩子为得不到的东西大哭的时候。
- 当孩子试着完成某件事情时突然大发脾气的时候。
- 当孩子因恐惧而放声大哭的时候。
- 当孩子紧张和愤怒的时候。
- 当有人伤害了孩子的感情的时候。

在很多有激烈的情绪反应的场合都可以运用陪伴式倾听来帮助你和孩子。我相信你能想到是哪些场景。

下面是一位校长助理的经历，展示了陪伴式倾听在学校这样的环境里也能够促成一个年轻人的巨大改变。在他所在的低收入的市内社区，团伙暴力事件常年频发。

我曾持续帮助一个初中生长达一年半，他因为一些轻微的挑衅行为几次被送到我的办公室。他每次都沉默不语，只说自己是个"坏"孩子。我不相信这些说法，所以我一直向他保证说，我希望他好好努力，也相信他可以做到。

他每次被送到我的办公室时几乎都会因为什么事哭泣。有一天我问他到底是什么事让他难过。因为那段时间我已经运用陪伴式倾听建立起彼此的信任关系，他说他觉得没有人爱他。还列举了证据。我倾听他，向他保证说，他的可贵远超过他自己所认为的。我还见了他的母亲，并倾听她。当我有机会的时候，我对她讲解了什么是专门时间，并鼓励她尝试，她真去做了。到了去年3月，母亲的精神面貌发生了巨大的变化。她有了积极的心态，这也惠及孩子。

经过我多次的陪伴式倾听以及他母亲给予的专门时间后，他能够意识到自己是被爱的，也有能力把功课学好。今年3月，当他告诉我他的平均分数已经从1.9提高到3.2时，他非常自豪。他的个人面貌也改变了。他不再龇着牙垂着肩，而是开始站得笔直，面带微笑，偶尔还会拥抱老师一下。

6月，他得知自己将会得到令人羡慕的学年年终奖——每个年级只颁发给一名学生的"进步卓越"奖。

如何做陪伴式倾听

我们的目标是：在孩子深感不安时，给他温暖的关注和支持。当他准备好了，他会（以自己的方式）告诉你，例如突然大哭或发脾气，害怕地尖叫，或因暴怒而打滚。孩子淹没在情绪中时你稳住他、倾听他，假定他正在做的恰恰是为了恢复思考能力而需要做的事。在你最初的几次尝试中，你可能会觉得这是你尝试过的最疯狂的想法，但是请专注于孩子，给予关怀。他的头脑是完好的，他的能力是健全的！他会向你展示这一切是如何起作用的。下面是更详细的说明：

- 接近并注视对方。如果他转身不看你，你要继续倾听，过一会儿请他转向你。轻轻地提醒他你的存在："我就在这里，亲爱的。现在我要给你的手指一个小小的吻。"没有必要坚持那样做。当你们眼神交汇时，如果他还有情绪要发泄，他会哭得更厉害。感受到你传递给他的让他安心的信息，会加快他情感创伤的愈合速度。

- 定下心来。陪伴式倾听往往需要时间。强烈的情绪来势汹汹，需要花一些时间去化解。如果你是初次倾听孩子，很可能他有相当多的情绪要处理。

- 用柔和的语调，即使他对你说你是世界上最糟糕的父母，你也要相信，当他倾倒出内心那些可怕的感觉时，你就是那个应该陪在他身边的人。这会对你很有帮助。

- 倾听，少说。"对不起，这对你太难了""我就在这里陪你"，或者"亲爱的，我看得出来你很不安"这些话可能有帮助，但倾听最为关键。不过，如果孩子正在拳打脚踢，低声重复让其安心的话语会支撑他与无形的力量抗争。

- 温和地抚摸可能会有帮助。试试看，孩子们对抚摸的感受是不同的。如果抚摸是有帮助的，就可能会加速他的情绪宣泄。如果抚摸阻止了哭泣或使他大怒，那就说明抚摸无益。你对孩子的关注方式并不仅限于抚摸或拥抱，随着清除掉内心那些情绪，他会逐渐倾向于亲近你。

  如果孩子正在发脾气，最好是靠近他而不触碰他，除非你需要出手防止他伤害自己。让他发脾气，他需要挥臂顿足地乱动。他发完脾气后你可以搂住他，只要他愿意。如果孩子在恐惧之中，要搂住他可不容易，他或许需要与你争斗或较量一番。

- 保证孩子的安全，保证你自己的安全。有时，在深深的恐惧之中挣扎，孩子们会变得狂野并有伤害他人的冲动。因为你在倾听他，你就会成为他的主要目标。应对这种充满活力的行为并不容易。你可以在第 11 章"消除恐惧"和第 12 章"帮助有攻击性的孩子"里找到有用的信息作为指导。

- 让孩子决定什么时候结束。你无法估量或预测孩子情绪的强烈程度和持续时间。有时哭泣会持续三分钟，之后孩子就变得快活和明理了。但孩子的许多烦恼可能需要足够长的时间，特别是在最初的几次，因为他想尽快补上所有自从他来到你的怀抱起他就想要而未曾得到的疗愈过程。

　　让孩子哭个够的做法有点像让孩子睡到自然醒。在哭泣和睡觉这两种情况下，大脑都在忙于处理重要的内部事物，就像是整理房间，把东西整理得井井有条，精力得到恢复。大脑把信息分类然后把它们放在可以被随时取用的地方。这个进程有快有慢，不受孩子或你的主观意识的左右。如果你打断了孩子的睡眠，孩子的状态会不稳定、会失衡，在一天中的其他时候会以某种方式提醒你失误了。这与哭泣的情况一样。如果你不能倾听到底，孩子就没有办法充分释放他已准备好要释放的那些情绪。那些情绪会明显地呈现，引导他以行为的方式发出信号表达自己的心情很糟。

　　如果你确实需要的话，可以停止陪伴式倾听。实际上，如果你心神不安，停下来是至关重要的。只是要告诉孩子你不能继续倾听了，你得换个时间再倾听他。然后让他吃些点心，洗个澡，或是做他最喜欢的事。他还未恢复到最佳状态，但你需要休息一下，给自己一个释放情绪的机会。孩子很快就会想出方法来启动有待完成的疗愈过程。

　　怎么确定你的陪伴式倾听不带有强制意味呢？在你听孩子说他的烦恼时，他一定会感受到最糟的情绪！如果在他生活中的某一时刻，他曾感觉受到威胁、惊慌失措、陷入困境、孤独无助、被抛弃、被操纵或被惊吓，那么在你给他提供安全感来处理那些糟糕的经历的此时此刻，他会再次经受所有这些糟糕的感觉。那么你如何避免做出无意的伤害呢？

　　以下四点提示将有助于确保你所做的陪伴式倾听确实在你和孩子之间建立起了某种伙伴关系，以便完成疗愈过程。

- 允许孩子选择时间和地点。当孩子无法思考的时候，他可能会向你发出信号，邀请你对他实施干预，从而启动疗愈过程；也可能会放声大哭或表示愤怒。你回应他的方式是倾听他，直到他恢复思考能力。

- 在你和孩子之间保持良性的权力平衡,办法是让陪伴式倾听所占用的时间与做专门时间和游戏中倾听的时间大致相等。后两种由孩子主导的活动可以把对你们的关系的控制权交还给孩子。

- 用倾听伙伴关系定期清理自己的情绪。这将加深你的理解力,让你更好地生活下去,让你不会在无法对孩子敞开心胸时勉强自己使用陪伴式倾听,尤其能帮助你清除掉任何把陪伴式倾听作为对孩子的惩罚或威胁来使用的企图。

- 一旦你感到焦虑不安就立即中止陪伴式倾听。正如本书第三部分的实例所表明的,那些协调使用陪伴式倾听和其他四种倾听方式以保持某种平衡的父母们看到了孩子前所未有的行为改变:一个曾经无法维护自己的权利的4岁孩子纠正了一个比他大得多的孩子;7岁的姐姐变得对妹妹慷慨大方;幼儿和学龄前儿童勇敢地面对曾经吓坏他们的成人或事物;一个重重地摔了一跤的孩子重新跨上自行车再次尝试骑车翻越那座高坡;一名五年级学生在一个他曾确信自己做不到的记忆挑战项目中获得满分。这些变化并非出自感到受人操控的孩子,而是出自消除了紧张焦虑、沐浴在平静的支持中的孩子。

处理小事情引发的不愉快可以治愈重大创伤

当孩子把他们最深层的情绪附着在看似微不足道的小事上这种现象对你已是司空见惯时,你使用陪伴式倾听时就不会那么紧张了。很明显,因为一支裂了的玩具口红或由于弟弟(而不是他自己)坐了蓝色的儿童高脚椅而大哭之后,孩子的行为会发生积极的改变。

受伤的感觉很容易让孩子麻木,无法释放情绪,所以有时看似微不足道的小事反而会触发他的情绪。例如，爸爸因工作外出一周，4岁的孩子可能会变得焦躁不安，行为反常，但如果有人问他："你想爸爸吗，亲爱的？"他会面无表情地说："不。"而事实是，他感到心碎，但是因为太想爸爸反而无法哭出来。他麻木了，他面对的伤害太大了。

但这时有个朋友来家里玩，问都没问就试图穿上他的新衣服。孩子突然大哭起来。那模模糊糊的关于失去的暗示——他的朋友会占有他的新衣服——触动了他被隐藏的感觉，它们被新衣服带出来了！孩子受伤害越深，触发一场大哭的由头就可能越小。他能承受因为可能失去自己的新衣服而发狂的感觉，但却无法直面父亲不在家这件事。

我们曾经受到的指导是，好父母要介入并且和孩子们商量以大家轮流穿五分钟的办法来平息事态。但陪伴式倾听给你提供了一个有趣的选择：父母可以支持孩子原有的康复本能。父母可以靠近孩子，轻轻地说："是的，他正穿着你的新衣服。我肯定，之后他会把新衣服还给你。"然后孩子就可以释放他内心背负的巨大悲伤。不需要说有关爸爸的话。我们要相信孩子在选择让什么成为释放情绪的导火索时所做的判断。就这个孩子来说，一阵强烈的大哭会证明那件新衣服是他迫切需要的情感释放和疗愈的完美的导火索。

亲切温柔地支持孩子

大多数人小时候不开心时不会有人亲切和蔼地对待他们（以致我们没有可效仿的榜样），所以这里是一些更具体的做法供你尝试，以便你能开始培养自己亲切温柔地对待孩子的能力：

- 温柔地碰触痛苦的细节。这与解决问题正相反，是对孩子伤痛的深层次的修复。当你温柔地指出其伤痛之处，而且毫无担心的意味，孩子就会释放出一波新的紧张情绪。"你想要她正拿着的那个茶杯。嗯，我看见她还拿着呢。""我真的得马上走。我不在这儿的时候也会一直爱你。""我知道这很难。""现在让我看看你的膝盖吧。""该说再见了。""布鲁诺正骑着那辆蓝色的自行车。""我们没有橙汁了。"孩子长大后（可以说）："我知道聚会对你很重要。我希望我能答应你。""他甚至没给你打电话。那真让人难过。""你太想做这个了。你的计划很不错。"通常，最简单的话——"我懂"或者"我就在这里"——能最好地传达你的爱。

- 说明当下是安全的。"是的，她拿走了你想看的书。当你觉得适当的时候，你可以和她谈谈。""你的身体知道如何康复。""你可以改天再吃饼干。""我不能让你那样抢。现在就坐在我的腿上。""她不是有意要伤害你。""我知道你想要它。等他玩完了就轮到你了。"在孩子十岁或更大些时，只需让他知道你相信他。"我想你能想出办法解决。""不管他们今天说了什么，对他们来说，你都是一个好的伙伴。""我想你可以和她谈谈这件事。你会知道该怎样做。"

- 当孩子抵抗时，在他平静下来之前允许他尽情哭泣。孩子们经常利用这样的时机，比如被要求整理房间、自己穿衣服、去远足、做作业或写一篇文章等，作为释放源自创伤、困惑或无助等的深层次情绪的出口。所以，除非房子着火了，请给孩子机会大哭一场，听他边哭边对你说他再也不会、永远不会做别人要求他做的事了。让他哭直到哭够为止。时不时地，平静地重申接下来要做的事，温柔地问他是否准备好了。"我们朝汽车走一步好吗？该走了。""桌子已经清理干净了。该做作业了。""手套本来是娜娜的。你准备好还给她了吗？"让孩子为有关下一步的想法充分哭泣。表现出对他的智慧的信任，给他需要的时间，他最终能够依从。不要让步，不要放弃，向他敞开心扉。他会与你沟通，他的理解力会得到改进。

- 在孩子开始哭泣或发脾气的地方给予陪伴式倾听。如果你马上把孩子抱起来带他到别处去，会转移他的注意力，错过要处理的问题。如果可能的话，就地倾听孩子5分钟，然后再带他离开以免让其他人感到不适。

- 让孩子沐浴在你平静的信心中。从你内心发出温和的、切合实际的话语。孩子感到脆弱和不安，但他不需要别人可怜。毕竟，他的情况在好转！例如，在一个朋友抢走他的球后，告诉你心碎的孩子："他一会儿就玩完了。"说的时候语气要温和、轻松、自信，就好像在说："天是蓝的。"这将促使孩子哭得通畅，并适时恢复正常。在这个非常情绪化的时刻，通过关注事实——他有你的关注，而这正是他真正需要的——来支持他。

以下是建议父母在孩子哭的时候不要做的事情。根据我的经验，这些做法无助于孩子的恢复。

- 不要点明孩子的感觉。有可靠的研究证实，点明孩子的感觉能使孩子平静下来。更确切地说，它会使情绪释放过程停止。因为大多数人相信哭泣本身是一种伤害，阻止孩子哭泣会让大人觉得自己帮助了他。

但哭本身不是伤害！在孩子哭之前的那一刻，那个伤害就已经阻碍了他的思维，或者多年前他所受到的伤害至今仍然没有愈合。孩子哭泣是因为与当年那个伤害相关的某个因素极其相似的一个微小信息使他的思维第一百次地受到了阻碍。

哭泣是一种疗愈过程。说句"我知道你很生气，你不想让爷爷赢棋"使孩子从哭泣中走出来，意味着孩子失去了一次疗愈的机会。孩子的前额叶皮层被召唤去理解大人所说的话，致使他不能再继续清除受伤害的感觉。而明天那个伤害还会回来引起孩子行为失常。所以不要点明孩子的感觉。那是孩子自己的感觉。如果他愿意，他自己会说出来，你要做的是倾听！

- 不要问孩子发生了什么事，除非是健康问题。表现出关切，但请记住，除了特殊情况，你一般不需要知道发生了什么。你要做的是倾听他和评估发生在他身上的事对他有什么影响。细节不过是细节，如果需要，过后孩子会谈到的。下面是个具体的事例。

一天早饭后不久，我两岁的女儿开始哭起来，我不知道因为什么。她一边哭，一边慢慢地从一个房间踱步到另一个房间。我跟着她，说了几句话，只是为了陪着她。她会不时地瞄我一眼，但大多数时候她显得很伤心，流了很多眼泪。很明显，她不是生病了或哪里疼痛，所以我陪着她差不多有两个小时，直到她终于感觉好多了。之后我们渡过了美好的一天。

第二天同样的情况又发生了，又是两个小时，她哭着在房间里走来走去。她不说话，但那以后她一天都很好。第三天早上她又哭了很长时间。但是当她哭完了，她依偎在我身上问："爸爸为什么要去上班？"我终于明白她为什么哭了。爸爸每天早饭后都会离开，她只是不明白为什么。哭了三天后，她能够来问我了。在那之后的每天早上她一切正常，她已经处理完了心中的烦恼。

- 不要以为孩子的愤怒是针对你的。孩子哭的时候，会释放出不舒服的想法和感觉。所以我们每个人都迟早会听到孩子说出让我们的心为之一沉的话来："你不爱我！""我希望你不是我的妈妈！""我恨你，爸爸！""哥哥真讨厌。我要杀了他！"

坚持住！孩子正在做他必须做的，以便摆脱那些有害的情绪。如果你能保持支持他的态度（当然，没有必要赞同他说的话），这些可怕的想法对他就失去了意义，他的痛苦也就消失了。试着告诉孩子："不管你有什么感觉，我永远爱你。""你现在不必爱我。我理解。""我不会让你伤害哥哥，亲爱的。"孩子并不是真有那样的念头，一旦他摆脱了那些有害的情绪，就会意识到你有多好，并回到你身边与你亲近。

- 不要责骂孩子。我们许多人都是在充斥着责备的气氛中长大的，以至于我们在责骂别人的时候自己却浑然不觉。下面这些话都是应该只放在心里，不要说出口的："这事还值得哭啊！""难道你不想成为一个大男孩吗？""好孩子不会说那样的话！""你最好控制一下你的脾气，我的大小姐！"当然，抱有这些类似的感受是我们做父母的权力。其实，在正式的场合我们多半不会大声说出自己对孩子有什么感觉！我们对孩子的严厉的评判会影响孩子一生的幸福。倾听伙伴关系恰好可以提供适当的场合让我们发泄对孩子的不满，同时远远避开孩子敏感的耳朵。关于倾听伙伴关系我们将在第 7 章做详细介绍。

- 事后不要和孩子讨论他为什么哭或发脾气。这既令人生厌，也不是重点，没有必要弄清楚。孩子排除了令他行为失常的情绪之后，就准备好享用自己刚刚恢复的思维。如果你在他每一次情绪爆发后都要刨根问底地追问他，他想对你倾诉的欲望会越来越低。用心地倾听，然后相信他在玩耍、睡觉或是快速吃下一碗面条的同时会处理好各种问题。孩子知道他不该从哥哥那里抢东西，无需说教。

事实上，在这里比较一下孩子的情感生活和他的消化系统如何运作会有助于我们理解这一点。例如，当孩子吃香蕉时，他的消化系统汲取营养，而不是摄取一个想法！他得到滋养，虽然香蕉的每个部分不都是可以消化的。身体汲取它所需要的，并以其精细的消化系统处理余下的部分。孩子通过大小便排泄掉无法消化吸收的东西。在孩子出生后的最初几年，排泄过程既频繁又麻烦，处理起来可不那么令人愉快！然而父母对于这些自然又必然的事总归是任由其发生的。

再来看看孩子的日常经历。你尽自己所能给孩子提供最好的生活。他学习着，成长着。但每天都有一些时刻会阻滞孩子敏感的神经系统。猫挠伤了他，妈妈怀孕了，累了，烦了。隔壁的孩子骂他。睡觉时，他在自己的房间感到害怕。每一个经历都会带给他某些情绪。为了保持良好的思维，他需要化解这些情绪，以便处理这些经历并从中学习。他的确有自己的应对机制！你晚饭后跟他玩追逐的游戏，他大笑着，释放出紧张的同时更能感知到你对他的爱，后来因为不小心把娃娃的一只小鞋掉到浴缸的排水道里，大哭了一场。瞧！他就这样收拾好了心情，准备迎接明天的好时光。

孩子大小便时不会让你担心。你肯定不觉得有必要检查尿布或厕所里的东西，弄清楚它来自哪里，并讨论为什么它出现在那儿。把它冲洗掉就好了。让孩子释放紧张情绪这件事其实也同样简单，只要你愿意。他大笑、发脾气、大哭，或怕得发抖、满地打滚。你支持他完成情绪宣泄的过程。之后就是一起开心的时间了！

还有最后一件重要的事：

- 不要迫使孩子——或其他任何人——大哭。一旦你知道一场痛快的哭泣有益于孩子的思维，你就想告诉每个人，尤其是你的孩子！但这不是个好主意。对孩子说这样的话："把那些情绪发泄出来"或"开始发泄吧，对你有好处"或"我认为你需要好好哭一场，这一天对你来说真够受的"，会让孩子对情绪释放过程过于敏感。这无异于把他的情感生活置于一台显微镜下。你的显微镜之下！

情绪释放过程属于你的孩子，你不能命令或控制它。你能做的最有用的事情就是创造条件，让他能感受到你的关爱。这是倾听能做到的——运用倾听的方法来传递你的关爱。所以，运用专门时间和第6章介绍的游戏中倾听与他建立情感联结。有时间的时候，和孩子一起做些开心的事，互相依偎着、游戏、乱蹦乱跳。也许最重要的是，找一个好的倾听者定期释放你自己生活中的压力。这样你就能集中注意力传递你的关爱，让孩子自己决定要不要哭以及哭多久。

一次好的陪伴式倾听之后，你会在经过情绪宣泄变得焕然一新的孩子身上看到新的洞察力、温暖和创造力。

用陪伴式倾听治愈孩子的悲伤

上述办法适用于释放悲伤的孩子。唯一要说明的是，即使是得到关爱的、生活无忧的孩子也会有相当多的悲伤需要释放。生活日新月异，有如此多的信息需要处理。通过哭泣处理小小的缺憾带来的伤痛是童年时期的一项重要的功课。每当孩子开始闹别扭，都是在运用自己良好的判断力。他想要思考，而哭泣有助于思考。

请看下面这位母亲的讲述：

我7岁的女儿和5岁的儿子最近开始在一个新的学校上学。在新学校的第二个星期的某一天，女儿和一个新朋友一起跑出了教室，问我下午她能不能带着新朋友来家里玩。我很高兴地说"可以"，于是我们准备一起出发回家。但儿子说这不公平，他说："我没有朋友带回家，我也想带一个朋友回家，不带着朋友回家我就不走。"于是我启用了陪伴式倾听，他开始大哭，重复说他也想要一个朋友，可现在还没有。我蹲下来，和他靠得很近，好让他能看到我的眼睛。他转过身去，对着墙继续大哭。我告诉他我很抱歉他现在这么难过，我知道他多么想有一个朋友。他在之前的学校里和一个男孩非常亲近，我真的感觉到了他的悲伤。我非常同情他，陪伴式倾听对我来说一点儿都不难。

约5分钟后，他转向我，我紧紧抱着他，互相看着对方的眼睛。他接着哭，告诉我他也想有一个朋友。我继续倾听。10或15分钟后，他安静下来和我们一起走回家。女孩子们在一起玩儿，而我在厨房里准备食物的时候，他已经高兴起来，快乐地在我附近玩耍。

第二天早上他问:"今天是去学校还是过周末?"当我告诉他是去学校时,他说:"好啊!"完全出乎我的意料。那天下午我去学校接他时,他有了一个新朋友,会跟我们一起回家玩!真是个美妙的结局,我很庆幸自己使用了陪伴式倾听这个方法。

用陪伴式倾听释放孩子的挫折感

孩子发脾气的场景看起来不会很美,可一旦你知道倾听孩子发脾气可以提高孩子思考和学习的能力,你就会对发脾气刮目相看。做陪伴式倾听最初会很难。可一旦你尝试着去做,我相信你会对倾听孩子发脾气产生的积极效果印象深刻!

重要的是要注意分辨究竟什么是发脾气。真正的发脾气不会促使一个孩子试图伤害任何人。发脾气更像是点燃的一串鞭炮,而不是射出意味着伤害的子弹。

发脾气能释放挫折感,它们来得很突然。受挫的孩子很吵闹,身体发热,充满了激烈的情绪。他想做的就是立刻消耗这些热能!孩子感到受挫是因为他渴望学习,他想要做的事常常超出自己的能力范围。他还没走稳时就想跑起来,他说出的第一个词的发音还不准的时候就想要说很多的话。他得花好几天、几周甚至几个月的时间反复练习以便掌握他一心要学的某种技能。因为他得经历多次的尝试和失败,挫败感会让他感到震惊。他失去了思考的能力。如果你像人们通常做的那样不许他发脾气,他就不得不当场放弃他正在学习的技能,因为每当他要继续尝试的时候,同样的感觉就会冒出来,再次阻碍他思考。

畅快地发一通脾气能解决问题。当挫败感来袭时,孩子会剧烈蹦跳、猛推难以撼动的物体,或倒在地板上打滚。他也许会大哭或大汗淋漓。他这样子可能会持续 5~15 分钟——发脾气一般不会持续太久。发完脾气，他会放松下来。当他回去再次尝试他要做的事时，他会有一些进步。他要做的事有时会激起他发好几次脾气，因为他的期望很高，而他的技能只能慢慢增长。不管他需要发多少次脾气，陪伴式倾听是在他的学习过程中你能给他的最好的支持。

当孩子开始发脾气的时候，最好不要把他拉到你的怀抱里。他需要活动！靠近他，提供温暖的目光接触，只有当出现安全问题的时候，或者你需要把他转移到一个更私密的地方，才过去抱住他。他不需要多少安慰的话。他知道他需要做什么和如何做。你沉稳的倾听带给他的安抚会帮助他恢复，重建自信。

孩子经常会在他们即将进入某个新的发展阶段之际发脾气。利用倾听孩子发脾气的疗愈效果的最佳时机是在孩子会爬或会走之前；在他会说话之前；在他学会一项新本领——如系鞋带、骑自行车、阅读——之前；在进入幼儿园或学校之前，或者入学之后的最初几个月。发脾气对孩子的智力起着全面的保护作用。当学习过程遭遇阻碍时，倾听孩子发脾气会起到疏通作用。

下面是一位母亲讲述倾听女儿发脾气是怎样推动女儿勇往直前的：

某个炎热的下午，我 6 岁的双胞胎女儿和我在家，想一起找些事做。我认为剪纸会很有趣，所以我查了制作一长串娃娃和雪花剪纸的方法。为什么是雪花？在室外温度快超过 40℃ 的时候，想到任何凉爽的东西都能解点儿暑热。

我把男孩或女孩的图样描画到纸上，女儿们再把它们剪下来。我们起先干得挺不错，但过了一会儿，一个女儿变得非常沮丧。当她学东西不如她所期待的那样足够快时，她就会很沮丧。她常常会完全放弃，称自己愚蠢。看着这个聪明的孩子放弃，我很痛心。我已经用过一些倾听时间来处理自己对女儿表现出这种状态时的感觉，现在轮到我来尝试一下它的效果了。

剪纸并不容易，因为我们必须一次剪8层纸。她不想要别人帮助，想要自己做，但用她的儿童剪刀和她的小手却做不到。她非常沮丧，把纸扔到桌子上，说："我不干了！"

我意识到女儿的与学习有关的模式出现了，所以没有试图安慰她或替她做以让她好受一些，而是保持冷静，等待着。她倒在地板上发脾气，大喊大叫，大哭着，让我看她有多可怜、无助。于是我做了10~15分钟的陪伴式倾听。

她的情绪爆发开始得迅猛，结束得也很干脆。我看着她平静下来，虽然我确信她这会儿感觉好多了，但并不认为她在这样大闹一场之后会回去接着剪纸。

可我错了。她回到桌边，要过剪刀，接着剪纸。她不仅完成了那串娃娃剪纸，还继续做了一个小时，最后完成了一个女孩、一个男孩、一位妈妈、一位爸爸和其他两个纸娃娃。我很惊喜，也很欣慰！

她为自己、为自己最终制作出那些娃娃的能力感到自豪。而我学到了一些重要的东西。这些倾听的办法的确有效，我感到自己更有能力帮助女儿了。我终于找到了一个能接近把自己封闭起来的女儿的办法：只要倾听就好。

像这位母亲那样用陪伴式倾听帮助女儿把沉重的痛苦情绪排解出来，也同时起到了保存你的耐心的作用。如果你尽力去哄一个气馁的或不快乐的孩子，让他高兴起来——一项几乎不可能完成的任务，那么你很快会失去耐心。相反，（做陪伴式倾听的过程中）孩子在排解自己的烦恼、清理自己的思路的时候，你只需关注他、支持他。这样既能有效利用你的能量，还会激发孩子疗愈的本能。

我希望当你知道发脾气实际上是孩子的聪明做法之后会放下心来。孩子愿意学习，当他的希望和耐心跌落到谷底时，他完全知道如何立即开始修复过程。

用陪伴式倾听治愈孩子的恐惧

如果孩子在尖叫、颤抖、冒汗；在破坏物品；急得试图打人、挠人或伤害人，那么他已经准备好要摆脱恐惧。恐惧是一种难以摆脱的直击孩子内心的情绪。恐惧被触发的时候，他会觉得自己的生存受到了威胁，要么逃跑，要么转身反抗任何敢靠近他的人。虽然难以处理，释放恐惧却是情绪疗愈过程中的一个自然的组成部分。恐惧会通过冒汗和身体发热（在被惊吓的情况下会冒冷汗）、颤抖、尖叫、扭动、乱舞双臂、恐慌或挣扎得以排解。

处理恐惧情绪时，孩子通常会紧闭眼睛大声号哭，但不会流很多眼泪。当孩子担忧自己的生命安全时，因为太过恐惧而无法感受悲伤。他们的注意力牢牢锁在自己的生存忧虑上。但是在你支持孩子完成这个深度情绪清理的过程之后，他的恐惧最终将消散，他最终会紧贴着你，完全放松，意识到你一直在保护着他。他会因为感受到了你的关怀而释然地抽泣一阵。然后他可能会睡着，或者心情愉快地环顾四周，为看到的一些小事情发笑，接着过他这一天剩余的时光，活泼又充满希望。

另一方面，你会觉得自己熬过了一场磨难！当孩子深感威胁的时候，就好比拉响了父母内心最强的警报器。坚信孩子的情绪源自很久以前发生的一些麻烦事是需要勇气的。如果孩子向你发出信号表明他当下需要你的帮助来处理自己的恐惧，那么你就需要定期的倾听时间。请阅读第 11 章"消除恐惧"以及第 12 章"帮助有攻击性的孩子"，了解父母帮助孩子从恐惧中恢复的经验。

怀着耐心和温暖做陪伴式倾听将帮助你为享受愉快的家庭生活构筑基础。你会看到你的倾听和关怀具有的强大疗愈效果。重要的是需要平衡地使用陪伴式倾听与其他倾听方式，所以干预、欢笑和一对一的陪伴时间同样会成为你与孩子共同生活的一部分。你会发现随着时间的推移，你使用陪伴式倾听时的样子会成为一个榜样，引导孩子以温暖和尊重对待他人。这种倾听方式的疗愈效果会让你惊奇不已。

第 5 章

方式三：实施干预

孩子们需要规矩！规矩能保障他们的安全，并引领他们发展互相尊重的关系、有益的兴趣爱好和学习习惯。想象一下，假如你的孩子在口腔健康、清洁卫生、饮食、睡眠时间、交友等方面没有任何规矩来约束他强烈的自主意愿，情况会怎样？"不"有时是我们对孩子说的最善意的字，而且经常是一个绝对必要的字。一个恰当的"不"就可以促进孩子健康发展，免去你的诸多麻烦和操心。要明确的是，本书推荐的养育子女的方式不是放任或溺爱的养育方式。然而，它确实是一种相当好的养育方式。

有时候——你可能未曾留意——你给孩子设置了一个规矩却根本无效。你注意到这一点的时候往往是孩子的行为使你陷入困境的时候。他的行为偏离了正常轨迹。你想好好待他，可你温和的劝导于事无补。所以你发出警告，但他无法思考，所以他没有改变。用不了多久就会出现这样的状况：孩子觉得受到了攻击，而你感到很愤怒。你动手打他，朝他喊叫，或把他关在房间里，你和他互不搭理，直到你们都能冷静下来。看来处理这类情况应该有个更好的办法！

的确有。在你们的情绪达到沸点之前，有一个办法可以既对孩子加以约束，又给予他需要的爱。如果你对孩子说完"不"后紧接着倾听他，孩子的判断力会随着时间的推移有所改进。你可以和他一起处理一直困扰着他的受伤的感觉。实施干预来约束孩子的非理性行为会启动把那些置他于激愤之中的情绪释放出来的过程。而且，从那种受伤害的感觉中解脱出来之后，孩子之后的行为也不会轻易偏离方向。最令父母们惊喜的是，第一次以这种方式对孩子实施干预后，孩子变得更愿意亲近他们了！

把干预和倾听搭配起来使用不是没缘由的。这并不意味着要直接去解决孩子的问题，孩子照样会讨厌你的干预。但是因为你倾听了他的感受，他对你的敌意会消失。因为你的倾听，孩子会重新调整对事情的判断。他会意识到，虽然你说了"不"，但你还是在乎他的，这才是他真正需要的。

实施干预的独到之处

大部分教育方法基于这样的假设：成年人有智力和判断力，而孩子则需要接受调教。孩子基本上被看作是懵懂无知的。立即服从是孩子的本分；而父母应该以否定的态度对待孩子懵懂无知的行为。现在许多父母对待孩子的天性和智力的态度比他们的长辈更为接纳和宽容。不过，他们的耐心也耗尽了。到孩子上中学的时候，父母们已经疲惫不堪了。我们正处在养育孩子的一个充满挑战的阶段，尽管我们为了立规矩而无数次与孩子斗智斗勇，耗费了大量的精力，却收效甚微。

现在该改变关于孩子智力的看法了。如果你相信孩子天生就有爱心、强烈的合作欲望和敏锐的正义感，你就能省去大量的工作和麻烦。我们的孩子明辨是非——他们经常会抢先一步察觉到我们说话时带有轻蔑或气恼的声调！不合作或"可恶的"行为不属于孩子"懵懂无知的本性"，那只是因为感觉到疏离和受伤而被激起的反应而已。

如果你的看法更趋向于接纳孩子，一大堆任务就会自动消失。你不必去教孩子分清对错，不必担心他可能不"懂事"，你可以把精力更多地放在与孩子建立联结上，这样有助于他更经常地运用自己的智慧。在孩子不肯合作的时候，实施干预并倾听他的感受。然后，孩子会回到原本的自己，重新变得放松与善解人意。

例如，对于孩子不肯与人分享的行为，你不必去安排大家轮流玩或处罚孩子，而是先假定他自己知道该怎么办。当一个孩子从另一个孩子那里抢夺心仪的玩具的时候，你只是把手放在玩具上，说："刚才是她正拿着玩。我觉得你该把它还回去。"然后，你一直把手放在那个玩具上，让孩子大发雷霆，争辩为什么该轮到他玩了，指责你有多么愚蠢。当他大哭或者大发脾气时，你要说的话只是："我知道你真的想要，但你需要把它还回去。"在你倾听了他的情绪之后，他会恢复正常的思维，把玩具还回去，更放松、随和地游戏。没有训斥，没有对孩子的道德评判，无需协商或使用计谋。也没有胁迫，你不会强迫孩子做什么，你只是防止他继续做非理性的举动，并倾听他，直到他能思考。他能做到，只是需要时间，但你省去了那些徒劳的训斥和担心。你的孩子非常优秀，他们知道如何相处，只是需要一些时间排解紧张情绪。排除了紧张情绪，他们会知道该怎么做。

将这样的干预与关心的倾听结合起来，会打开一条通道，让全家享受更愉快的时光，让孩子们更快乐。孩子的不当举止是一个明确的信号，表明他遇到了麻烦。你可以为他做的最好的事是阻止他的不当举止并倾听他。孩子的紧张情绪会倾泻而出，你的关怀会进入他的内心，然后一切就会随之恢复正常。

当我们对孩子施以奖惩措施时，孩子会认为我们是在操控他的行为，并学会如何应付我们设立的规矩。当惩罚频繁时，孩子或者麻木地不做任何反应，或者直接变得反叛。采用先施加干预，然后靠近孩子去倾听他的感受的做法能避免责备、贿赂和威胁，激发孩子和我们的美好天性。

我确信，每一位学会运用这个做法的父母在很疲惫的时候偶尔还会使用奖惩办法。但是，当我们的头脑清楚时，我们会运用"建立联结-干预-倾听"这个做法，因为它的效果更好。

实施干预的做法还有一个独特之处。我们提倡轻松愉快地施加干预。它可以有效地化解权力之争，还能让孩子高兴和安心：你关心他，尽管你干涉了他。关于这一点，第6章有更多的介绍。

何时实施干预

孩子会很清楚地告诉你什么时候该对他加以约束了。如果你没读懂他发出的信号，他会再发一个，如果你仍然没回应，他会发出肯定会引起你注意的新的信号。孩子不喜欢自己失去理性的状态，所以当他感到受伤或失去了情感联结时，他宁可让你气恼地来到他身边，也不愿意你忽视他。他极其需要你的关注。

当孩子心烦意乱的时候，他无法爱你或其他任何人。他不记得你对他的好，也没有多少判断力。然而，他能敏锐地意识到你的情绪，你对他的感觉，这会给孩子留下印象，深刻的印象。

在孩子表现出呼唤干预的不当行为之前，会发出信号预先警告你，他感觉不到与任何人的情感联结：

- 不能和你保持轻松的眼神交流。
- 不想被触碰。
- 不愿意改变。
- 不和别人一起玩，或只和某些孩子玩。
- 只把注意力放在玩具上，不与任何人接触。
- 要的东西只能是一种特定的样子，不符合要求就生气。

- 无精打采，注意力不集中，或专注于重复的动作，比如玩自己的头发，吮吸拇指，或抱着一件让他觉得安心的物件。

一个感到失去情感联结的孩子无法思考，所以他很固执。热切地试图让他改变的做法只会引起他的抗议和不快。第2章"理解孩子发出的求助信号"一节列出了表明孩子感到失去情感联结的其他6个常见的失常行为。当然，孩子具有创造性，还会有非常多的各种各样的表现。希望你知道，只要不在状态，孩子就会做出不理性的事情。

这里有一个孩子发出的很容易被忽略的信号的例子。准确无误地解读孩子的信号会帮助我们取得真正的突破。

一位母亲和她3岁半的儿子第一次参加我们组织的专门时间课程。儿子变得日益好斗让这位母亲感到头疼。我用友好、平静的微笑迎接他们的到来。

男孩在走廊里磨蹭了一阵儿才走进教室和他母亲玩了一会儿，然后又出去了。母亲让他像其他孩子一样脱下鞋子。他脱下一只鞋放到门口地板上，在脱下另一只时却把它扔进了教室。鞋子没有砸到教室里的任何人。尽管没有人挨砸，但他却发出了一个信号：他需要干预。

我把他扔的那只鞋递给他，蹲下来，平静地对他说："我不允许你把鞋丢进房间。"他突然大哭起来，开始尖叫。他的母亲就坐在他旁边，他跳到母亲的腿上，哭着，扭动着，冒着汗，说讨厌这个地方，想要回家。

母亲懂得一点陪伴式倾听的技巧，所以她能保持冷静。她倾听着儿子的乞求，喃喃地回答说："不，我们在这里很好啊。我就在你身边。等这节课结束了我们就回家。"儿子哭了很久，疯了似的要回家。我陪着他们，时而轻声说："你在这里很安全。你们肯定会回家，只是还不到时候。"

在他冒着汗大哭时，他的母亲和我全神贯注地倾听他，由另一位老师关照其他孩子继续游戏。课程即将结束时，男孩儿终于擦去了眼泪，要了一些水喝，然后和妈妈一起在教室里四处转了转。他们玩了一会儿枕头大战。课程结束后要回家时，他与我目光接触，热情地说再见。我蹲下来告诉他我喜欢和他在一起。然后，他转向母亲："妈妈，我想现在我有两个家了。一个是我们家，另一个在这里。"后来男孩的母亲告诉我，那个星期他的行为举止改变了很多。

把那只鞋还给孩子起到的作用是为他开启了摆脱坏情绪的出口。不需要惩罚孩子！接收到我们发出的"我知道你现在不痛快"的信息之后，他就能够向我们展示他的心情有多糟。他哭得很厉害，直到他又能思考并意识到：实际上他所在的地方是安全的。然后他的世界会重新变得美好而多彩。发挥对孩子失常状态的觉察力，你会成为发现孩子求救信号的专家，然后就可以在孩子把另一只鞋扔出去之前及时实施干预。

如何做好倾听-干预-倾听三部曲

你希望把实施干预作为建立情感联结的方式，而不是惩罚或报复，也不是想向孩子证明你大权在握。要想成功地实施干预，你不必保持最佳状态，但是如果你心烦意乱，也不会做得太好。第 13 章介绍了一些办法，你可以在无法思考时试着用一下。在过去几年里，我们发现，与另一位父亲或母亲交换倾听时间能帮助你调整状态，让你的干预行为收获可喜的成果。孩子需要释放情绪从而达到最佳状态，你也理应得到外界的支持！

下面我们来仔细探讨一下这三个相关联的步骤——倾听、干预、倾听。

步骤 ❶ 倾听并思考。

我们经常认为干预是一种强制执行规则的手段。有关孩子的一个传统观念是：孩子像幼犬，向他们发出的信息得是清晰无误、始终一致的。但孩子不是幼犬！他们充满智慧。你愿意与孩子一起思考，培养他的判断力，而不是"训练"他服从。能让孩子信服的榜样是一位能够灵活应对所有状况的父亲或母亲，而不是一位永远死守规则的父亲或母亲。你良好的判断力和关怀能带给孩子安全感。

父母需要在重要方面——如就寝时间、保持清洁、善待彼此——设立标准和规矩。但是生活千变万化，有时候你会找到很好的理由对平时允许孩子做的事说"不"，或对平时禁止的事说"行"。偶尔有点灵活性不会宠坏孩子的。我们发现，当父母把自己看作是在现场思考决定的第一反应者，而不是执法者时，养育孩子的过程会更温馨。

　　这样的视角会帮助你发现每个新体验的细节，并与孩子分享你的想法。还能教会孩子批判性地思考，同时尊重你的想法。如果规矩是"这一周不能吃甜点"，但是你的邻居刚好端过来一盘刚出炉的饼干，那么也许你可以允许孩子吃一点儿。这并不意味着每天晚上都可以吃很多甜食，而是你认为今天晚上大家一起享用热乎乎的饼干合情合理。所以首先开始"扫描"现场。有人的安全受到威胁吗？如果没有，你可以花一点时间来判断，此时此地某个规矩是否可以临时变通一下。

　　学会在孩子闹情绪的时候保持灵活的态度是需要时间的，因为我们经常不能分辨是我们自己带着情绪还是孩子带着情绪。你越是经常地把与设置规矩有关的焦虑带到与倾听伙伴交换时间的时候去处理，你把握情况的判断力就越好。让你的倾听伙伴了解你在孩童时期必须遵守的规矩是如何设置的。设想如果当年你像自己的孩子这样表现的话会怎样。为什么你觉得必须设置规矩，或者为什么一想到要设定哪怕只有一条规矩就让你紧张。宣泄你的情绪，慢慢地你会注意到你越来越容易想清楚是否需要设定以及何时设定规矩。

　　当孩子的行为看起来"不正常"的时候，停下你正在做的事，开始倾听和思考。俯身看着他的眼睛，表现出关切。不要责骂，不要厉声发令，不要警告！你可能会问他为什么大喊大叫，或者为什么他必须马上就要穿泡在水里的蓝色衬衫。有时，父母会对孩子的行为做出误判，第一步倾听就是在做"无罪推定"。

　　这样，在很短的时间内，你也许就能弄清楚到底发生了什么。

- 孩子需要建议还是需要帮助？例如，如果孩子不高兴是因为另一只袜子找不到了，你可以建议他去其他地方找找看；如果孩子们开始玩追逐游戏，但他们的小弟弟正在睡觉，你可以安排他们到外边去玩。只要稍稍用一点儿心思就可以改善状况。

- 你需要调整自己的期待吗？有时候你觉得孩子不对劲，其实是因为你的期待与他的年龄或能力不相符。例如，如果你希望自己 3 岁的孩子能安安静静地在车辆管理处和你一起站半个小时排队，你肯定会失望。他 3 岁，正是好动的时候！或者，如果儿子在学业上连续几年都觉得很吃力，你就不能指望他像其他初一学生一样每天晚上自己做一个小时的作业。他有学习能力，但信心不足。他需要额外的支持。如果孩子经常不能满足你的期望，请咨询那些了解孩子的人，你可能会得到有用的信息和新的视角。

- 你筋疲力尽了吗？有时，孩子会热衷于做些让他们非常开心的事——满屋子追着玩；熄灯后躺在一起大笑；在路上从车子后座的窗户朝外对其他司机大喊"嗨"——这简直让你发疯！这些乐趣可能是健康无害的，但是当你这一天刚好事事不顺，这些会让你受不了。干预一下孩子好让你能安静一会儿合情合理。但你要做到诚实，让孩子知道他要做的事本身没有错，只是因为你目前的状态不佳，他们现在那样做不合适。

- 孩子真出问题了吗？你清楚那些迹象。随着你更多地使用倾听的方法，你越来越能读懂他。通常，你可以立刻弄明白发生了什么。如果孩子愤怒地叫喊，在家里四处疯跑，从别人那儿抢东西，或者拒绝从姐姐的上铺爬下来，你没有因为烦躁而大发脾气，情况在你看来简单明了——该实施干预了！

步骤 ❷ 实施干预。

不必疾言厉色的。不必大喊大叫、发布命令，或责骂孩子的不当行为，只是简单的出面制止孩子疯狂的行为。实施干预不是用语言，而是用行动。

大多数父母这时只是站在那里说或叫喊："别扯茜茜的头发！""看你敢扔那只鞋！"但只是口头说说没有用，因为孩子无法按照你说的去做，他无法控制自己的行为。但凡他能，他就不会扯别人的头发或扔鞋了。

所以，要实施干预。靠近孩子，迅速而尊重地阻止孩子。例如，把你的手放在孩子的手上，慢慢地把他的手指从茜茜的头发上拿开，或者把你的手放在他的手臂上，这样他就无法扔鞋。如果他已经扔了一只鞋，你可以轻柔地抓住他的手腕，这样他就不能扔另一只鞋了。尽可能不带情绪地通过肢体约束来停止他的不当行为。

下面是一位母亲在买东西时实施干预的故事。这是个很好的例子，说明当你关注孩子而不是给他买那件他想要的东西的时候，问题就解决了。

奥运火炬传递将经过我家，这让我们很兴奋。那天，我6岁的儿子非常兴奋，想要去大路上观看。我们找到了一个好地方。终于，火炬手跑了过来，我们又是鼓掌又是挥手。孩子们想跟在火炬后边跑一会儿，于是我就跟着他们。后来，儿子一再要求我买一些奥运商品——那种其他孩子挥舞的绑在小棍上的绿色丝带和挂在脖子上的仿制金牌。我已经给每个孩子买了一面挥舞用的旗子，现在我既没有钱也不想再买。

于是我开始实施干预。我蹲下来与他平视，温和地说："不，我们不会再买奥运会的东西了。"那时，我们正在一个商场里。儿子挤在一家体育用品店门口，里面摆满了奥运商品。

他生气了，说如果我不给他买东西，他会咬我。他的火气让我吃惊，但我说我不会让他伤到我。他试图踢我，所以我轻轻地握住他的腿，重复说，我不会让他伤到我。他说我必须给他买点东西。我轻轻地说我今天不打算买任何奥运会的东西。他的愤怒变成了眼泪，说："我想要可以永久保存的东西！"这句话让我明白了他内心的想法。我能感受到刚才的火炬传递带给他的兴奋，或许还有失望，因为一切结束得太快了。我有意识地做到让我在实施干预的同时能够把我的爱传递给他，我相信这对他的益处会比一件奥运商品更持久。他哭着，我陪着他、倾听他。过了一会儿，他愿意离开了，心情也开朗起来。

那天晚上，我得去上课，我用温暖的拥抱和亲吻向他告别。他跟着我下楼，要再给我一个拥抱，还给了我很多飞吻，当我转身离开时向我挥手。儿子温暖、深情的告别让我感受到了我们之间的情感联结，这是我坚持充满爱意地施加干预的结果。

实施干预时，要先行动，再说话。例如，在你说话之前，先把又踢又打的孩子从他正在攻击的目标那里拽开，把他抱到你的腿上。或者，妹妹喊着"我先"，想要坐汽车里的受青睐的增高儿童座椅，而哥哥抢先登上车并且占据了它，这时你就把手放在哥哥的膝盖上轻轻地拽他："该起来了，你妹妹先说要坐的。"你不必把他拽起来，你不必许诺下次坐车他有优先权。只是不时地拉拽他一下，他就能哭个够，直到最终恢复他慷慨大方的天性。

一旦你实施了干预，就要放松地关注孩子。孩子执着于自己的失常行为时，他感觉不到那个让他心烦意乱的痛苦所在。一旦你对他实施干预，让他知道你会倾听他时，他就有了极好的机会摆脱导致他行为失常的紧张情绪。他可能会扭动、尖叫或者逃跑以逃避他内心的狂怒。留在他身边，他需要你的善意和关注。

根据我们所观察到的，比起施以适当的干预，惩罚只会带来负面的结果。在你威胁孩子、打他或暂时孤立他的那一刻，你就在已经堵塞了孩子的思路的那个伤害之上增添了新的伤害——恐惧、被打或被孤立。此时他的理性思维不起作用，所以无论你想给他什么教训都是徒劳的。当孩子失去理智时，他很痛苦，惩罚只会使他更加不明所以。孩子不想这样，他拼命想要恢复与你的情感联结！他需要你来阻止他的疯狂行为，而你要尽快向他伸出援手。

步骤 ❸ 倾听。

这是三个步骤中的重点。一旦你实施干预并倾听孩子的烦躁不安，会让他从伤害中恢复过来。第 4 章陪伴式倾听和第 6 章游戏中倾听有具体的指导。

不要指望孩子会很快恢复理智。如果他因为妹妹乱涂他的画纸而愤怒，你应该庆幸他能借机把情绪宣泄出来。你的干预——让他离妹妹半米远，让他无法在狂怒中打到妹妹——以及他在你倾听他的过程中浑身冒汗和大声哭泣，可以免去兄妹俩未来的许多冲突。

在我看来，孩子们有时会先用一个小小的烦恼来试试水的深浅。你多半会施以一个看似普通的干预，并不知道孩子藏着一个巨大的烦恼。如果你能周全地应对他 5～10 分钟的大哭，他就会进一步去处理那个大问题。

一位母亲分享了她的经验：

今晚女儿按时上了床，可过了很久她还醒着——这是个老问题。她曾有几个星期难以入睡。我怀疑恐惧正在影响她的睡眠，于是我先让自己得到了更多的倾听时间，使我可以深入地与她一起解决这个问题。

几天前我们刚在一个亲戚家过了周末。我在附近的打折商店给她买了一只浅棕色的泰迪熊，女儿给它起了名字叫戈迪。我们有个规矩：凡是我们在亲戚家附近买的玩具都要留在那里，直到我们下次再去。她非常想把戈迪带回家，但我坚持不同意。

回到家以后，没有戈迪她就睡不着。要知道，我并没有禁止孩子买毛绒玩具；事实上，我们家里已经有太多毛绒玩具了。我恍然大悟。过去，我以为她是因为嘴上说出来的理由而哭泣，所以总会尽我所能去安慰她。而今天晚上事情变得不同了，我意识到她根本不是因为戈迪而哭。

泰迪熊只是个借口。她是因为那些让她睡不着的事情而哭泣。嗯！既然我很清楚该怎么做，我就坐在她身边做陪伴式倾听。女儿深沉地呜咽着，我告诉她戈迪是安全的，她下一次去时戈迪还会在那里。她哭得更厉害了。

虽然我准备好做长时间的倾听，但女儿只哭了 5 分钟。然后她平静下来，很快就睡着了，并且安稳地睡了一夜，在以后的日子里，我再没听她提过戈迪，入睡也很容易。我还有点惊讶事情做起来怎么会这么容易。如果她又想念戈迪了，我完全知道该怎么做。

在孩子烦躁不安之前实施干预

父母在准备实施干预时最常犯的错误是抱有侥幸心理，希望正在逼近的"风暴"自动消失。这会让我们忽略大量迹象，宁可幻想着孩子们今晚不会像之前的 6 个星期每晚都会发生的那样，在桌子底下踢对方！晚饭前我们悬着心，期待奇迹发生；当他们真的开始互踢时，我们感到极度沮丧和愤怒。

为实施干预事先做准备就成功了一半！当你主动去亲近刚露出点儿烦躁不安的苗头的孩子时，你会显得温暖而灵动，孩子也一样。几分钟的拥抱、闲逛或玩闹后，那些烦躁不安就会消失得无影无踪，让一整天都过得很顺利。他会更愿意粘着你，而不是闹别扭。但要想顺利实现目标，你必须有准备地用实施干预的办法应对经常出现的问题，而不是等到孩子不止一次地向你发出信号之后再去应对。

尝试风趣地实施干预

如果孩子的状态不是太糟,在干预过程中添加幽默的成分是上策。没有比大笑更能让孩子们开心的了,利用幽默来改变孩子们的行为习惯可以改善全家人的心情。例如,当你把十几岁的女儿从浴室里推出去时,你可以说:"啊,我亲爱的女儿!你看起来真可爱!你的浴室保镖来了。一直走!镜子,我们来了!"女儿会转动她的眼睛说:"你是我认识的最古怪的父母!"但她会继续走,也许顽皮地反抗几下,尽情大笑。你话音里的爱会直达她的内心。

"猛力拥抱"是另一种风趣地实施干预的方式,它适合习惯威胁行为不当的孩子的父母。当孩子做了一些不该做的事情时,你不要小题大做,而是假装发出威胁。你最好是兴高采烈地一心想要抓住那个"小罪犯"。

下面是一位母亲某天用这种策略应对由于她自己的疏忽而引起女儿哭闹的故事。她还没有用到"猛力拥抱",但笑声正是让孩子的心情由阴转晴所需要的。

母亲节那天,我和我丈夫带着年龄分别是 11、10 和 7 岁的三个孩子去远足。女孩儿们喜欢赤脚走路。我对小女儿说那没问题,但她应该把鞋放在我的背包里带着。大女儿找不到合适的鞋可带,我说没关系,她不需要带任何东西。我们出发走了一会儿后,小女儿知道她姐姐没带鞋,就很生气,一直闹着说这不公平。我说她是对的,是不公平,我很抱歉。但因为她既不用自己背鞋子,也不必把它们穿上,这就没什么要紧的。可这样说一点用也没有,她还是闹个不停。我很恼火。这个母亲节远足活动看来要泡汤了。

然后我想起了倾听的办法！带着夸张的权威式的口吻说："哦，是的。你当然得带上你的鞋，而你姐姐不可以。那是因为我是恶毒的皇后，我为徒步旅行的每个人制定了不同的规矩。"小女儿抬起头，充满好奇地看着我。"是的，你姐姐不可以带鞋来。如果带了，她会有大麻烦的。而你，你必须带鞋，但无论如何不可以穿。而你们的弟弟，他至少要穿着鞋走上一半的路，然后他才可以脱下来，但他不可以再穿上。"她来了兴致，问我："那爸爸呢？"

"哦，他吗？好吧，他在任何情况下都不可以脱鞋，否则他将面对暴怒的皇后。"

这下子，整个气氛都变了。从这时起他们一再地破坏"皇后"定下的规矩，每次他们违规，我都去追赶他们，但从来没能抓到他们。有一次，儿子违规又把鞋穿上了，我追了上去，看到 7 岁的他穿着爸爸的大鞋。哦，所有的"臣民"都在惹我这个"皇后"生气！过了一阵，趁着我打了个盹的功夫，女孩们脱掉了我的鞋藏了起来。天呐！我又气得"发疯了"！整个下午大家都在不停地大笑和尖叫。之后我们都真正感到了彼此的亲近。我认为这多亏了"恶毒的皇后"那些荒谬而专断的规矩，在挑战那些规矩的游戏中，给孩子机会宣泄最初因为感到不公正而产生的烦恼。

当你以好玩的方式设置规矩时，孩子会一遍又一遍地试探这个规矩，以便可以享受被人以有趣的方式阻止的过程。你要学着去近身紧逼、追赶、突袭、捶打破坏规矩的孩子，朝他吐舌头、发出强势的威胁，使出各种胡搅蛮缠的手段对付他破坏规矩的行为。你发出的信息是："不管你要做什么可恶的事，我都知道你是好孩子！我来了！"这会让孩子非常开心。

通常的见解告诉我们，不以严肃的态度实施干预只会增加孩子的不当行为。而我们的发现是：当孩子感到自己正"飘离正轨"，或者当他们需要确定你很在意他们时，他们会无拘无束地嬉闹以确保能得到你的有力的拥抱。在其他人眼里这是无理取闹，但在你和孩子彼此意会的爱的语言中，这是在邀请你加入以恢复情感联结。如果你无法满足孩子对嬉戏式干预的需求，那就抓住他，陪在他身边，直到他可以想出别的事去做。如果他需要哭泣，他就会哭，这会恢复你们之间的情感联结。

通过设定期望促成孩子的进步

如果孩子已经养成了某个坏习惯，你需要提出一个新的期待来推动他脱离旧习。这远没有空间科学那么复杂高深，但只有当你投入时间与孩子建立起一种温暖的关系时，才会成功。孩子通过宣泄那些把他困在旧习中的大量的情绪来表达对你的信任，同时也需要感受到你真正的支持！

这里有几个能帮助你提出期待的建议。首先尝试一下简单的事情，比如让孩子饭后把盘子送到水池那儿，或者叫他把玩过的玩具收起来。

- 根据你自己的感受提出你的期待。毕竟，如果你不得不对孩子提出某个期待，那么孩子在这方面可能已经多次让你失望，而每一次失望都会激起你不好的情绪。如果你能先摆脱一些挫败感，你就能更好地帮助他。一个好的倾听者可以帮助你，具体说明可以在第 7 章中找到。

- 提前告知你的期待。最好把实现这个期待看作一个会让你们双方都经历起伏波折的过程。孩子需要帮助，但他可能需要不止一次的机会来对抗你的期待，并感受难以避免的烦恼，所以要提早告知他。让你的期待带有积极的色彩："下周我会要求你在一天结束时把玩具收拾好。你可能不喜欢那样做，但我会帮你。以后，那就是你的日常工作，就像购物是我的日常工作一样。"

- 运用多种倾听方式建立情感联结。在你期待(孩子的)让你眼前一亮的行为之前，你可以试着做专门时间，或运用第6章描述的游戏中倾听。有了它，你可以让孩子展现他的不情愿，以风趣的方式回应孩子，让他大笑。例如，该收拾积木的时候，孩子逃跑了，你可以把他搂在怀里把他抱回来，说："你不喜欢积木吗？它们不漂亮吗？你不想把它们捡起来放在那个可爱的架子上吗？"他会再次逃跑，可是当你重复刚才的过程——把他抱回来，赞美他把他漂亮的积木堆起来——他会开怀大笑。

专门时间和游戏中倾听有助于你和孩子的情感联结，并发出这样的信息：你对他的要求没那么迫切，不会以忘记对他的爱为代价。大笑之后，你可以更认真地重提你的期待，并采取下一步骤。

- 当你们有了良好的情感联结时，提出你的期待。然后做陪伴式倾听。在这种情况下，你可以高兴地说："该把积木收起来了。"希望他能好好哭一场。如果他要逃开，你可以抓住他，把他拉到身边，说："今天，你得把积木收起来。如果很难，我会和你一起。"守在孩子身边，让他挣扎和抱怨，直到他流泪或挣扎得浑身冒汗。不要强迫他碰哪怕一块积木。只帮助他专注于当下的感觉。"这里是积木。""那边是空的架子。""这是小事一桩，不需要很多时间。""等你准备好了，我来帮你。"把他的注意力引到眼下要做的事情上会使他持续感受到自己的情绪。你继续倾听。偶尔轻轻地问："准备好了吗？"他迟早会准备好的。在哭泣中得到充分支持的孩子会喜欢做你期待他做的事，甚至可能带着创造性做那件事。感知到情感联结会改变一切。下面是一个提出期待以促进孩子成长的故事。

我9岁的儿子在上钢琴课，一向很乐意为他的朋友们演奏。然而，最近半年，他不喜欢在家里练琴，也没有多少进步。

有一天，儿子的钢琴老师要求我们在家做更多的练习。在回家的路上，我开始对儿子训话。他安静下来，显然感到羞愧。我突然意识到，像这样说教是不对的。我费了很大劲忍着不继续说教。我向儿子道了歉，闭上嘴，坚持了一路。这让我恢复了相对的平静。

回到家里，我问儿子我们是否可以谈谈钢琴课的事。他勉强同意。这一次，我尽了最大努力忍住不说这样的话："如果你不练琴，你就应该停止上钢琴课。"这是小时候我妈妈会对我说的话。我坐在他旁边，直视他的眼睛，尽可能平静地问他，我能做些什么来帮助他。儿子开始抱怨弟弟如何打扰他，还有弟弟可以玩耍，而他却得练琴，这有多不公平。我倾听着，使劲忍着不说出："不是这样的！"

我再次轻声问他："你需要我帮忙吗？我相信你能做到的。"这使我的儿子非常生气，回答说："你只要闭上嘴，保持安静就行！走开！"

我回应说："我真的想找出办法来帮助你练习。我肯定你能做到。"我坚持自己的立场，但同时又不确定这背后到底是因为我自己的烦恼在作怪，还是正在给他真正需要的支持。我选择了坚持倾听、传递给他自信心的态度，而不是期待通过说教来让他改变。我想："他知道他应该怎样做，其实他喜欢去做，只是因为某种原因他还不能去做。"

儿子很快就哭了。他哭得很厉害，说这不公平，都是我的错。我一直做陪伴式倾听。他哭着坐在钢琴旁边，我陪在他身边。约15分钟后，我需要去做其他事情的时候，他哭得不那么厉害了，于是我告诉他，我得离开他去做别的事，然后起身离开。令我惊奇的是，我从他身边走开不一会儿，他就开始自己练琴了。我真不敢相信。

从那天晚上起，他几乎每天都练琴，有时自己主动开始练，有时候是在我的鼓励之下，这是以前从来没有过的。练琴不再是一件苦差事了。事情变得轻松了。我可以看出，儿子弹琴是因为他喜欢，他自己愿意。看到这些也改变了我对音乐的态度。我不再说："该练琴了。"而是："我想听你弹曲子。可以吗？"我知道自己有能力帮助儿子处理任何妨碍他享受练琴过程的障碍。

　　孩子们已经准备好接受爱、尊重和公正。我们给予的审慎的干预以及随后的倾听，刚好是他们所需要的。但这种干预的方法需要时间，特别是在最开始的时候，因为儿童的情绪记忆里通常充斥着那些找不到出口的情绪。为了和孩子一起处理那些堆积的情绪，你可能不得不推迟处理一些待办事项。但你此时把时间花在倾听和干预上有助于减少未来的麻烦。孩子会更亲近你，更少受伤害，觉得更安心。

　　慢慢地开始倾听-干预-倾听就很好。为每一次成功而自豪，小进步也是大成就。在第三部分中，你会看到在各种各样的情况下，与你一样承受着压力的父母们把干预和倾听结合起来使用，取得了显著的效果。

第 6 章

方式四：游戏中倾听

游戏是孩子的安全之地，孩子可以在其中做各种尝试，表达自我，探索世界。无论是什么游戏，孩子的行为都是自发的，把握自己的角色，也没有一定要达到某个目标的压力。游戏本身就是奖励，会带给孩子深深的满足感。游戏不是"智力问答"或"知识竞猜"，但它却能成就孩子的智力、判断力、体能、合作能力和性格。实际上，游戏对儿童的发展至关重要，联合国人权委员会宣布其为儿童不可剥夺的权利。

所有游戏都能滋养我们的孩子，但游戏中倾听具有一种特殊的效力。它能增强孩子的信心，加强孩子与你和其他人的联结，帮助孩子从备受挫折的经历中恢复，从而能够面对曾经让他害怕的处境。孩子在享受乐趣的同时，还能收获如此多的好处！

游戏中倾听的两个标志是孩子的欢笑声和主宰一切的感觉。不论何时只要孩子充满欢笑，对事物兴趣盎然，他就是在汲取需要的养分。在安全的与他人有联结的游戏里，每阵欢笑都能让他释放紧张情绪，每阵欢笑都让他更能摆脱恐惧和焦虑。随着你想方设法让他保持欢笑，他会变得更勇敢、更富于创造性、更勇于尝试。孩子喜欢游戏中倾听！当你重新找回了自己的"游戏力"，你会发现这对你来说也是一个发挥创造性的机会。

假如女儿爬到你的背上，你轻轻地摇晃她，她就会大笑起来。

游戏中倾听就是用足够的互动引发孩子更多的笑声，使他笑声持续不断。把情感和兴致注入你的声音中，为游戏增添情感联结必需的因素。给予目光接触，分享欢乐，解读孩子的身体语言来判断游戏是否进行得顺利。这是游戏中倾听的"倾听"层面。让孩子决定怎样以及何时对这个小游戏做出改变。孩子可能想爬下来，把毛绒动物玩具放在你的背上，当你把玩具摇晃下来时他哈哈大笑。或许他想用毯子把你罩住，说你是海龟，试着站在你的背上，心花怒放。他会有好主意让自己继续欢笑和开心，你会喜欢看到他情绪高涨。

下面是一位母亲的经历。通过阅读这个故事，你会了解游戏中倾听是怎样进行的。这位母亲用游戏中倾听帮助女儿消除了上学前班之后出现的一些令人担心的行为。

女儿刚上学前班的那几周，放学的时候我去接她，我注意到她有很多的紧张情绪。她不想离开，让她迈出门需要很长的时间，还会回避对她的朋友和老师说再见。

有一天我去接她时，她开始咬自己的手臂。我很惊慌。我担心她伤到自己，也担心别人会怎么看我们。我们上车的时候，我想起来我可以把自己的担心讲给我的倾听伙伴听，并处理它们。这让我又能好好思考了，想到可以尝试一种有趣的互动。

我把她放在汽车座椅上时，她还在咬自己的手臂，于是我假装咬了一下她的胳臂，快活地说："味道不错！尝起来像草莓！"她开始咯咯地笑。然后我轻咬了一下她另一只手臂，假装它尝起来像巧克力。她笑啊笑的。我咬着她的手指时，她又把腿伸给我，问："这是什么味道？"我们这样玩了好几分钟，她和我一起大笑，不再咬自己的手臂了。

到了家，当我从汽车座椅上抱她出来时，她看着我，眨了眨眼睛，把胳膊放在她的嘴上，要我继续玩这个游戏。我咬着她的手臂，把它从她嘴边拿开，一边继续玩这个游戏，一边说味道真不错。当我们走进屋里,她跑到爸爸那儿,告诉他自己尝起来是多么的美味以及她的手臂是什么味道。爸爸立刻理解了这个游戏,把她抱起来,带到餐桌旁,放在桌子上说:"太棒啦!我就把你当晚餐了!"假装吃她。这让女儿笑个不停。

第二天当我去学前班接她时她显得高兴多了。我到那儿时候,她跑开藏起来,我假装找不到她。然后,她一下子跳到我面前。就这样,我学会使用游戏的方式帮助女儿用大笑驱散积累了一天的紧张情绪。

游戏中倾听的独特之处

要让孩子改变对某个事物的恐惧或时时闹别扭的状态,对父母来说的确是很棘手的事情。如果孩子没有任何改变,我们就会很沮丧。不论我们是以奖励相诱,或是谆谆教导,或是以不愉快的后果作为警告,最终的结果是给我们带来坏心情,对孩子也一样。然后问题会再次出现,因为潜藏在孩子内心深处的情绪一直在。

游戏中倾听给了你一个上乘的策略:你可以发起游戏帮助孩子释放紧张情绪。你不要——当然也无法——强迫他,因为强制和游戏是对立的。但你可以尝试混搭着幽默、情感和一点儿想象力,看看有什么效果。只要能引发笑声,你就会让在场的每一个人感到气氛轻松了许多,因为笑声会把我们联结在一起。游戏中倾听对你也有疗愈作用,就像对孩子有疗愈作用一样。

这个倾听方式对于有多个孩子的父母是天赐之物,你可以与一个孩子或同时与多个孩子做游戏中倾听。例如,如果在一个小群体里,一个孩子排挤另一个孩子,你可以通过表达你对他们的慈爱并在游戏里扮演不那么强大的角色来帮助他们改变。"哦,我要拥抱你们所有人。美妙的拥抱！好多的拥抱！谁会得到我的第一个拥抱呢？"然后展开双臂，满脸期待地微笑，你开始在房间里或院子里缓步地追逐。你可能好不容易够到了谁的毛衣或抓到了谁的衬衫后襟，但你有意让自己动作笨拙，所以他们都逃脱了。你可以傻乎乎地去拥抱沙发，或者不小心滑倒在地，让孩子们笑得更欢。当你扮演着温暖却笨拙的"敌方"的时候，孩子们会团结一致。你让他们嬉闹着排斥你！共同的欢笑会把他们联合起来，让孩子们不会把目标对准他们当中的任何一个。

　　游戏中倾听能帮助孩子们建立合作关系，它可以消除孩子因为成天被成年人指挥、引导、控制和教导而引发的不快。例如，我的孙子参加了一个由7~9岁的男孩组成的棒球队。在训练时教练对男孩们热情又耐心，但作为教练，他的职责就是给他们发很多指示和命令。在每次训练和比赛结束的时候，他会召开会议，调换角色。他会说："好啦，现在轮到你们来抓我了！"他会朝外场跑去，躲闪着飞奔，让男孩们追他。最终他们会擒住并摔倒教练，全都压在教练的身上，兴高采烈地确保他爬不起来。这就是游戏中倾听。它缓解了训练的紧张度，并且让队员们更加团结。

　　一旦你和孩子之间建立了紧密的关系，你就可以运用游戏中倾听驱散特定的恐惧，调整不顺的关系。例如，你可以在看医生之前，建立孩子的自信心；增强他与不经常见面的亲戚的联结；减轻来自兄弟姐妹、家务、家庭作业以及他不爱吃的食物的压力。在本书的第三部分可以读到更多的例子。

　　下面这位母亲运用游戏中倾听来处理很可能毁掉一次家庭聚会的孩子的行为。她花了15分钟，换来了一个让所有人都愉快渡过的夜晚。

　　在一次家庭聚会上有很多孩子，大人们会时不时地管束他们，要求他们举止规范得体，弄得孩子们——尤其是我的儿子——几乎要崩溃了。

于是，我和儿子离开人群到另一个房间里，来了一场"不雅行为大全盛会"。我们打嗝，对着嘴互相呵气，弄出不雅的噪声，然后大笑不止。一对小姐妹加入了我们，一起享受了大约15分钟的美妙时光，直到该去餐厅吃饭。

那时孩子们已变得轻松愉快，乐于合作！他们在整个用餐期间都表现得礼貌得体。令人高兴的是我们建立了秘密联盟，共享了只有我们知道的乐趣。

最后，游戏中倾听为你提供了一个积极的方法来实施干预。当我们的孩子行为失常时，成年人往往会卡在"坏家伙"的角色里。那时连我们自己都会讨厌自己说话的腔调，也很容易忘记孩子的善良天性。游戏中倾听能带你走出那些困境。它需要一点时间以嬉戏的方式实施干预，但是当你这样做的时候，你会和孩子建立情感联结，也会获得有益的回报。

例如，我的孙子在上四年级时，经常取笑他的妹妹。只要妹妹一来，他就开始嘲弄她。我的第一反应是马上冲过去，把他扑倒在地。我会假装生气，说："你过来！我听到你说什么了！你说的是你漂亮的妹妹！该狠狠地打你屁股！"因为我不是真生气，而且我们已经形成了一起打闹的习惯，所以当我玩笑般地揍他时他会大笑。他会奋力和我扭打一番，然后朝我眨眨眼，又嘲弄妹妹一句，好引我再一次追打他。他说的话并不伤人。很容易看出，不管说什么，他的意思都是："让我知道你想和我玩！"我那么做了。经过5～10分钟的扭打和大笑，他会想出别的他愿意做的事，和妹妹好好玩。

简而言之，游戏中倾听是一种建立信任和亲密关系的方式，是恐惧的化解剂，是令人喜悦的实施干预的方式。最大的好处是，它会把笑声带入家中。

什么时候做游戏中倾听

使用游戏中倾听几乎没有什么限制,不过在以下场合,效果会更好:

- 孩子害羞时。
- 孩子抱怨不止时。
- 两个孩子发生争执时。
- 室外游戏或家庭聚会开始时。
- 孩子好斗时。
- 孩子吮吸拇指或奶嘴时。
- 孩子骂人时。
- 孩子在学习(任何东西)过程中受挫时。
- 孩子害怕时。

只要父母心态平和,并且愿意发挥一点想象力,就可以采用这种倾听方式帮助任何年龄的孩子。

如何开始游戏中倾听

年幼的孩子在见识和能力方面当然不如你，但他们在智力上的表现并不差。当他尝试掌握新技能和应对新情况时，每天上百次的失误是不可避免的，同时还得应付你和其他成年人的大量说教。在这种情况下，有时候孩子会感到力不从心，游戏中倾听就是用来恢复孩子信心的工具。当你以一种幽默的方式扮演一个不那么强大的角色时，他就有机会成为那个敏捷、笃定和强大的角色。

你要扮演一个稀里糊涂的人，而他什么都懂；你要事事落在后面，而他却能把事情做成；你要屡试屡败，而他胜利连连。你很努力地想让事情成功，可因为他的恶作剧，你的努力"付之东流"。

伴随着欢笑，孩子身上的挫败感和无力感会逐渐消散。笑声和你的幽默将为他鼓起生命航船的风帆。随着孩子在笑声中释放出紧张情绪，他的整个生命会大放光彩。

例如，晚餐时看到豌豆从你的勺子里掉下来，孩子咯咯地笑，你就模仿卡通人物的样子再舀一勺豌豆说："嘿，你们这些耍滑头的豌豆，待在我的勺子里别动！"然后，再故意洒出一些，做出吃惊的样子。如果孩子笑了，继续花几分钟做出非常努力地用勺子吃豌豆的样子，训斥豌豆，显出你因为它们总是不听话而气急败坏的样子。看到一个成年人用不好叉子或勺子令孩子哈哈大笑，这也是对你的回报。

激发笑声的另一个要点是为孩子设置一个小小的、安全的体能方面的挑战。如果孩子能接受挑战，笑声就会爆发！例如，你躺在地板上，抬起双脚，让孩子坐在上面。你说："哇！前方有颠簸的气流！来了！"然后，让孩子上下晃动，像坐飞机一样。你通过预报气流的到来确保孩子的安全。如果孩子大笑，说明这个挑战正好适合他。在几轮笑声之后，你可以问他能否取消预报，试一下突如其来的颠簸气流。如果他回答是，表明孩子的自信增强了一些，已经准备好面对更大的挑战。

这样玩的时候，你是在创建简短的虚拟"生存游戏"。作为挑战，你掺进了一点意外，而这意外满含着爱。你设置的挑战难度刚刚好，所以孩子可以用笑声释放自己的恐惧。但是，一定不要挠孩子的痒痒，因为挠痒痒引发的笑源于生理上的刺激。由于力量悬殊，孩子处于劣势，所以因被挠痒痒而发笑多半无助于建立自信心或帮助他释放积累的紧张情绪。

假以时日，孩子将获得体能方面的自信，力量和协调性也会增强。他会更了解自己，继续发展、开拓身体潜能。同时，他在游戏中倾听体验到的身体上的亲密接触，会让他的每一个细胞都确信有人喜欢他、爱他。

你会发现，如果你定期与孩子做专门时间，游戏中倾听的效果会越来越好。如果你第一次激发孩子笑声的尝试不太成功，不必担心，只需等待孩子自发地大笑的那一刻，看看你能做些什么让孩子持续大笑就可以了。

下面还有几个忠告。

- 主动和孩子肢体接触并使用亲切的语调。我们平时与孩子的接触大多是温和的或实用性的：给孩子梳头发，系衣服扣子，告别时亲吻他们的脸颊。所以，当一位慈爱的父亲或母亲一反常态亲切而奋勇地追逐孩子时，经常会引发大量的笑声。爱抚、热情的拥抱、在地板上滚作一团、乱蹦乱跳、互扔枕头或袜子、摔跤等，都能起到让孩子对于父母的爱深信不疑的作用，这些活动本身也能带给孩子无穷的乐趣。

- 确保不要在能力上压倒或超越孩子。如果孩子觉得有足够的信心来应对并持续大笑，你可以为他设置一个有趣的挑战。但每次这样做时，你要让自己比孩子慢半拍，让孩子有机会主导游戏。对于年龄很小的孩子，你可以仰面躺在地上，让他坐在你身上，当他的小屁股一下一下地墩在你的肚子上时，你要惊恐地大叫。与一个大一些的孩子玩枕头大战时，你要动作夸张可笑，非常用力地扔枕头，但总是错过目标，你第一次扔出枕头，偏离孩子有一米远，扔了很多次之后才打中孩子一次。对于有自信的孩子，当你奋勇战斗而且先赢他几分，之后再输给他，他也会大笑。每个孩子对体能挑战的承受度是不同的，所以要促发孩子的笑声就需要找到最适合孩子的挑战难度。

如果你太强大，孩子会疯狂地笑，发出刺耳的声音，或者睁大眼睛惊恐地看着你。尽量不要把他推到这个方向。当你注意到孩子出现恐惧的迹象，你就要让自己变得笨拙一点，看看你是否能激起孩子的笑声。你的目标是让孩子开怀大笑，让他成为赢家。

- 不要随意把你自己的主意搅进来。有时候，父母往往会习惯性地直接代替孩子主导游戏，或者因为不喜欢孩子的建议而改变游戏。例如，孩子要求玩追人游戏。这个游戏充满活力和笑声。你却忽然开口说："我是霸王龙！我现在饿了！"你张着嘴，发出可怕的声音，很快，孩子开始用惊恐的眼神盯着你看。糟糕！扮恐龙是你的主意，这个游戏在孩子眼里显得很可怕。还是回到孩子要玩的追人游戏吧！

- 如果游戏对你来说不容易，交换倾听时间会有帮助。在第7章倾听伙伴关系中，你将更多地了解让自己摆脱忧虑、恼怒和厌倦的方法。对你的倾听伙伴谈谈你小时候做游戏的事。当你要求父母和你一起玩的时候会发生什么？和自己的孩子一起玩的时候哪些方面是你喜欢的？哪些是你不能忍受的？为什么你会反感？当你试着玩游戏的时候，你心里在想什么？这些话题将帮助你消除恐惧和反感，找到那些隐藏在角落里的你好玩的那一面，让它重新展现出来。

采用游戏中倾听解决挑战性问题

当孩子感到恐惧时，他会陷入重复性的、离群独处的行为模式，而周围的成年人常常不知道如何帮助他们。让我们来看看怎样通过游戏中倾听应对这类情况。

- 当孩子吮吸拇指或奶嘴时，做一些滑稽可笑的亲昵动作来帮助他。你可以轻咬他的头发，然后兴高采烈地说味道真好，或者你可以快速地从下向上亲吻他的一条腿，然后再从上到下亲吻他的另一条腿。有时需要的只是一些笑声来帮助孩子释放紧张情绪，使他不再需要嘴里含着东西。

- 要帮助一个不停抱怨的孩子，可以用与上述大致相同的方法把他轻轻推离困境。如果他不停地说："我想要饼干。"你就做出迫不及待地要做件不同寻常的事的样子，比如这样说："我要咬一下你的耳朵！" 然后，快速地亲吻他的腿和胳膊，轻咬他的耳朵并发出快活的咀嚼声。或者你可以把他抱起来，像扛一袋土豆一样把他扛在肩上，绕着房间走，一边吟唱似地喊："我们想要一块饼干！我们想要一块饼干！"当一个大一些的孩子磨磨蹭蹭、嘟嘟囔囔时，你可以亲昵地把他罩在自己身下，说你想歇会儿。然后，假装打嗝打得特别严重。想方设法多和孩子身体接触，制造惊喜，让自己显得傻乎乎的。你温暖、放松的状态会赢得孩子的心。一旦你的创造力被激发，你们双方都会欣喜不已。

- 帮助孩子克服恐惧。如果女儿在见到陌生的客人时躲进你的裙子里，你就赶快把她裹好，然后一边隔着裙子抚摸孩子，一边对客人说："丽贝卡就在这里的某个地方！"如果她不肯尝试新的食物，你可以扮演一个挑食的人，用叉子戳着碗里的豌豆，做出很厌恶的表情，说："我要不要尝一粒呢？瞧它们皱皱巴巴的！"她会兴致盎然，命令你立刻就尝。于是你要做出你能想到的各种厌恶的表情来。你把一粒豌豆放进嘴里，然后（气喘吁吁地）把它吐出来。只要她能够大笑你就持续这样做。你可能要重复做很多遍——对口味和质感极为敏感的儿童不能很快去除那种敏感。但这样令她大笑的做法会减轻她作为那个唯一拒绝食物的人所感受到的压力，所以这样做很值得！处理其他有具体指向的恐惧情绪时，你只要让自己扮成那个被吓坏的人就会有好的效果。

- 帮助孩子处理骂人的冲动。对成年人来说这是个难题。我们往往会生气，觉得任何一个爱出口骂人的孩子一定有性格缺陷。但几乎每个孩子到了 3 岁的时候都尝试过骂人。这种冲动源自他自己或（见到）其他孩子曾挨过别人骂的经历。这种行为模式难以改变是因为没有人帮助孩子消除他被人骂时所感受到的恐惧。那种恐惧正是孩子有出口骂人倾向的根源。第 12 章提供了一些有趣的方法用来减少孩子骂人的冲动。

- 当你与孩子相持不下时，请尝试游戏中倾听。如果孩子不喜欢穿厚衣服，不要硬来。而是扮演相对弱势的角色。当该把厚外套穿在他身上时，你假装犯糊涂，把他的外套罩在你自己头上，然后惊讶地问他，怎么忽然变得这么暗了。如果他笑了，你就继续装糊涂。比如手忙脚乱地把外套穿在椅子上，还忙着把拉链拉好，直到你意识到这还是不对头。

又如，孩子讨厌洗发水，你可以用手蘸上洗发水，然后认真地抹在浴缸的喷头上，说："这摸起来真不错！真好，软软的泡沫！闻起来也很香！"然后，看着满是泡沫的喷头，再回头看看孩子，喊道："等一下，这不是茜茜的头发！怎么回事？"孩子这会儿很可能会笑个不停。在你进一步试着给她洗头的时候用洗发水抹她的脚、胳膊肘和肚脐。你要一再表现得手忙脚乱而且总犯糊涂，让孩子做那个"明白人"。

孩子的笑声表明，源自以前不那么令人愉快的互动——你感觉沮丧的时候或你们为每一件小事争执的时候——的紧张情绪正在得到释放。每一个糟糕的时刻都会留下不安的痕迹。你为孩子做游戏中倾听的时候，孩子的欢笑能让这些不安消散，使他变得更有力量。

游戏中倾听经常触及更深层的情绪

孩子大笑之后，会感到十分安全以及被爱包围着。这时候，他常常会找个理由翻出藏在内心深处的情绪。他通常会因为一件小事变得心烦意乱、伤心或沮丧。例如，他偏要穿那件洗了还没晾干的毛衣，或者想要一支带有他喜欢的那种橡皮的铅笔，而恰好家里没有那种让他满意的铅笔。他已准备好宣泄那些埋藏已久的已经毫无用处的却难以排解的情绪。

从某种意义上来说，他这是在要求你实施干预。不要试图去安抚或说理，孩子需要有个机会大发脾气或大哭一场。这是考验父母的时刻——孩子竟为了一个微不足道的事情发这么大火！但这种爆发是件好事，能使他甩掉沉重的负担。得到你的倾听之后，他会感到放松，精神焕发，比以前更愿意亲近你。

有些孩子是慢热型，或者会在中途放声大哭

对于一个胆小的孩子，你可能需要在刚开始的几个月里只做专门时间，当他在一些相对和缓的游戏里能够发出许多笑声之后，再开始和他做游戏中倾听。遭遇小小的欺负——手腕被拍了一下

或者姐姐玩游戏时犯规——都可能引发他严重的不安。年幼的孩子或在生活中遇到困难的孩子常常觉得自己在当下是受害者。不要怪罪或责骂家里其他人,即便他们可能有点粗鲁。孩子正在修复那些对自己没有信心的方面。你可以让他知道大家是喜欢他的,倾听他,然后在他的情绪风暴过去之后,重新开始游戏。随着有了更多哭泣的机会,孩子将逐渐养成足够好的适应能力。

我观察过很多孩子(包括我的孙女,她比她哥哥小两岁半)所经历的这个过程。由于在游戏中意外(或不完全是意外)地被推来搡去的,我孙女已经哭过几百次了。当我们实施干预阻止她哥哥伤害她时,哥哥也得到了很好的倾听。现在,他们分别是11岁和14岁,一起嬉闹或摔跤都没有发生过意外。她个子小得多,但在力量上与哥哥势均力敌。她无所畏惧,哥哥也不落后。很多家庭报告了类似的奇迹——当游戏中倾听和陪伴式倾听成为他们生活中的一部分时,女孩子会变得坚强有力,而男孩子也会保有温文尔雅的一面。

你可以在进行游戏中倾听时实施干预

孩子们会在紧张和感觉不到情感联结的时候挑战我们的底线。通常,你可以采用游戏中倾听通过传递足够的爱来提醒孩子:你是我的家人并且我很爱你,从而消除他的不安情绪。

一开始,你需要想办法用逗趣的、轻飘飘的声调说"不"。麻烦的是,我们很少听到别人以玩笑的口吻说"不"。我们无法想象如何说出不带威胁和严厉意味的"不"字。试着练习一下你的声调、用词,把成年人习惯以严肃的口吻说出的"不"字换作夸张的语气说出来,看看能否在这个方面发挥你的天分。我喜欢用温柔、悦耳的声调说"不,不,不行啊",或用尖细的声音深情地说:

"哇！你现在有麻烦了！"你可以尝试势不可挡地重重地说"不"，好像你在把荣誉勋章别在孩子的衣服上。当你说出："我看见了！你又伸手拿饼干了！"你可以接着用友好的声调说："我来抓你了。"这样就会开始一场追逐游戏，碎屑乱飞，可以与动画片里的场景相媲美。你可以假装威胁说："有谁碰过刚从烤箱里拿出来的饼干？我要把青蛙放在他的衬衫里！青蛙来了！"尽情使用你自己的发明创造！

当你把说"不"与有力的、温情的接触或以爱抚为结束的追逐游戏结合在一起，我们称其为"猛力拥抱"。你可以通过它处理驱使孩子偏离轨道的孤独感。孩子希望能侥幸做成他想做的却被禁止的事情；当你坚持不松口的时候，他会以大笑来宣泄紧张情绪。例如，当孩子要拿哥哥珍爱的机器人时，你猛扑过来，把他揽进你的怀抱，得意地跑进隔壁房间。他大笑，挣脱着跑开，再次冲向机器人。每次你都能抓住他；他大笑着，感受到你的爱。他没能得到机器人，却得到了你。

通常在这样游戏之后，孩子会在你怀里尽情地为一些小事哭泣。这减轻了深藏在他心底的对自己不能拥有的东西的那种极度渴望的情绪。当他的欢笑和泪水使他恢复了判断力的时候，他就会变得放松和愿意合作。

游戏中倾听会带给孩子极大的鼓励。孩子愿意和你建立亲密的关系。他在寻求乐趣，他希望你能因为他——他的思考、他的尝试、他的存在——而万分欣喜。游戏中倾听正是他一直期待的，所以他愿意与你携手，让笑声常在。

在一些父母看来，孩子在游戏中倾听里主动发起的某些游戏——跳上你的背，用玩具枪瞄准你——会显得对父母不够尊重。从传统上来看，尊重意味着父母和孩子之间有一道界线，孩子应当对自己的长辈怀有极大的敬意。但是这个界限对孩子并无益处。是的，父母知道的比孩子多；父母具有的一些技能和判断力是孩子所没有的；孩子每天都需要指导。但是如果成人总是摆出自己身处优势而孩子身处劣势的姿态,就是不相信孩子从一开始就拥有巨大的智慧和优秀的本能,也就无法培养孩子的自信心。我们注意到,在专注于沟通和倾听的家庭中,孩子们对父母的尊重和爱是自然而然的,无需命令或要求。

当我们四肢着地与孩子玩的时候,我们就赢得了孩子的心。通过吐西瓜籽比赛和水枪战,我们和孩子的关系变得更紧密、更牢固。欢笑声缩小了父母和孩子之间的距离,但不会侵蚀孩子对你的尊敬,而是正相反。一位在这样的氛围中长大的年轻人在第一次离家上大学之前,对他的母亲说:"妈妈,与其他父母相比,你和爸爸不一样。分数或规矩从来都不重要。你和爸爸把时间用在培养你们与我和姐姐的关系上。我们从你们那里得到的真是太特别了。"

在本书第三部分"应对日常的育儿难题"中,你会读到用游戏中倾听处理许多常见的恐惧和行为障碍的事例。这会让你意识到,你自己有足够的能力运用幽默感、慈爱以及欢笑的治愈力来帮助你的孩子。

第 7 章

方式五：倾听伙伴关系

做父母不容易！有时候一大早孩子就跟你闹别扭，赖在地板上不肯穿鞋。而另一个孩子气呼呼地跑掉，根本不管你让他带出去的那袋垃圾。有时候还没吃完早餐你就开始气不顺，之后一切都乱套了。当我们烦躁不安时，做父母就变得毫无乐趣可言。我们甚至感觉不到孩子对我们有多宝贵。然而我们每个人在苦苦挣扎着挨过每一天的时候，都在尽力做好我们身为父母的角色。

我们可以通过建立倾听伙伴关系来处理养育子女的副产品，即那些不可避免的焦虑不安。方法很简单：选择另一位父母，与他交换时间，轮流做倾诉者和倾听者。在你的诉说时间里，由你决定要说什么。你可以表达对自己日复一日烦心事不断的状态的任何感觉。对方会带着关怀和尊重倾听你，不会给你任何忠告，因为你才是最了解自己和孩子的人。对方的作用是帮助你排解紧张情绪。之后，轮到你倾听对方。这很简单，也不需任何费用。

随着你和倾听伙伴开始倚重彼此的关注和尊重，相互的信任就开始增强，有益的变化开始出现。你会看到一些表明你的负面情绪正在消散的迹象：

- 当你汲取对方给你的温暖关注时，你的诉说、思考和对自己经历的回顾，会释放出轻度的紧张情绪。
- 笑声有助于加强你和对方的联结并冲散恐惧。

- 哭泣会为悲伤提供出口，为你打开更多的思维空间。
- 讲到艰辛岁月时伴随出现的发抖和冒汗会驱散恐惧感。
- 发脾气有助于驱散沮丧，使你勇于面对失败，不轻易放弃。
- 打哈欠意味着你的身体开始放松，开始从"戒备"转向"平安无事"。

你已经见过孩子们以上述方式释放痛苦和紧张情绪的样子。他们那样做完全是自然而然的。挑战出现的那一刻，他们就会立刻开启驱散紧张情绪的过程。有了倾听伙伴，你也有机会这样做。你会发现倾听对方和得到对方的倾听能为你增添做父母的能量。你会焕发精神，更容易与孩子建立联结，也会找到沉重地压在你心头的问题的解决方案。

请看下面的例子：

我的儿子从两岁起就会上厕所了。他一直都做得不错，可是到了3岁忽然一下子开始拉、尿裤子。这让我们非常沮丧，实际上是更加恼火。为什么他现在会变成这个样子？我们认为他明明知道该去哪里大小便，绝不该拉或尿在裤子里！然而，他竟然继续这样干。无论我们用什么办法，他就是改不了，就这样几个月过去了。

丈夫和我越来越烦躁不安，我们的心情显然也影响了儿子，让他更加紧张。我和好几位密友讨论过这件事，也试过所有能够想到的办法，但没有任何效果。

最后我承认我需要就这件事得到倾听。他拉裤子这件事究竟为什么会让我如此焦虑、气恼？哦，还真是这样——与我小时候的一件事有关。我5岁时有一段时间总拉裤子，我的妈妈对我也是气恼万分，以至于有一次在狂怒中把我拉脏的裤子上的污秽抹在我的脸上。回忆那件事让我感到压抑、痛苦和尴尬，但为了从中恢复，我必须回顾那件事、那段岁月。我在倾听伙伴面前痛哭、发怒，畅快地宣泄。

那之后，我几乎立刻能够轻松地对待儿子拉裤子这件事了。我的反应是："哦，已经拉在裤子里了？没关系！妈妈能把它洗干净。下一次咱们尽量去厕所拉，好吗？"太棒了！结果不到一个月这个问题自己就消失了。

在过去的几十年里，我倾听过很多父母，我知道只要父母们能够卸下紧张焦虑的情绪，情况就会好转。看起来不可能的事有了转机，孩子们也变得随和顺从。父母们利用倾听伙伴关系处理各种各样的问题，包括自己不擅长做游戏的窘状；随时随地要纠正孩子的行为的习惯；对孩子发出的强烈情绪的恐惧；面对冲突时的愤怒或麻木；精疲力竭感；不愿求助的习惯；认为孩子实在让自己无法忍受的感觉；为孩子立规矩的难处；不停地对孩子大喊大叫；对其他亲人的距离感；等等。

倾听伙伴关系帮助很多父母消除了各种恐惧。父母们借助这个方法找到了与孩子相处的办法，帮助争强好胜的孩子平和下来，让家里充满乐趣，轻松自如地设置规矩，帮助孩子应对学习困难、校园生活等。父母们还把倾听伙伴关系应用在更广阔的领域里，例如失去工作或离婚后的生活重建；为孩子所在的日托中心、学前班、学校、社区做出必要的改变而游说；为孩子在医疗方面的权益长期不懈地努力。

倾听伙伴关系的特别之处

倾听伙伴关系不同于其他任何人际关系。它是父母之间相互支持的途径，有助于我们每天为孩子、为我们彼此展现最好的状态。建立这样的关系无需特别的条件。

一位好的倾听者未必知道对方应该怎样做。你需要知道的是：

方式五：倾听伙伴关系

你的倾听伙伴值得你全神贯注地倾听。你无需全面了解对方的处境；在对方清理自己的思路时你只需提供充满温暖和尊重的关注就好。你们可以隔一天打一次电话，但间隔多久要依据你们每个人的意愿商定，并且尊重商定的结果。每人每次 3 分钟就会有很好的效果，每人每次一小时可能是你能够承受的最长时限。

这种关系可以是短暂的，也可以持续几十年之久。一位倾听伙伴可以成为非常亲近的知己，但你绝不要期待送他一张生日卡，邀请他赴感恩节的晚餐，或者当他需要时帮他照看生病的孩子。尽管你会与他分享内心深处的想法和情感，但你并不欠他任何东西。这种关系只限于倾听。仅此而已。

下面的例子讲述了倾听伙伴关系如何帮助一位母亲扫清了她与女儿之间的障碍。

我的女儿 12 岁了，我和她的关系曾一度非常紧张。她完全无法与我对视。我的倾听伙伴鼓励我说说当我 12 岁时我的生活状况是怎样的。我 12 岁那年母亲离开了我们，那时家里很穷，我得做很多很多的家务。母亲离开造成的震惊以及生活的艰难使我哭过很多次。所以，看到女儿所拥有的远超我当年，使我怀有太多的感触。在我诉说的时间里，我会对着假扮我女儿的倾听伙伴说："你怎么敢说你什么都没有！我才是一无所有！"接着哭得一塌糊涂。

我认为那的确帮助了我。现在当我和女儿在一起的时候我们很快乐。她和我有很多有趣的方式建立联结。我不会再对她尖叫着说："你为什么不收拾你的房间？你为什么又抱怨？你什么都不缺！"

和她相比，在同样的年龄，我和她的生活是如此不同。但当年我无法拥有她现在所拥有的并不是她的过错。我能做的是给她最好的祝福，希望她能够用好她所拥有的一切。最重要的是我们已有的情感联结。我们一起散步。现在我们之间的相处比以前已经好太多了。

什么时候使用倾听伙伴关系

任何时候只要你觉得遇到了麻烦，就可以用倾听伙伴关系帮助自己。有时候问题看起来并不大。比如，女儿正在抱怨足球训练，她不想参加了。你应该允许她放弃吗？她遇到问题了吗？但她什么都不肯说。你怎么做才能多了解一些情况呢？有时候问题看起来很严重：钱都花光了；工作让你力不从心，但还要应付妻子和孩子；母亲病倒了，需要你照顾，但妻子要你多照顾家里。所有的事情都压在你身上。你怎样才能应对身边所有的需求呢？倾听伙伴关系可以帮助你在这类问题上理清思路。

你可以使用以下两种方式帮助自己。首先，定期主动和一位或两位倾听伙伴相互倾听，来提高自己在这方面的能力，学会卸下父母们通常承受的压力，而不是任由压力日积月累。然后，当你们彼此之间建立起信任并具有足够的相互倾听的能力时，你就能在临时有需要的时候获得对方的支持。你们可以约定在紧急时刻相互致电或发短信要求即刻的倾听时间，以避免因克制不住情绪而当场向孩子或身边的人发飙。不论你和倾听伙伴是做定期还是临时的倾听，都要明确约定均等的时间交换。即使不是每一次都能当场做到均等交换时间，但之后要补上，以便在总体上能做到。

下面的例子讲到一位母亲如何运用倾听伙伴关系处理自己的早年经历，并获得了令其惊讶的效果——她的日常压力减轻了。

在我和另一位母亲定期交换倾听时间长达一年之后，我们决定除了原有的约定，每周再增加额外的时间注重回顾自己的生活经历。我们希望能花些时间放在与我们习惯性的反应以及长期困扰的形成有关的事件上。

我发现当我回顾自己生命早期的一些经历时,感受到了明显的情绪。作为新生儿,我在重症监护室的早产婴儿保育箱里渡过了大约两周的时间。我出生时不足月,体重过轻,黄疸,头几个星期进食困难。因此我最早的生活经历让我感觉很糟,对外来的刺激——尤其是人——感到无力抗拒。对那段经历我并没有清晰的记忆,但是当我按照自己的想象来描述那段经历的时候,冒出的情绪大多与我在过度劳累或与其他人共度了很长一段时间之后所冒出的情绪相同。

当我能排除那些情绪的时候,我留意到自己感觉不那么累了。和朋友在一起也不像以前那样令我筋疲力尽了。我曾一度认为自己是个相当内向的人,因为我总觉得和别人共度时光会耗费我大量的精力。然而,情况开始转变了。我开始喜欢和别人一起消磨更多的时间,之后我也不需要像以前那样花很多时间恢复精神。

面对一位感兴趣的倾听者,从容地从头讲述自己的人生经历,还没等我讲完自己出生后困在医院的那些日子,我就已经感受到这是一次多么令人惊讶的体验啊!

很多父母每周会打几次电话给自己的倾听伙伴,用5分钟释放压力。这样做会让你这一天大不一样,也会给你的倾听伙伴——另一位父母——带来同样的好处。下面是一位母亲的故事:她和倾听伙伴之间的信任帮助她挽救了自己的假期。

事情发生在新年假期的早晨。我和家人打算去山里住两天,在那里滑雪。那天早晨丈夫冲我大喊大叫,嫌我弄出的动静把他吵醒了。我的反应很强烈:我怕得发抖。一定是因为这让我想起了小时候我的父母彼此大喊大叫争执不休的情景。

我向儿子保证一切都会照计划进行,让自己平静下来,然后对丈夫说,如果他还在生气,那我不和他坐同一辆车。在此之前我从没有像这样为自己发声，也从来没像这样烦躁不安过。我出去到院子后面的小屋里大发了一场脾气，一边哭一边捶墙。然后打电话给我的倾听伙伴，可是没人接电话。我对着电话说了3分钟作为给她的留言，语气里充满了愤怒，甚至还有我平常决不会说出口的诅咒。我知道她一定会听到这段留言。

挂断电话后，我的怒气已经消散，就坐在地板上抽泣了一阵。我能感觉到内心的痛和沮丧。又过了几分钟，我觉得头脑清醒些了，意识到刚才自己为什么会那样愤怒，明白这是一项大工程，今天不可能处理完，还需要更多时间。不过我觉得已经轻松了许多。

给我自己一点诉说的时间挽救了全家的出游计划。由于我释放了足够多的情绪可以让我松弛下来，到了出发的时候，我不再有向丈夫和儿子撒气的冲动。一路都很顺利，周末也过得很愉快。我真高兴能够对着电话说了3分钟。

如何建立倾听伙伴关系

找一位倾听伙伴

建立倾听伙伴关系很简单。首先，选择一位你愿意与之交换倾听时间的人。选一位你信任的人，或者你认为能够成为好的倾听者的人。你一定要很了解这个人，重要的是他有兴趣成为足够好的父母。选择对象可能是你的一个朋友、你的孩子所在学校或幼儿园的一个同班同学的父母，或者你的一位同事。询问这个人是否愿意尝试一种在养育子女方面相互支持的新方法。

顺便说一下：最好不要选择你的伴侣、父母、兄弟姐妹、上级或下属做你的第一位倾听伙伴，除非你们之间的关系非同一般地融洽。要让倾听伙伴关系真正有效，需要各方都能够在不必让对方产生任何顾虑的情况下倾听对方，彼此既不给予也不征询忠告和建议。

或许"让我们试试交换倾听时间"的提议听起来比较怪异，被你问到的那个人对你的提议会带点戒心。你们两个人可以先试着做两三次，然后再决定愿不愿意继续下去。

倾听是关系的重点

你会发现，只有当你不把这样的关系看作朋友关系时，它才真正有质量。让它名副其实，即它存在于两位相互做出承诺的父母之间，只是为了交换倾听时间，再无其他用途。你们的关系只与交换倾听时间有关，与你们都想做好父母有关，与你们之间培养起来的信任有关。不要把它牵扯进诸如下午茶或幼儿园举办的跳蚤市场之类的活动中去。你们在一起只是为了相互倾听。你在其他任何场合有机会卸下那些身为父母才会有的焦虑不安吗？

当然，如果你和倾听伙伴在此之前就已经是朋友了，那也没必要中止朋友关系。不过，只有在倾听时间里能够不涉及你们之间那些有争议的话题，你们的倾听关系才是有益处的。也不要指望你的倾听伙伴能听你说涉及他的烦恼，你可以在另一位与你的生活联系没那么紧密的倾听者面前处理这类话题。

找一处合适的场所

父母们做面对面的倾听时，多半会选在有私密感的卧室、阁楼、地下室或某个封闭的角落。也可以是工作场所的某个无人的办公室，或者在天气适宜的时候坐在汽车里。如果在室外，大多数人都会觉得注意力无法集中，尤其是无法释放情绪。所以重要的是有一个不受干扰的封闭空间以便我们在讲述自己的经历时能同时感受当时的情绪。

无论在哪里，都请带上手帕或纸巾以及一个计时器。这些是你们需要的基本工具。

请遵守这些简单的要求

以下是你们在做相互倾听时要注意的：
- 带着温暖和尊重倾听对方，全神贯注地倾听。
- 相信你的关注会起到重要的作用。
- 相信对方的智慧。
- 不要给对方忠告或评判。
- 为对方所说的话严格保密。

如何开始

为你们两人做面对面、视频或语音的相互倾听约定对双方都方便的时间。面对面是最理想的方式，但视频或语音的方式对很多父母来说也有很好的效果。约定持续时间，把它平均分为两半，再决定由谁第一个诉说。定好计时器，让自己坐得尽可能舒服些。

倾听者要带着关怀和尊重听对方说，倾诉者则围绕着养育子女或其他自认为重要的话题开始诉说和思考。假如你是倾听者，你要把心思放在对方身上，关注对方的表情和所说的内容，尤其是对方即时流露的情绪。一开始，这样做不太容易。你会想要帮对方解决问题；或者你也有类似的经历；或者你有个表姐也在对方的公司工作，你想知道他们是否认识。只要意识到自己一时走神了，就赶快把心思收回来，关注对方这个人、他现在的状态、他在诉说的时候自然流露的情绪。他有没有咯咯地笑，因为什么？他说的哪个细节触动了泪点？静静地留意这些细节，为对方能够与你分享自己的故事感到欣喜。

当约定好的时间结束时，帮助对方从刚才的诉说状态中走出来，以便他能很好地开始倾听你。办法是问一些小小的"提神的问题"帮他把心思拉回到当下不带情绪的场景中来。要避免问可能会涉及对方刚才说到的话题。下面是一些备选的小问题：

- 描述一下你保存着的最旧的一双鞋。
- 说说你知道的有关蚯蚓的三个特点。
- 用"帆船""气球"和"斑马"造句。
- 说出几个名称以字母"M"开头的城市。

现在清楚了吧？注意避免有关数学的问题，因为我们很多人都对数学感到头疼。对方怎么回答都行。如果刚好有个问题触动了对方的情绪，就马上换个问题。你的目的是帮助他转移注意力，以便能够很好地倾听你。

然后就交换角色，轮到刚才的倾听者诉说。建议你和对方在最初的几次倾听时间里互相讲讲自己的经历。从你最早的记忆开始。你不必知道那时候你多大，只要讲述你能想起的细节就好。如果你对自己小时候没太多记忆，就讲讲从别人那里听说的，借助自己的想象来说说自己小时候的生活是什么样的。抓住你能想起来的细节，留意当你在诉说它们时会有什么感觉冒出来。

最初的几次相互倾听会让你逐渐习惯去倾听对方和得到对方倾听。你会回顾自己的经历——发生过什么事，记起的细节，勾起你什么样的情绪。就这样做下去，你们会不断增进相互了解，培养彼此之间的联结。

有人说，假如你的心思完全陷在你目前遇到的育儿难题上，就把它说出来。我倒是建议父母们在每次相互倾听开始之前先说一件自己觉得还不错的事，比如上周让你很享受的哪怕很短暂的一个生活片段。我们有太多的焦虑，所以能有片刻时间来注意一下有什么事曾让我们舒心或快乐——哪怕要花点时间才能想起来——也是极好的事。

要明确的是：你们不是在闲聊。你们同意做相互倾听，你全神贯注地倾听会使倾听伙伴更有能力注意自己的想法和情绪。你可能看不到对方会在某个方面有什么变化，但是你给他的关注在随后的几天会持续带给他好的感觉。你同样会感觉到对方的关注带给你的益处。这样的关注会让我们知道我们不孤单。这其实是对人类认知的非常有力的促进，有助于增强我们从挫败中恢复身心、重新振作起来的能力。

为倾听伙伴所说的话保密

保持倾听伙伴关系长期有效的唯一途径是为对方在倾听时间里所说的话保密。假如你在宣泄沮丧情绪的时候让当时涌现的糟糕的念头脱口而出，你必定不想让这些话成为他人闲聊的谈资。所以倾听伙伴一定不能在之后拿对方在倾听时间里说的话开玩笑或嘲弄对方。而且无论你多好奇，也不要在下次碰面的时候询问对方上次他谈到的事情后来怎么样了。让对方决定他要说什么。你的目标是帮助对方释放与其选择的话题有关的紧张情绪，而不是期待对方把事情的每一个细节都告诉你。

支持情绪释放

作为倾听者，不要把重点放在对方是否能找到解决问题的办法，或者对方的情绪是积极的还是消极的。情绪会来也会走，解决问题的办法也随时会冒出来。你要做的是看看你能做些什么来帮助对方通过诉说、大笑、冒汗、发脾气、大哭或者（听起来有点奇怪）打哈欠来释放自己的情绪。留意是什么样的想法或记忆使对方接近情绪宣泄的边缘，这会为你和倾听伙伴指引一条通向情绪宣泄的通道，从而改善你们做父母的感受。

诉说是情绪释放的温和形式，它经常会引出更充分的情绪表达和释放。因此，轮到你的时候就开始说，顺着自己的思路，想到哪儿说到哪儿，没必要连贯、完整地讲一件事，或担心对方跟不上你的思路、听不明白。你诉说是为了整理自己的思绪，不是为了满足对方的需求，让对方高兴。你也可以随时停下来专注于感受自己的情绪。这有助于释放紧张情绪。只要有帮助，你可以大喊大叫，活动身体。但请保持放松！如果你努力地组织自己的语言，让自己说得连贯完整，就好像在课堂上回答问题一样，那么你的情绪不大可能会得到释放。

大笑有传染性，能够释放恐惧和尴尬。如果你忽然有个念头让你发笑，不要浅尝辄止，继续搜索，或许有相关的想法或细节能激发出更多的笑声。你的倾听伙伴可以微笑或和你一起大笑。如果你做倾听者时对方开始大笑，你可以加入对方与他一起大笑，只要有助于笑声持续。你甚至可以让对方重复那个引他发笑的词或句子："她说了什么？"或者"他尿湿裤子了吗？"这样做可以鼓励对方完全享受和延续自己的笑声。

冒汗和发抖能释放恐惧。乍一听有点奇怪，可你多半已经有过这样的体验。例如你经历了一场意外事故，一旦你意识到自己已经脱离危险，是否会无法控制地发抖？或者当你站在一群人面前准备发言时，是否已经汗流浃背或者手发抖，膝盖发颤？如果是，那么你就是在释放恐惧。

在你诉说某些让你担惊受怕的事情时，此时此刻你可能会重新感受到那种恐惧。倾听伙伴可以提醒你，你想起了那种恐惧并且正在释放它。如果想要加速疗愈进程，你可以活动自己的身体。你可以站起来，晃动肩膀，快速地甩手，捶打枕头，像乘过山车那样尖声喊叫或者用力跺脚。从诉说转换到自信的行动，尤其是以站立的姿势，经常会引出以发抖、冒汗、流泪为表征的情绪释放。在任何情况下，采取这种动态的方式会比一直坐着安静地诉说自己的恐惧——恐惧有可能会使你陷入麻木状态——带来更好的效果。

大哭会释放悲伤。有时候我们让眼泪流淌而下，有时我们会在抑制泪水和洒落泪水之间来回交替。最终，我们学会任由泪水喷涌而出。我们可以通过专注于某个会加剧悲伤感觉的细节或特定的念头来让大哭持续得更久些。

愤怒表明有大量的悲伤和恐惧被裹在又厚又硬的外壳里。它们无法得到释放是因为愤怒的人会感到孤独、被怀疑、不被爱。愤怒会使个体与其他人保持距离，所以愤怒的人很难触及自己被深埋的内心创伤并获得疗愈。

要消除愤怒，作为倾听者你首先要鼓励对方谈谈自己愤怒的感觉，是什么激起了它，它怎样变成了一触即发的"地雷"。你要鼓励对方表达愤怒，一股脑地把它倒出来，看看这样做是否可以引出他内心的悲伤和恐惧。你可以鼓励对方在表达愤怒时加上动作和粗话，捶打沙发或靠垫。这最终会使他开始哭泣、发抖或冒汗，释放出那些被压在愤怒之下的情绪。

假如对方总是让自己的愤怒刺痛身边的人，你可能就需要换一种办法来帮助他。可以鼓励他说出一个弱势的、受到伤害的孩子在彻底绝望前可能会说的话。比如"帮帮我，我太害怕了""难道你一点都不关心我吗"或者"你为什么这样对我"，这有可能使对方能触及那些很久以前他不得不埋在心底的伤痛。

打哈欠会发生在人们得到倾听的时候。有一小部分人在感到安全时经常打哈欠，有些人甚至会在哭泣时打哈欠。这并不是厌倦或缺氧的迹象。打哈欠实际上是在释放身体内的紧张感，表明这个人的身体正在放松下来，让身体得到休息和恢复，这会让情绪的释放变得更加容易。

相互倾听时可以使用的其他技巧

作为倾听者,你要带着关怀和尊重听对方说。但你同时也会主动为对方考虑。以下是几个技巧,你可以时不时地运用它们来帮助对方打开情绪释放的通道。在你自己的诉说时间里,如果你发现自己不容易释放情绪,也可以在适当的时候试着使用它们。

赞赏对方。父母们很容易忘记自己有多好,忘记自己已经非常努力了。所以你可以用简短、实在的赞赏的话语来冲击那个笼罩着对方的负面情绪。简单的一句话就行。比如,如果对方正犹豫要不要对孩子的老师说出自己的担心,你可以对他说:"你真勇敢。"在每次倾听时间结束的时候,双方交换着赞赏对方也是不错的做法,只是要注意避免提到对方刚刚触及的话题。

肯定性的提醒。你可以提醒对方他是一位好父亲;他的孩子们也是好孩子;他很聪明;他总是尽其所能地做到最好。这些简单的事实能够冲击那些妨碍他落泪、大笑和灵活思考的挫败感。

鼓励对方为自己感到自豪。当一位父亲能够绽放笑容,骄傲地、站得笔直地说些肯定自己和自己的孩子的话,并发出笑声,那些负面情绪就有可能被笑声引得一泻而出。为自己和自己的孩子感到自豪可以有效地冲击那些一天到晚压得我们抬不起头的负面情绪。

鼓励对方说说自己关于爱和接纳、包容的记忆。例如,假如对方是一位对自己不到 10 岁的女儿很恼火的母亲,你可以引导她回忆自己曾对着幼小的女儿说过的充满甜蜜的爱的话语,并想象一下现在对女儿说同样的话有什么感觉。如果对方是一位因为要与分离三年的孩子重聚而不知所措、非常焦虑的父亲,你可以请他回忆和孩子分别之前曾一起渡过的美好时光,或请他试着向孩子表达他的爱，或任何他想让孩子知道的事情。

这些技巧，就像一把能翻动坚硬土块的利铲，能够把对方的注意力转向积极的一面。当你遇到情绪积累得厚厚实实很难掀动的情况，可以试试它们。让对方感受到爱、关心、信任、力量和乐趣，这会让绝望、恐惧和孤独等情绪变得松动，并最终让它们释放出来。

请暂停片刻

在倾听伙伴关系里，我们实际上是在鼓励父母们暂时停下来，不要去想该怎样解决问题。如果你的心思总是放在"谁对谁做了什么"这类问题上，就很难有新的思路。所以你最好先转过头去关注一下自己对于这种状况有什么感觉，相信不久你就会找到解决问题的办法。如果你能留意一下目前的状况让你想起了哪些类似的让你不舒服的往事，并回顾那时的感觉，也会有帮助。你可以问自己或对方以下几个问题，寻找自己烦躁不安的根源。思考这些问题的时候要致力于释放那些新发现的情绪，致力于处理那些你想起来的曾经受到的委屈或不公正待遇。

- 目前遇到的情况让我（你）想起了什么？
- 最早什么时候有过现在这样的感觉？
- 这个人让我（你）想起了谁？
- 当我（你）像我（你）的孩子这么大的时候，发生过什么事？
- 假如当年我（你）像我（你）的孩子那样做了这种事，我（你）的父母会怎样对待我（你）？
- 现在这种状况让我（你）想做什么？说什么？
- 什么时候我（你）没有这类感觉？

- 什么事让我（你）最害怕？那样的事发生过吗？
- 让我（你）担心的某个方面其实以前曾令我（你）很满意，那是什么时候？

探索一下哪些感觉是来自过去的经历，而不是只盯住眼前的沮丧和焦虑，这样做使许多父母释放出积压已久的情绪，从而能够更好地与孩子沟通和联结，给孩子真正需要的帮助。

请警觉有时被误认为是倾听的这些习惯

一些做法，有时会被误认为"倾听"，会侵蚀倾听伙伴关系的安全感。可能是出于好意，但效果适得其反。可以与对方约定一个信号，比如拍一下膝盖，当对方失误的时候用这样的信号来提醒对方。

不要进行分析，例如这样说："哦，听起来你和母亲的关系让你积累了大量的愤怒。"而是要这样问："如果那时你能得到足够的支持的话，你会怎样回应你的母亲？"

不要像这样去概括对方说过的话："哦，我想我听到你在说你心情太糟，根本没办法马上给你的双胞胎儿子立规矩，是这样吗？"而是要促使对方进一步展开自己的话题："再多讲讲吧。他们打架的时候你想到了什么？"

不要给忠告："哦，我知道该怎样对付挑食的孩子！对付我的外甥这个办法很灵……"而是想办法帮助对方释放相关的情绪，让他能够自己想出好主意。

请记住，你和倾听伙伴之间的信任是促成改变的最有效的因素。所以要把注意力集中在倾听上。要发展彼此尊重、关怀的关系。其次才是技巧。

了解了上述内容足够让你开始尝试了！你不必记住整个章节

的内容，随着你积累的经验逐渐增多，你只要时不时地瞄两眼要点就可以了。更多的支持会让你的生活变得更好，所以，抖擞精神，拿起电话，主动开始尝试吧！

有时候可能需要专业的心理治疗师

有时候你的倾听伙伴可能不是最适合帮助你处理某个特定焦虑事件的人选。当你被突发状况压垮，也没有足够的注意力作为倾听者倾听对方，或者你想要处理的话题需要高度保密，那么一位专业的治疗师是个不错的选择。你需要选择一位能够支持你做到行为表里如一、释放压抑已久的情绪、依靠自己处理问题的治疗师。

身为一位父亲或母亲，你理应得到很好的支持！持有这些理念和一点勇于尝试的精神，你可以让自己的亲密关系变得更加深厚、温馨。并且，从中获得的能量将会丰富你的生活并惠及整个家庭。

第8章

综合使用五种方式：情绪处理工程

如果你已经连续几个月使用了这些倾听方法，就会注意到，即便孩子尽情大哭了一场，或是在游戏中倾听时开怀大笑，其效果也不足以永久消除孩子那些让人烦心的行为。笑声或畅快的情绪释放会暂时缓解孩子的紧张状态，但那种状态会卷土重来，就像难以改变的行为习惯一样。例如，孩子每天早上都会因为穿衣服闹别扭。你采用实施干预及陪伴式倾听之后，孩子变得开心，重新与你建立联结，问题得到了解决。可是第二天早上同样的问题又会出现。

之所以发生这样的情况是因为孩子一直受制于某个深藏的创伤，它侵蚀着孩子的安全感。常常是一些在别人看来很平常但这个孩子无法承受的情况触发了不安全感。例如，游戏之后去用餐、上车选座位、加入一群正在游戏的孩子、晚上上床睡觉。一场大哭或大活动量的游戏中倾听，会释放出大量积压的情绪。但假如那个创伤埋藏得很深，那么每次情绪释放就只能惠及那个创伤的很小一部分。要让这个创伤完全康复需要更长时间的努力。如果孩子已经启动了这个长期的康复过程——我们称之为"情绪处理工程"，那个创伤就会不断地被触碰，于是孩子就有机会反复地处理它，直至最终摆脱它对自己行为的影响。

当孩子想要启动某项情绪处理工程时，事先会有一些迹象：

- 孩子因为其性格、行为或其他方面的某个特点被周围的人贴上贬低性的标签。
- 孩子情绪紧张，经常感到恐惧。
- 在你的倾听之下，孩子会持续释放情绪。
- 孩子会重复表达同一种情绪："这不公平！"或"你不是我的老板！你不能命令我！"或"我需要你！"
- 如果你能完整地做一次陪伴式倾听，孩子的行为会有明显改善。
- 你多次的陪伴式倾听会降低孩子行为失常的发生频率。

多次情绪释放能帮助孩子走出困境。允许孩子经常感受自己的情绪——例如让孩子半夜尖叫着惊醒的恐惧或与其他孩子在一起时感到害羞——孩子就有大量的机会使相关创伤逐渐愈合，变得越来越放松。

情绪处理工程的特别之处

情绪处理工程这个概念的重要意义在于，当你快要陷入焦虑和沮丧之时，使你转而去相信孩子的判断。它的假设是：即使孩子处于"崩溃"的状态，他天生的智慧依然存在并正在发挥作用。例如，孩子晚上就寝时因为睡衣上沾了一滴水而大发脾气，但孩子的这种表现并不是"不成熟""有操纵欲"或"故意与你作对"。他只是在有步骤地（每晚）对"任何不能完全符合自己的期待的事物都会让我整晚发慌"这件事进行处理。如果你能沉着地以陪伴与倾听的方式和他共度情绪爆发的一晚，那么明天再和朋友们一起玩耍时他会显得更宽容、更有耐心，即便情况并不完全如他所愿。他很可能不会再像先前那样立刻发脾气，甩手走人，说什么再也不想和他们一起玩之类的话。孩子启动的情绪处理工程会令他，令你，令你们的生活变得更放松、平和。

我见过很多孩子在完成自己启动的某项巨大的情绪处理工程后在个性上发生了改变。胆小的孩子会变得自信；好斗的孩子变得宽容、接纳；占有欲强的孩子变得乐于与人分享玩具、一起游戏。以我的经验，我们原先认为是体现了孩子"个性"或"禀性"的某些行为，实际上可能只是孩子在困难处境下做出的反应而已。

当然，你得知道，一项情绪处理工程可能会需要一个月甚至三年之久才能完成，所以做好心理准备对你很重要。你对支持孩子完成他启动的情绪处理工程所抱有的坚定意愿，会帮助孩子增长自信，并且毫不动摇地相信有人爱自己、支持自己。

何时介入孩子启动的情绪处理工程

情绪处理工程需要耐心、坚持不懈以及大量的倾听，因此想要完成它，你就得保持良好心态。如果你自己处于一筹莫展、不知所措的状态，那就无法使孩子感到安全。随着孩子获得力量、走出困境，你付出的倾听时间和精力会得到成倍的回报。然而在那个过程中看到孩子感觉如此恐惧和悲伤会激起你巨大的情绪。你可能会改变对孩子的看法，预见困难时刻正在逼近，想保护孩子远离他人的批评，暂时让孩子避开他无法承受的处境。

你要做的第一步是在倾听伙伴的关注下处理与孩子的情绪处理工程相关的你自己的所有感觉和情绪。你是否害怕孩子在释放恐惧情绪时伤到你？是否担心孩子永远无法从情绪中走出来？是否为孩子在情绪释放中的表现感到尴尬？孩子的情绪是否让你感觉你们之间存在着无法跨越的鸿沟？关注这类感觉和情绪是让你自己有个好的起点的第一步。你的感觉没有任何对错之分，了解自己有什么感觉可以让你在帮助孩子完成这项工程之初就处于较好的状态。

你的倾听伙伴可以支持你释放任何情绪。你可以对所处环境的每一个不公正的因素提出抗议，你可以诅咒它们，持续地诅咒它们。它们让你感到如此沉重的压力是不公平的！

孩子也需要在你的支持下这样激烈地释放情绪，可你多半已经疲惫不堪，甚至觉察不到自己实际具有的能力。但是如果能获得亲切的关怀和无条件地支持，你就能发现并运用这些能力（去支持孩子）。

当你确信自己只要有倾听伙伴的支持，就会让情绪释放出来，并开始感觉到每次被倾听后都能使你精神焕发，那么你就可以介入孩子启动的情绪处理工程了。

如何把握情绪处理工程

步骤❶ 多创造机会让孩子感到放松和安心。

这包括两方面的努力。此时，你可能想要增加与孩子一起做专门时间和游戏中倾听的次数。孩子需要感受到你的关注、与你一起游戏的乐趣以及笑声带来的温暖。你可能想把专门时间安排在早上和孩子放学后，晚餐后做游戏中倾听来激发孩子的欢笑、增加与孩子的肢体接触和情感联结。再看看还有其他什么办法可用。每天一起读书的时候紧密相偎；孩子入睡前躺在他身边；每天和好斗的孩子玩一两次 10 分钟的摔跤游戏，等等。这些都能帮助你向孩子传递这样的信息："你很安全。有我在这儿。我愿意和你在一起。"所有这些行为都有助于疗愈孩子埋藏已久的创伤。

除了上述这些可以增强孩子自信的方法，你还可以采取一些策略性的让步。尽可能减少你针对孩子源于恐惧不安的"不乖"的行为而呵斥、阻止孩子的次数，即使这可能会给你带来一些不便。

比如，如果孩子因家里的两只容易激动的大狗而担惊受怕，那么就把它们送出去寄养几个月。经常性的突然的犬吠会激发孩子的恐惧反应，强化他对潜在危险的敏感度。

如果孩子每天到了幼儿园都不肯和你分开，那就在一到两个月内减少每周去幼儿园的天数，或者早上多留些时间允许孩子在告别时哭得更久一些，以便释放出更多的恐惧感。

如果上二年级的孩子晚上被噩梦惊醒，尖声哭喊，你可以让他晚上和你一起睡，让他有一两个星期的时间缓和一下，然后再建议他自己睡，开始倾听他的与之相关的恐惧。这样做的目的是：在一段时间内给孩子直接的帮助和关怀，使孩子与你建立的情感联结足够让他做好准备进入情绪处理工程，然后再运用干预的方法对孩子的非理性行为说"不"。

我认识的一位单身母亲有个9岁的儿子，他每天早上都不肯自己穿好衣服去上学。每个上学日的早晨对他们来说都是一场灾难。于是她对自己说，一定要在以后两个星期里做些什么来改变这个状况。她计划每天晚餐前给孩子做专门时间，而每天早晨她会像对待一个在蹒跚学步的孩子那样满怀着爱意和温情帮儿子穿衣服。她希望这样做能够在原先缺失与儿子的情感联结的地方把情感联结补建起来。

她在开始这样做的第一个早上就注意到发生了明显的变化。给儿子穿衣服的时候她柔声细气地哄着他，逗得他咯咯地笑。早餐时他们边吃边亲切地交谈。两人离开家各自上班上学时都觉得很开心。这样过了两周后，我建议这位母亲交给儿子一项小小的任务，比如让他自己穿袜子，看看是否能够触及与让他自己穿衣有关的较大的情绪。她对我说她想再等几个星期，因为她还不想马上停止给儿子穿衣服，他们俩都很喜欢这个过程，而且这也让他们彼此更亲近了。自从她开始按照我的建议尝试之后，她儿子已经因为他父亲的事在她面前哭过两次，释放出他深藏的以前从来没有让她知道的情绪。随着儿子能够释放出强烈的情绪，他自己穿衣服的事已不再是问题了。

步骤❷ 定期与倾听伙伴做相互倾听。

最好把倾听伙伴关系列入必要的定期的资源，以保证你从一开始就有足够持久的注意力放在你所参与的情绪处理工程上，而不是仅过一个星期就感到力不从心。你得在介入情绪处理工程之前先做好充分准备，所以要好好关照自己，让自己通过相互倾听获得足够的情感支持。

步骤❸ 预估将会遇到的困难，做好应对计划。

事先做好安排是让自己不会因为突发状况而措手不及的关键。

如果你的女儿不肯上学很可能会在上学前大闹一场，那你就早一点儿叫醒她。即便她果真在上学前来了一场脾气大爆发，你也还有时间给她做陪伴式倾听，和她恢复联结。

如果你的双胞胎儿子之间的关系紧张到每天发生 10 次争执的地步，就缩短每次看望你父母的时间，以避免孩子们的耐心耗尽，惹得你对他们大喊大叫。

如果你女儿的朋友过来玩，女儿却态度冷淡，就组织一场游戏中倾听式的捉迷藏游戏，或让两个孩子搭档，在袜子大战的前 15 分钟时间里一起来对付你。你自然是要风趣又逗乐地输给她们。这样能使她们相互合作，让游戏在余下的时间里顺利地进行下去。如果她们之间还是会发生冲突，那么她们多半会好好地大哭一场，而不是相互拽头发，或推推搡搡打作一团。

步骤 ❹ 实施干预，做陪伴式倾听。

当你按照以上步骤提高了孩子的安全感，你实施的干预会给孩子提供机会释放出积压已久的情绪。

假如你的女儿一靠近她刚出生的小弟弟时就会压在弟弟身上把他弄疼，你就要亲切地夸赞她对弟弟的爱，同时搂紧她的小肚子，避免她压到弟弟。

假如你做晚餐的时候你的双胞胎儿子一见面就打架，你就每晚把其中一个带到厨房。在把他俩分开的时候，如有必要就倾听他们。尽你所能保证每个孩子的安全，同时倾听他们的情绪宣泄。当你积极主动地施加坚定而温和的干预以确保孩子的安全时，孩子会很快释放出情绪，重新开始尽情地享受生活的每时每刻。

完成一项情绪处理工程需要多久

很不幸，我们无法得知孩子想要处理的情绪有多深多复杂。有些情绪处理工程不那么复杂，不需要很多时间，就像下面这个有关沮丧的情绪处理工程。

我的女儿20个月大就已经要自己做事了！她有太多的事想自己去做，可还做不了，所以感到非常沮丧。起先，我会试着止住她的哭泣，或者想办法哄她。现在，我会尽量陪在她身边，明白尽管目前看起来她似乎是一败涂地，可最终会有好的结果。与以前相比，我已经能够更长时间地陪在她身边了。

让她最烦恼和沮丧的一件事是穿上我的鞋或她自己的鞋。她一看到鞋就会试着把鞋扣反反复复地打开又扣上，但是她还不会好好地把鞋穿上。我猜"她就是想把鞋穿上"，可是当我上前帮她穿鞋时，她会变得更加烦躁不安，更甚于刚才她自己边哭边摆弄那些鞋的时候。她想要处理穿鞋这件事。我想她是真想自己学会穿鞋，而发脾气正好是负责的体现。发脾气不会让她不舒服，因为是她一直坚持要回到让她发脾气的那个点。这是个困难的阶段，可我知道，她一定能安然渡过。

下面这个有关睡眠的情绪处理工程做起来很费力，但完成它只用了一个星期。

每天晚上我们至少得花两个小时才能让2岁的儿子入睡，我妻子得躺在他旁边直到他睡着。这让我们筋疲力尽。只要我妻子在家，儿子就要她陪着睡。当我妻子实在没精力哄他睡觉时，我们就假装她不在家，只有我这个爸爸能哄他睡觉。

在情绪处理工程的第一个晚上，我们做好了思想准备迎接儿子释放的大量情绪。我们给他读睡前故事，亲吻并拥抱了他，然后告诉他我们会紧挨着门口坐在他能够看到我们的地方。不出我们所料，他执拗地爬下床，要妈妈睡到他身边。而妈妈对他说不，要他回到床上，他就开始大哭起来。当他感到越来越绝望时，他开始一边用头撞墙，一边大哭。我们赶过去护住他的头，确保他的安全。我们能听出他的恐惧，开始陪伴式倾听。他胡乱踢蹬，大声哭喊。我们继续尽可能地保护好他，同时倾听他释放情绪。两个小时后，他总算睡着了。

第二个晚上，我出面哄儿子睡觉，但是并没有像以往那样假装他妈妈不在家。当妈妈向儿子道过晚安并离开时，儿子爬下床追到门口。他一再要求我打开门。我靠近他，蹲在他旁边，对他说该去睡了。他一边跺脚，一边更加焦虑绝望地大哭，然后尖声哭喊着他得开门出去的理由，比如得出去刷牙什么的，他的声音充满了恐惧和不安。这样过了半个小时，我把他抱到我的腿上。他紧闭着双眼，把头埋在我的胸膛上，低声啜泣。这样又过了一个小时，我把妻子叫了进来，让她抱着他。我们待在儿子的床上接着倾听了他半个小时，之后他终于睡着了。

如此具有挑战的夜晚让我们也有很多情绪需要处理。我们分别利用倾听伙伴关系处理了自己在面对孩子如此绝望和惊惶时所感到的恐惧和悲伤。

第三个晚上，妻子把儿子放进被窝，然后我们俩坐在儿子房门外。儿子爬出被窝，我们再把他塞回被窝。这样来来回回几次之后儿子哭了起来。我们陪在他身边倾听他。这次，他的哭声有些不一样，不再充满惊惶、绝望，而是让人感觉带有疗愈的意味。我们陪在他身边，我妻子搂着他，每当他的哭声低下来，她就对他说该睡了，她就去坐在门外，这让儿子的哭声又高了起来。然后，出现了转折。这次，他让自己哭够了，接着一下子变得神清气爽，开始和我们闲聊了几句，还咯咯地笑起来。然后，我和妻子退出了房间。儿子侧身躺着，一会儿就睡着了。这一晚全过程持续了一个半小时。

第四天晚上我们的"拉锯战"只持续了一小会儿，儿子就开始释放大量情绪了。我们重复了前一天晚上的做法。他哭完后，和我们说了会儿话，分别给我俩一个吻和拥抱，就躺下睡了。这一次全过程只持续了一个小时。

经过一周的实施干预和陪伴式倾听，儿子像是变了一个人，连白天的表现都不一样了。他变得更加自信和独立了，在幼儿园也更善于和别的孩子相处，连那里的工作人员都注意到了他的变化。在我们介入他的情绪处理工程之前，每次午睡之后他都会哭喊着要妈妈或爸爸。而在那之后，这种情况也不再有了。现在儿子会经常自己玩，也会玩得更久，不再老是缠着我们。他也更爱说话，更爱问问题了。

情绪处理工程给我们和孩子都带来了益处。我们都得以处理了大量的情绪！

有些情绪处理工程需要更长的时间。这听起来不太妙，但在整个过程进行当中你肯定会觉察到已经产生的效果。孩子们往往会在每一次大笑、发脾气或大哭之后隐约地表现出自己的变化。偶尔，你会在孩子一两次的情绪爆发之后看到他在行为方面的明显变化。下面有关丹尼尔的故事是个典型的例证，它包括了隐约的线索、渐进的变化以及最终的突破。

丹尼尔3岁那年开始上我主持的学前班。他很安静，不过他喜欢打鼓，有一只他常常打的鼓是他的最爱。一天，有个孩子抢走了他最爱的那只鼓。一位老师注意到他只是坐在那儿发呆，既不表示不满也不起身找别的东西玩或别的事情做。老师蹲在他身边问他，别人拿走了他最心爱的鼓，他有什么感觉？他看着老师，什么也不说，开始哭起来。老师倾听着，又问了同样的问题。他哭了很久，但始终一言不发。

我们决定留意一下他在与其他人的互动中是否也有类似的反应。结果发现，他在任何场合都不会做任何事来维护自己。因此我们开始帮助他完成一项情绪处理工程，让他能够为自己发声，挺身维护自己。

他大哭了很多次之后才能够说出自己不喜欢什么，但他毕竟做到了。之后，如果他和某个孩子的互动的结果对他很不公平，一位老师就会提议他站起来；如果当时他是站着的，就提议他朝那个欺负了他的孩子迈出一步。我们这样做是想帮助他获得行动力。开始有好几次他都不能朝那个孩子迈出一步并说出自己的想法，只是大哭了更长的时间。但在处理了足够多的无助感之后，他最后终于做到了。他能够站起身，朝着那个孩子的方向迈出一两步。就算当时那个孩子已经不在那里了，也没关系。我们并不是想要索取道歉或勉强他们分享玩具。重要的是，他正在努力使自己做到：在遭遇不公正的对待时，不再麻木地不做任何反应。

接下来，老师对丹尼尔说："我会陪着你一起对他说。"这让他又哭了很久。几次之后，他才能那样做。我们没有坚持一定要有什么结果。我们只是向他提议下一步做什么，温和地鼓励他尝试。比如，我们这样说："你可以告诉她。"或者"亚娜是你的朋友。你可以走到她那边去。"他的无助感藏得很深，所以整个过程持续了几个月，每周他会大哭 1~2 次。每次我们会倾听他 10~20 分钟，之后先感谢他愿意考虑我们对于他下一步该做什么的提议，然后问他现在想玩什么。因为我们得去关照其他的孩子，所以很少能给他机会让他哭够。他会守住每次取得的进展，虽然这些进展需要我们耐心等待。

等到丹尼尔能够站起来向着欺负他的孩子迈出一两步的时候，我们期待他能做到的下一步是："咱们走到他那边去吧。"当他能做到这一步时，我们会问他："你要对他说什么？"不过，我们很快把这一步分解成更小的步骤："你能告诉他'我不喜欢你那样做'吗？"或"你能告诉他'我想要回它'吗？"或"你想对他说'别再那么做了'吗？"每次他都会站在那儿哭很久。经常发生的情况是，那个孩子会经过我们的同意然后走开。我们会鼓励丹尼尔跟上那个孩子。那时他就会大哭着释放出更多的无助感。随着他释放出越来越多的情绪，他变得越来越活泼了。他的笑声多了，玩得更起劲了，甚至开始时不时地和老师开玩笑。就这样他长到了 4 岁。

学期末的一天，隔壁教室的一个五年级学生把一个苹果核扔进我们的教室。丹尼尔看到了，对我说："他不该这样做。"我说："是！你打算怎么办呢？"他说："我得告诉他。"我问他要不要我陪着他一起去，他说好。他拾起了那个苹果核，和我一起走到我们从未进过的那间隔壁教室的门口。丹尼尔打开门，看到了那个男孩，朝他走过去，对他说："你不该把这个扔进我们教室。"说着就把苹果核递给了那个男孩，转身走了出去。我跟在他身后 3 步远，没做任何提示，绝对没给他任何指导。他的情绪处理工程就这样宣告结束了！4 岁的丹尼尔毫不畏惧地在一个完全陌生的人面前，在一个完全陌生的地方，坚持了自己认为对的事情！

每个年龄段的孩子都会想方设法让我们知道：沮丧、恐惧和悲伤正像紧身衣一样束缚着他们。每天夜里他们会惊醒一次，甚至每小时惊醒一次；因为分享引起的烦躁不安从每天发作一次到每15分钟发作一次。在成长过程中，各个阶段之间的过渡经常会激发一场情绪处理工程：孩子咿呀学语之前的焦躁不安；蹒跚学步时爆发的沮丧；在学前班时需要面对的有关分享、所有权和先后次序等的挑战；小学时要应对的学习困难；10岁左右对"我这样行吗"的犹疑不决；以及在这些不同的年龄段所经受的与父母的分离恐惧和所有与父母有关的感觉和情绪。如果我们做父母的能够意识到这些情绪处理工程，我们就能采取必要的步骤帮助孩子们顺利地渡过和完成这个工程。

父母也有情绪处理工程要进行和完成

作为父母，我们和孩子有很多共同之处。我们也会发现自己身处某个情绪处理工程之中。孩子的安全问题会让我们一点就着；我们忍受不了他们打架、争斗；感觉非常孤独的时候我们停止与人联结；我们会绷得太紧，工作得太拼命，直至毁了自己的健康。如果你建立了良好的倾听伙伴关系，连续每周对倾听伙伴诉说的都是类似的话题和情绪，那么很可能你正处于一项情绪处理工程之中。你的情绪是由当下发生的情况所引发，但其实它们源自过去。

我们需要从两个方面努力——释放情绪与积极行动——把自己从日久成习的思维和情绪定势中解脱出来。单凭积极行动或只有情绪的释放都不足以促成持久的改变。我们只有既释放情绪又采取积极的行动才能让自己摆脱僵化的行为模式。

下面是一位母亲的经历，谈到她是如何启动自己的情绪处理工程来改变自己对孩子大吼大叫的行为模式。

综合使用五种方式：情绪处理工程

谁不愿意做一位安静的父母呢？我当然愿意！我的女儿6岁了，2岁半的时候我们领养了她。在我失去耐心要对她大吼大叫时，有个声音在内心低语："给朋友打电话！让自己得到倾听，马上！"我听到了，但我当时很慌乱，只想着："我办不到……不行。"一天夜里，我用尽全力对女儿咆哮，这把我们俩都吓坏了。我知道自己只要有勇气拿起电话，就不会让事情发展到这个地步。然而对我来说，一想到要给别人打电话求助就让我万分恐惧。

于是我使用自己的诉说时间来探寻自己对于向一位朋友或倾听伙伴求助这件事会如此恐惧的原因。我的倾听伙伴温和地问我："当你求助的时候曾经发生过什么事？"我想起自己一直觉得会因为需要帮助而遭到责难。倾听伙伴接着又问："假如你在很需要帮助的时候打电话给某个人，可能发生的最糟的事是什么？"我说："听起来不算什么，可是最糟的事应该是对方说他这会儿不能接听我的电话。"想到这种可能的时候我哭了起来。过了一会儿，我忽然意识到，天哪！我为什么不能把我担心的这一点告诉朋友，然后说出我的需要呢？后来我把自己的想法告诉了一两个朋友和倾听伙伴，他们都同意会随时接听我的电话。我意识到这正是我自己的情绪处理工程。

不久之后的一个周末，我丈夫要上班，我得独自和女儿待在一起。我觉得孤寂、无人可亲近，意识到自己濒于崩溃。就在这时女儿开始叫喊起来，毫不含糊地朝着我大喊大叫。我报以同样音量的大吼，和她怒目相对。然后我逃离了那间屋子，满脑子想的是："我不能这样，不能是这样的妈妈！"然后听到这样的低语："给朋友打电话。"

我跑进自己的卧室，锁上门，听到女儿在外面一边大哭一边猛敲被锁住的门。我打开门走出来，竭尽所能地温和地对她说："亲爱的，我需要帮助。我不想对你吼。我要去给一个朋友打电话。我得在我自己的房间待10分钟。"然后，我坐在自己的床上盯着自己的手机。我真敢打电话吗？我先发了一条信息："你能给我10分钟时间吗？"我强压住恐惧，按了"发送"键。

"哈！我终于做到了。"我想，"现在没退路了。"我感到自己开始慌张起来。我的倾听伙伴立刻回复了我："我打给你好吗？"一听到她的声音我就开始大哭起来，扯着嗓子哭。"我在这儿。"她亲切地说。我接着哭了一阵，然后说明了情况。"你遇到这样的困境我也很难过。"我听到她这样说。我感受到她的亲切、接纳和理解，又哭了一阵。5分钟过去了，我能听到女儿在我的卧室门外，于是挂了电话。哦！不必去琢磨什么办法，只是让情绪表达出来，能这样畅快地哭，就已经让我放松多了。这正是我需要的。

我做到了！我感觉轻松多了，不那么紧张了，能够回到女儿身边了。和倾听伙伴在一起的短短5分钟放飞了我的心，我发现自己能够体会到女儿的心情了。这让这个周末变得与以往大不相同。我会继续这样做。我期待有机会回报我的倾听伙伴。

情绪处理工程乍一看工作量很大，但它时时刻刻都有进展，启动它远胜过永远不开始。想想看，你自己日复一日地遭受同一个问题的折磨该有多么的沮丧。每当孩子情绪发作时，你使用通常的"教训孩子"的办法，只会让你日益远离自己的孩子。你们彼此之间的反感也会增强和延续下去。

运用倾听的方法，你会一步步地靠近在困扰中挣扎的孩子，修复他对你们之间情感联结的感知。首先你要为自己安排好足够的支持性资源。然后，在你自己有适当的出口释放情绪之后，你就能够制定行动计划，在孩子陷入困境时向孩子传递你的关爱，以最好的状态倾听孩子。

成千上万的父母们正在通过支持孩子、与孩子建立情感联结来改变自己的生活，消除孩子习惯性的不当行为，他们的思考和努力会不断产生能够持久有效地解决问题的办法。

本书的第三部分"应对日常的育儿难题"还有不少有关情绪处理工程的例子。请阅读它们，看看对你有什么启发，然后试着决定自己从哪里入手！

第三部分

应对日常的育儿难题

引 言

在本书的第三部分，我们会和你分享其他父母们应对那些你可能也很熟悉的状况。这些父母运用倾听方法与孩子建立情感联结，并获得他们自己需要的帮助，以便能更清晰地思考如何向孩子传递自己的爱。我们并不建议你生搬硬套，因为没有一模一样的家庭。但这些事例会给你启发，尽管你遇到的情况不一样。我们坚信，你的孩子渴望与你联结，而你也会找到机会实现你们之间的联结。

我们从大多数父母都感到头疼的四个方面选择了一些事例，然后再按照父母们每天面临的挑战把各个方面的事例分别组合在一起。它们展示了如何运用那五个倾听方法处理父母们的焦虑并拉近与孩子的距离。每个故事后面均附有简要评论来帮助你理解为什么这种特殊的倾听方法会起作用。你会注意到，父母和孩子——即使身处困难时刻——所具有的智慧，你和你的孩子也不乏这种才华。请去发现它，去倾听，去尝试。

第 9 章

培养合作关系

在试图让孩子保持合作时，我们常常感到非常沮丧。在这个问题上，似乎有两大阵营。很多父母已经接受了自己在这方面的无能，干脆放弃，不得不自己去收拾玩具或清理桌子，但心中怨气与日俱增，使父母与孩子之间产生距离。父母感到自己能力欠缺，而如此缺乏信心会导致孩子的世界不够稳定。这样的父母属于第一阵营。处于第二阵营的父母则对于孩子的不合作一触即发。他们大喊大叫，羞辱、指责或惩罚孩子，直至孩子被强制着完成他们要求孩子做的事。其实父母在这样做的时候感觉也很糟，愤怒与挫败感笼罩着一切。而孩子则不可避免地接收到这样的信息：自己不够好。这样的想法会阻碍孩子学习和交友的能力。

寻求与孩子合作，父母就必须将孩子视为合作伙伴。要求孩子合作之前，先要关注建立彼此的联结，就像先向邻居打个招呼、闲聊几句，之后再提及你们两家的共用空间需要清扫了。你要先建立起这种联结，因为它是产生任何有积极意义的行为的基础。

举个例子。有一次一位母亲找到我，她对自己的两个孩子放学回家后既不整理书包也不将午餐饭盒放到厨房而感到怒不可遏。她已经试过她知道的所有方法，但孩子们就是不听，反而是一进家就把东西丢在地上，跑进客厅玩耍。这位母亲每天下午预想着这样的场景即将到来的时候，挫败感油然而生。

我向她指出，孩子们已经和她分开一整天了，一直在按照老师们的要求做事。所以与其在他们一进门就提要求，不如直接加入他们一起玩上10分钟左右，然后再试着要求他们整理书包，那样可能效果更好。她成功了！

这是父母通过首先与孩子建立联结来奠定成功的基础的一个很好的例子。当孩子们感到自己与父母是有联结的，真正得到父母的重视，合作会自然而来。与其对一个不合作的孩子怒发冲冠，准备较量一番，不如学习怎样运用倾听方法来培养你所渴望的合作。

营造合作的氛围

我们已经知道：
- 孩子愿意合作。
- 孩子感到与你亲密、有联结时，会选择与你合作。
- 如果孩子感觉受到威胁或不安全，他就无法与人合作。

父母经常会有要马上做完事情的紧迫感。每当我们感到负担沉重和孤独的时候，这种感觉往往会立刻出现。我们想要感觉好一些，所以我们就想让孩子立刻坐下吃午餐，或立刻把卧室整理好，或立刻钻进车里。我们有很多时候会不得不立即强迫孩子合作。当孩子噌地一下子冲入繁忙的街道，你会立刻把他抓住拖回来，不管他可能会感到有多屈辱。但是在其他情况下，要赢得合作，你需要花些时间在你和孩子之间建立联结。

要营造合作的氛围，你就要在对孩子的要求说"行"和"不行"之间建立平衡。当你亲切地说"行"时，你们之间的联结就会增强。专门时间是对孩子表达"行"的一个好方式。你允许孩子把自己的兴趣展示给你看的时候，你宽容接纳的态度会感染他。专门时间让你使用计时器来把握"行"持续的时间长短，让你决定说"行"的次数，所以你不必担心被孩子的任性所操控。在心情好的日子里，我们大多数人能够做到在5~10分钟的时间里爱孩子之所爱。这为合作提供了基础。假以时日，你的孩子将会变得更加慷慨大度地与你和其他人相处，因为他能得到你通过定期的、全力以赴的专门时间传递给他的支持。

下面是一位母亲运用专门时间的"行"来扭转事态的例子。

让女儿们早上准备好上学这件事曾让我一直麻烦不断。我每天都会因为她们的不合作而大发脾气。因此我用了一些倾听时间来整理思路，我决定要抽时间给孩子们做几次专门时间。

一天早上，我的一个女儿5点45分就起床了，比平常早。她看起来休息得很好，时机不错，于是我给了她5分钟的专门时间。她想涂色，这是她最喜欢的消遣方式。我们拿出马克笔，我花了5分钟的时间按照她的指令画出那些供她填色的图案。计时器响起时，我们完成了最后一个，收拾完毕，她就去把校服穿好。我们一起很开心。我感到很受鼓舞，感到与她的联结，她看起来也很快乐。

然后我去叫醒另一个女儿，第一件事就是给她专门时间。她裹在毯子里。我轻轻地问她是否愿意做我的小宝贝。她说愿意。我就拉她到我的腿上，搂在一起。我为她唱专属于我们的摇篮曲，望着她的眼睛，把她环抱在我的臂弯里，并让她看到我的喜悦。

从时间上看，这是一个很小的投资，但绝对值得！这个早上剩余的时间过得很顺利。她们都好好吃早餐而没有磨蹭。她们快速地穿好鞋袜而不是满屋子到处找要带上车的玩具。她们拿上书包，爬上车，我们就出发了。我们甚至准时到了学校！没有喊叫，没有威吓。真是个美妙的早晨。

如果你已经做了很多努力建立彼此的情感联结，而孩子仍旧不愿意合作，那么实施干预和陪伴式倾听这两种方法可以帮助你把说"不"当作礼物送给他。采用这些方法，你能帮助孩子摆脱使他犹豫不决的烦扰，从而使他能够重新与你建立联结。让我们先从实施干预开始。

设想一下，你正在准备晚饭，你两岁的孩子将整盒的积木倒在地毯上。他正在享受把一堆积木哗地碰撞在一起的样子和声音，但是现在该把它们收拾起来吃饭了。

你站在厨房里对孩子喊要他把积木收起来，但是孩子就是玩得停不下来。你没有接二连三地喊他，而是走进客厅与孩子建立联结。你欣赏他为你演奏的"乐曲"，它不可能赢得格莱美奖，但是对于一个两岁的孩子来说，积木撞击的声音是美妙的。然后你轻轻地说："好了，该把积木收起来了。"但是，因为对他自己和他的音乐如此着迷，他停不下来。因此，你跪在地毯上把手轻轻地放到他的手上不让他继续，用充满爱的声音说："吃饭的时间到了，该把积木收起来了。"

在这个时刻，孩子很容易爆发。如果你用温暖的眼神望着他，倾听他，而不是教训或（为转移注意力而）哄骗他，他会马上获得所需要的安全感来发出喊叫或开始大哭。尽管你周围的人可能不理解，但实际情况已经得到改善了。你需要做的就是坚持你的要求，同时给他温暖。当他的哭泣逐渐减弱，你就再次询问："儿子，现在可以把积木收起来了吗？"那会使他继续释放情绪直到能够与你重新建立联结，恢复理智。

相对于你的小小要求，孩子看似反应过度，但你可以假设他正在清理与过去的经历以及他所承受的其他限制有关的紧张和不安。他完成这个清理过程之后，你们两个就可以轮流将积木扔回箱子里，让孩子看到你也很享受与他合作的过程。

游戏中倾听在帮助孩子进行合作上也有着神奇的效果。设想你5岁的儿子刚吃完一块糖分很高的甜点却不肯刷牙，而你决定今晚他必须好好刷牙。你没有一遍又一遍地要求他，而是想着做点什么能让他大笑。

"什么？你不想刷牙？也罢。那么就刷刷你的胳膊肘吧？"这时孩子会奇怪地瞥你一眼。"哦，我知道了！那就刷刷你的鼻子？"你会听到孩子大笑，他知道一场游戏要开始了。

"刷我的屁股缝怎么样？"他脱口而出，捧腹大笑。他5岁，对屁股很好奇。

你说："真恶心！"可还是抓起他的牙刷，嬉皮笑脸地假装刷他的屁股。

你胸有成竹。经过几分钟的大笑，温柔的较量，再加上点奇思怪想，你说："好吧，老兄，现在咱们来刷牙吧。不过等等！让我们先冲冲你的牙刷。你可不想胳膊肘和屁股上的脏东西进嘴里是吧！"接着你给他刷牙，或让他自己刷，然后送他上床睡觉。现在，很多国家都有这样的"刷身体"父母，他们成功地将晚间常规化的大呼小叫、双方僵持不下的局面转为逗乐的游戏。重要的是，孩子们的牙齿得到了清洁，并且每个人在上床睡觉时都感到彼此亲密无间。

如果你温和地实施干预，紧接着做陪伴式倾听或游戏中倾听，将有助于孩子与你建立情感联结，清除阻碍他与你合作的情绪。孩子将视你为能帮助他解决问题的伙伴。当然，这样做需要你付出时间和情感，但是也会有甜蜜的回报。当你向孩子展示关爱，提出合理要求，既实施干预又能给予定期的专门时间，你就会看到孩子的转变。你将会发现他和你的联结变得日益牢固。他因为被要求与你合作而发脾气的情况将越来越少。

下面的例子将让你看到父母们如何运用倾听方法来赢得孩子们的合作。这些故事不是你要精确遵循的公式，而是鼓励你找到适合你自己的方式与孩子进行情感联结、让孩子释放紧张情绪。你和孩子会合作得更顺畅，联结得更紧密。

| 合作 | **清晨的"例行公事"** |

注意处理我们自己的情绪

方法　倾听伙伴关系

　　我儿子5岁时准备上学了。上学后,他养成个习惯,每天早上都会大声喊我,说他冲完澡后没法把自己擦干。这让我很懊恼,因为我需要在有限的时间内让每个人都做好出门准备,而且我知道他有能力擦干自己并穿好衣服。

　　一天,和一位倾听伙伴做相互倾听的时候,我谈到了自己的挫败和每天早上伴随着自己的感受。我想起自己在儿子这么大时,也想在冲澡后让爸妈来帮我擦干。我记得我只是想感受和他们的亲近,而他们却拿这件事开玩笑,我哥哥还笑我是大婴儿。我边说边哭,并意识到儿子需要感受和我的情感联结。现在我可以用全新的理解和耐心来迎接每个清晨了。

小议

　　这位母亲认识到清晨的挫败感来自她自己早年所受的一些伤害。在面对着充满爱心的倾听者释放出那些旧日情绪后,她重新找到了与儿子相处的耐心,增强了他们之间的联结。

　　持续替孩子做他们本可以自己做的事会使孩子退缩不前,但有时候这类要求其实只是孩子在呼唤与你的联结——他们的呼唤值得你做出回应。如果需要实施干预,那么先一起做游戏、建立情感联结,效果通常会更好,正如下一个故事所展示的那样。

穿衣服

方法　游戏中倾听　实施干预　陪伴式倾听

儿子 4 岁的时候经历了一段强烈抗拒穿衣服的时期。连续几周我尝试了各种游戏的方法让他放松下来。我假扮成他的衣服对他说话，和他捉迷藏，试着把他的衣服套在我自己身上，假装不知道怎样帮他穿上衣服，等等。不管我多么努力，让他穿衣服仍然是个挑战。

最后，有一天我告诉他该穿衣服了。他试图跑开，我拉他坐在我的腿上，再一次说："现在该穿衣服了。"他开始哭泣、打我。我不让他跑开，握住他的手臂让他无法打到我或抓到我，就那样听着他哭。他开始放松下来的时候，我就跟他说：该穿衣服了。当他再次哭闹起来的时候，我就继续倾听他。

他这样哭闹了很长一段时间，然后在我的腿上坐好，盯着我问道，等他长大以后我是否依然能认得他。我向他保证说，即使他的长相变了我也会永远认得他，永远爱他。这一刻就像是轻轻碰到了一个开关，他卸除了恐惧，穿衣服对他来说再也不是问题了。

小议

这位母亲很聪明，试图运用游戏中倾听来帮助儿子克服对穿衣服的抗拒。但有时候游戏中倾听只是"第一步"。它在你和孩子之间建立起紧密联结，向孩子发出信号：你不会不顾一切地纠正他，让他放松下来。它为感知打开了一扇门但还是不足以启动孩子需要的深度疗愈过程。在这种情况下，孩子经常需要"第二步"，一个坚定的但是充满爱的要求。接收到你明确表达的"不可以"，孩子就得到了一个处理困扰的机会，最终回到合作的状态。

这位母亲没有让儿子从她面前跑开和回避困扰自己的情绪，而是把孩子牢牢搂在她的怀抱里，向他提出要求。她断定孩子被困在无助感中。如果放开他，那么穿衣服的问题很可能会持续下去。通过紧紧地搂住他并重复提出"该穿衣服了"的要求，她创建了一个安全的环境使孩子能向母亲表达自己恐惧的原因。儿子恐惧的原因令这位母亲大感意外。这终于使他们结束了每天早上由穿衣服引发的"拉锯战"。

早起出门

| 方法 | 陪伴式倾听 |

每天早晨要我 5 岁的儿子起床和准备好上学实在是太难了。我自己其实也不喜欢在早晨赶时间。

我尽量让每天早晨出门这件事变得有趣。有天早上，不论我如何花样翻新，他就是不肯起床。当我最终让他下了床，他磨磨蹭蹭地到了厨房却接着玩，而不是坐到桌边吃早餐。我提出帮他拿着玩具好让他吃饭，当我伸手拿玩具的时候我的指甲划到了他的胳膊。"哎哟！你干吗呢？"他生气地滚到地板上，说我故意挠他。"不，亲爱的，那是意外。"我平静地回答。他开始和我大声地争吵。

我立刻意识到他现在毫无理性，断定他正需要对这件事发脾气，于是开始关注地倾听他，把手放在他的背上，注视着他。当他边看着我边哭的时候，我对他说："宝贝，我很抱歉刚才抓疼你了。"过了一会儿，他告诉我，他这么不高兴的原因是他不想去上学。他觉得在学校里没人理他，在那儿很孤独。我只是倾听着。

他哭够了之后，就过去吃早餐，然后穿好衣服准备上学。当我们刷牙的时候，儿子说："也许今天会很好。"他穿上外套背着书包，和我一起向门口走去。

小议

孩子以意外的碰撞或擦伤作为借口大哭大闹，来宣泄源自其他事件的情绪，这是很寻常的事。这位母亲非常了不起地意识到了这一点！她没有为儿子的"过度反应"感到恼火，而是开始倾听他。得到的回报是孩子向她明确解释了每天早晨他都会拖时间的原因。为在学校的不愉快大哭一场之后，这个男孩找回了自己的乐观态度，愉快地出门去学校了。

合作　就餐时间

洗手

方法　实施干预　陪伴式倾听

我5岁的儿子刚上幼儿园的时候很不适应。他原先上的是个小型幼儿园，而现在上的是公立学校，班上孩子很多但老师很少。他每天回到家都显得怪怪的。我全天上班，因此只有到了晚饭时间我们才能再次聚在一起。

有一天，我去幼儿园接他的时候他情绪很好，但我感到事情不对劲。我问他今天怎么样，他的脸有点耷拉下来，说："很好。"我们回到家，他跟着我进了厨房。我快活地说："洗洗手，咱们5分钟后吃晚饭。"

他说："我不喜欢洗手。我不要洗手！"并开始玩耍。我停下手头的活儿，走过去盯着他的眼睛。"小博，我们现在要去洗手。因为我们不能用脏手吃饭。"我边说边把他的肩膀转向洗手池。"不!"他的声音很冲但是有些颤抖,还试图转身逃开。我用手臂再次环抱住他,提醒他我们得去洗手。当我把他带到水池边,他开始抱怨肥皂:"我不喜欢用肥皂洗手!"考虑到他以前从来没有抱怨过这两件事,我开始琢磨事情背后的原因是什么。

"我们就用一点点肥皂。"我边说边把他拥进我温暖的怀里,帮他洗手。他开始哭起来:"我不喜欢肥皂!我不喜欢肥皂!"我让他转过来,注视着他的眼睛,倾听着。"今天一点都不好。"他边说边继续哭。我温和地问:"你愿意讲给我听吗?"并保持与他目光接触。他告诉我,他在学校被别的孩子打了好多次,被他们取笑。我紧搂着他,听他哭诉自己糟糕的一天。我们坐在一起,直到他不再哭泣并能够随和地转变话题。之后,我注意到他感到轻松些了,心情也好多了。令我惊讶的是,不用我要求,他自己洗了手,坐下来开始吃晚餐。

小议

拒绝做一些日常的小事,例如饭前洗手,通常是孩子正在痛苦挣扎并需要与你情感联结的迹象。这位母亲先亲切地提出要求,然后陪伴式倾听儿子的情绪。当儿子告诉母亲自己在学校里经历了糟糕的一天后,她鼓励儿子说出更多细节。母亲引导孩子面对痛苦的感觉,让孩子能够在她的关爱之中通过哭泣把自己的坏心情倾倒出来。

如果这位母亲在洗手这件事上直接与儿子对峙,那么她的儿子就会失去从那天所受到的伤害中愈合的机会。所幸她没有那么做。孩子的心情好转了,无需催促,自己洗了手,然后走到餐桌边吃晚饭。

新食物变好吃了

方法　专门时间　游戏中倾听

儿子不在身边的时候,我和丈夫有机会给3岁的女儿一次与我俩同时在一起的专门时间。她真的非常喜欢。她先和我们玩摔跤,我们会顺势故意地让她把我们摔倒。然后我们又玩"那是我的孩子"——我和丈夫努力把她从对方那里抢过来。后来她让我们排队假扮成驯鹿拉雪橇。她骑在驯鹿爸爸身上对我们发号施令。她说她是驯鹿宝宝,偎偎在我们之间让我们拥着她,抚摸她。我们与她玩了半个小时,向她倾注我们的爱,让她做主。她完美地掌控了这个空间并享受其中的方方面面。之后她得出门和爸爸去游泳。当她回来的时候我已经做好晚饭。通常她会对我做的饭看不上眼。但这次她吃了很多!她居然会说:"藜麦真好吃。"以前她其实一直不肯吃藜麦。那天晚上她特别合作和乖巧。她甚至把她哥哥撒了满地的卡片都收了起来,然后自觉地上床睡觉。

小议

有时候,单单是情感联结就足以帮助孩子摆脱固执的行为。在这个故事里,通过专门时间和游戏中倾听,这个孩子不仅接受了她通常会拒绝的藜麦,还吃得很愉快。最棒的是她整个晚上都很合作、随和。

帮助挑食的孩子

方法　实施干预　陪伴式倾听

我儿子4岁,一直很挑食。在他4岁生日之前的几个月里,他变得越来越挑食,连曾经能接受的鸡蛋和三文鱼也不吃了。我们基本上只能给他吃纯淀粉食物。

我决定有合适机会时试着对他实施干预。我一直不愿意逼他吃东西,因为我小时候也挑食,也痛恨被逼着吃不喜欢的食物。因此我发誓不强迫他,但是会实施干预,相信儿子会改变。

两天之后,我发现了一个机会。我准备晚餐的时候,儿子跟着我进了厨房,显得焦躁不安。他开口要饼干吃,我回答说该吃晚饭了,我希望他吃一些含有蛋白质的健康食物,比如豆子或鸡蛋。他听了非常生气,开始哭泣和抗议。我带着乐观与自信重复说我晚饭会做豆子和鸡蛋,并再次让他选择这两样作为晚饭。他继续大哭,躺到厨房地板上打滚并重复说他不想吃鸡蛋,我只是听着。

这样过了15分钟,他安静下来,转向附近放着烹饪书的架子开始翻看书里的图片,一边问那些是什么。我提醒他我要准备做鸡蛋了,而他看起来并不在意。当我把他的盘子放在餐桌上,他从地板上站起来,坐在自己的椅子上愉快地吃了晚饭。在过去两周里,他吃饭时都很开心。尽管他还不吃菜花,但我对他未来将会发生的变化非常乐观。

小议

这位母亲把自己小时候挑食的经历与倾听的方法结合起来使用,解决了一个棘手的问题。她没有逼儿子吃东西,她小时候最讨厌人们那样对她。取而代之的是，她不断向儿子表达自己的期待——希望他吃健康食物。她陪伴式倾听了孩子的哭泣与愤怒。仅仅15分钟后，她的儿子就坐在桌旁开始满意地吃他的健康晚餐。

孩子发脾气的时候，你可能会感觉听他哭诉15分钟太难熬了，但这15分钟终结了那些日复一日的挑食问题。一次短时间的陪伴式倾听让这个孩子可以在随后无数的日子里继续享用（健康）晚餐。

晚餐风波

方法　实施干预　陪伴式倾听

这周末我们一家人出去玩了一整天，所有人都很开心。回家的路上，儿子在车里睡了一小觉，醒来后却脾气暴躁易怒。该吃晚饭的时候，他说不饿，不想吃饭。我对他说我们大家要一起吃饭，并让他过去坐好。他走进厨房，嘟囔着说："我不饿！"还要接着玩。

一看到晚餐的食物他就开始哭着抱怨，说他不想吃鸡肉和蔬菜。"它们真讨厌！"他大哭着说。他走到冰箱那儿从里面拿出一块面包。我告诉他我们晚饭不吃面包，我们都吃鸡肉和蔬菜。但他把面包拿到桌子上，边哭边试着解开塑料包装袋上的系带。我把手轻轻地放到他的手上说："对不起，亲爱的，我们今晚不吃面包。"他继续哭着，并把面包扔到地上。他推开面前盛着鸡肉和什锦蔬菜的盘子，告诉我让他安静地待会儿。我对他说，我不想让他一个人沉浸在这些情绪当中。他姐姐从座位上起身把面包捡起来放回冰箱。他又哭起来。

我带他到另外一个房间里，好让其他人能吃晚饭。他坐在我的腿上接着哭。我很饿，想去吃饭，因此当他哭得不那么厉害时，我做了一点让步，提议给他牛油果代替盘子里的什锦蔬菜。他同意了，和我一起回到餐桌。

回到餐桌旁，他吃了一半牛油果，然后吃了刚才他推到盘子一边的几块鸡肉。又过了几分钟，他吃光了所有鸡肉、另一半牛油果和两份什锦蔬菜——我简直无法相信！在餐桌上他又爱说话，又乖巧，整个晚上都非常可爱。

小议

孩子挑食的父母会很熟悉这样的要求或命令："来点别的吃。"在食物方面的固执与在其他方面的固执是一样的：正在发出"我需要帮助"的信号。当一个孩子执拗地要用自己选择的食物（在这个例子中是面包）替代父母准备的晚餐时，经常需要我们对孩子实施干预。孩子需要有这样一个人——既不会对自己的固执让步也不会试图说服他必须吃掉盘子中的食物——在他身边，倾听他释放出自己的不安。

这位母亲很好地通过将手温柔地放在儿子手上的方式来持续对儿子实施干预。当儿子的情绪破坏了大家用餐的气氛时，她没有让儿子一个人离开，而是和儿子一起离开餐桌并陪伴着他。一个孩子需要释放情绪的时候并不等于他可以妨碍家庭的正常活动。可以对他这样说："我不想让你这样心情糟糕地一个人待着，但我们需要让你的姐姐和爸爸好好吃饭。我带你去另一个房间。"如果你不是以这样的方式来实施干预，手足间和夫妻间就可能会相互埋怨。

当这位母亲用陪伴式倾听来对待儿子的不安时，她同时兼顾了自己的需要。在感到儿子已经释放出大部分不安情绪时，她选择在食物的限制上采取灵活一点的方式，这样她自己就能去吃饭了。父母在自己饥饿的时候是无法帮助孩子的，所以不要忘记填饱我们自己的肚子！最后，她允许儿子用牛油果代替什锦蔬菜的方法起到了很好的作用。既能让她自己回到餐桌吃饭，还成功地吸引她的儿子也回到餐桌吃饭。孩子的情绪释放与母亲的灵活把握的共同效果,使孩子吃光了他盘子里的所有食物。

合作　分享、等待与公平

当孩子感到与一位可亲的成年人有足够的情感联结,而且内心是满足的,那么分享就是自然而然的事。即便一个蹒跚学步的孩子也会与朋友分享他的新玩具。若孩子不能与人分享,那么通常与以下两个原因之中的一个有关:在过去几个小时内他没有感到与任何人有情感联结,或是有什么事让他想起了曾经让他感到害怕或孤独的经历。

例如,一个孩子只有在心情紧张的时候才会执拗地要求立刻拿到那把(他正和另一个孩子争抢的)蓝色铲子。如果另一个想要那把铲子的孩子能够感到与其他人的情感联结,他很可能会去找件别的东西玩一会儿。所以出现分享的问题主要是由于当时两个孩子恰好都因为感觉不到与他人的情感联结而心情很糟，变得很执拗。

父母们经常想要快速解决分享问题。但是解决的方法——例如，该轮到谁了，并计算时间保证公平——往往是我们强制执行，而不是去建立与孩子的情感联结。孩子内心深处对于与人亲近的渴望仍然未得到满足，他会不停地通过制造一件又一件的麻烦事来表达自己的诉求。而且，当成年人做出轮流玩的规定后，孩子可能会把注意力放在捍卫自己来之不易的玩具上，而无法享受玩玩具的乐趣。他也可能会为得到了那件玩具感到心满意足，而疏远自己的伙伴。

有这样一个办法，假以时日，能帮助孩子们很好地在一起玩耍：你等待的时候我来陪着你。

用这个办法可以达到如下效果：让持有那件玩具的孩子可以玩得尽兴；在场的成年人去倾听那个也想要玩那件玩具的孩子，让那个不开心的孩子得到支持，满足他希望摆脱内心深处的不安情绪的需求。与孩子建立情感联结，当情绪风暴过去之后，他会知道："无论发生什么事爸爸都是爱我的。"还有，"我本来想第一个玩，不过现在这样也没关系。"

当父母或看护者采用这个办法时，每个孩子或早或晚都会在流露出失落情绪时获得支持。今天轮到莎娜可以长时间玩推车，而也想玩推车的安妮获得了老师的倾听。第二天，轮到安妮玩推车，也想玩推车的乔丹在老师的倾听下大发了一场脾气。莎娜两天前大哭过一场，所以当她看到安妮拿到推车时，她转而去在桌子下面做鸟窝玩。每个孩子在哭泣的时候都有一双臂膀环抱着他，并听到让他安心的话语："安妮总会玩够的。我来陪着你一起等。"没有人需要守护自己的玩具。如果一个孩子把自己的玩具递给另一个正在哭泣的小朋友，那是出于他自己的慷慨，而不是成年人要求他必须这样做。

运用这个办法，你不必费心安排在短时间内让每个孩子都有机会玩那件他们心仪的玩具。当想要骑那辆唯一的三轮车的孩子得以在院子里骑上 20 分钟的时候，你的孩子因为也想骑那辆车而大哭不已，但他大哭时得到了你全部的关注，这是一个远比那辆车更珍贵的奖品。

如果一个孩子连续几天都要霸占某个玩具或其他喜欢的东西的话，你可以采用实施干预的办法。要预先告诉孩子明天会有所不同："苏菲，明天玛丽来玩的时候，让她先骑车，我会陪你一起等着，她骑够了你再骑。"第二天当玛丽到的时候，苏菲会冲过去抢自行车！所以你需要先等在那里，说："苏菲，今天轮到玛丽先骑。咱们后退一步让她骑上去。"苏菲这时会哭起来。如果她能在你的陪伴式倾听中哭个够的话，她就会放松下来，不再那么执拗了。

很多父母和幼儿园老师采用了这个办法并取得了非常好的效果。这里我们举一些例子来说明那些像你一样的父母是怎样运用这些倾听方法来解决因为分享、等待与公平而引起的纷争。

第一个例子讲的是一位母亲运用"我陪你一起等"的办法解决了棘手的分享问题。

游戏时的分享行为

方法　实施干预　陪伴式倾听

一天，我和其他两位妈妈约好带着她们的 3 个孩子来我家玩。在客人们到来之前，我开足马力打扫屋子；她们到达后我就忙着准备饮料和零食。

很快我注意到自己 3 岁的儿子不愿意让其他孩子碰他的玩具。他有这样的举动可能是因为我刚才一直忙着准备各种东西而没顾上他，使他无法感觉到与我的情感联结。每当其他小朋友拿起一件玩具，他就会跑过去抢走，说："我要玩这个！"就这样，他霸占了不少玩具。

我决定帮助他，而且机会很快就来了。当他又一次试图从小朋友手里拿走一件玩具的时候，我快速跑过去，把一只手放在那件玩具上说："你的朋友正在玩。你可以先玩别的，要不我陪你一起等，等他玩够了你再玩。"

因为我的干预以及给予他的关注，儿子开始大发雷霆，释放紧张情绪。在他先是发怒接着大哭的时候，我一直坐在他身边，倾听并接受他的情绪。我不时轻轻地对他说："我知道你想玩那个玩具。""你很快就能开心地玩它了。""我爱你。"我想让他知道，当他遇到麻烦的时候我会帮助他，我会陪在他身边，时刻准备着在他排除了那些阻碍他良好判断力的情绪的时候与他恢复情感联结。

过了大约 5 分钟，儿子擦擦眼睛，看着我说他要过去玩了。之后他表现得放松又随和，允许其他孩子玩他的玩具，还加入他们一起游戏。

小议

这位母亲认识到她的孩子在分享方面有些困难。她相信对孩子抢夺玩具的行为实施干预是保证这次聚会顺利进行的关键，她需要帮助儿子等待轮到他玩的时间。她相信儿子一定是因为无法感到与她的情感联结才会有那样的行为，因此她断定儿子会继续那么做。她相信自己的判断，没有浪费时间期待儿子能够自己终止不当行为，当儿子又一次要从别的孩子手里抢走玩具的时候，她把手轻轻放在那件玩具上，温和地实施干预。她怀着亲切的态度与儿子一起等待，倾听孩子汹涌而出的泪水和抗议。只过了 5 分钟，她的儿子就觉得可以重新加入其他孩子，并大方地和他们分享自己的玩具。

"它是我的！"

方法　游戏中倾听

我的小女儿肯德拉 19 个月大，对于什么是她的、什么是姐姐的、什么是可分享的以及什么是"特殊的"这几个概念还分不清。我们建议她 3 岁半的姐姐告诉她，凡是她当下不想分享的东西就是"特殊的"。

两个星期前，肯德拉开始对每样东西都称作是"特殊的"，并把它们据为己有。她会一边大喊着"我的"一边对我们推推搡搡的，让我们走开，拼命护着她不肯分享的东西。

几天前，在喝奶的时候她把自己最喜欢的毛绒玩具大猩猩放在腿上。她告诉我大猩猩想喝奶。我把大猩猩抱在怀里假装让它喝奶。肯德拉立刻把大猩猩推开，说："我的！"我把大猩猩重新抱回来说："特殊的。"她又推开大猩猩。我假装替大猩猩回答她："我的。"于是她忍不住大笑起来。

这以后每次喝奶的时候，她都要求玩这个游戏。在大多数时间里她都笑个不停。某天早上，她大笑过后咬了一下大猩猩的鼻子，然后对它说"对不起"，还试着安慰大猩猩。

现在，我们还在努力用大笑来解开她在分享方面的困惑，但我很惊讶她会主动要求做这个游戏，而且知道她需要怎样做来让游戏进展到下一个阶段使她能获得自我疗愈。只要她愿意，我会继续和她玩这个游戏，相信她正在通过这个游戏治愈某些情感创伤并获得力量。

很多时候，孩子们很清楚他们需要什么来恢复自己慷慨的本性。在这个例子里，一个蹒跚学步的小女孩用她的毛绒玩具编排了一个游戏让自己笑声不断。玩过几次这样的游戏后，她对着大猩猩发泄自己的沮丧，过后又试图补救。她正在运用智慧来处理自己在分享方面积累的情绪，只要父母能持续采用游戏中倾听的方法，或许在需要时再辅以实施干预和陪伴式倾听，她将会很快恢复自己乐于合作的本性。

"你更爱她！"

方法　陪伴式倾听

我的大女儿一直抱怨我给了妹妹更多的关注。她很生气，认为我肯定更爱妹妹。她会给我举例子，说我先给妹妹吃早餐，先问候妹妹今天在学校里怎么样。我不认为这些能证明我偏向妹妹，但我不打算和她争辩。若是以前我会这样说："不错。但是我昨天陪你一起做了这个、那个。难道你不记得上星期我们还一起做了甲、乙、丙吗？"这次我没有那样说，而是倾听她，并告诉她我理解她所说的。我说我能明白你会怎样想，如果我使你感到被忽视了，我很抱歉。但大部分时间我只是倾听她，让她好好地哭一场，同时告诉她我爱她，在她难过的时候我会在她身边倾听她。这一切过后，她恢复了理性。她感到被认可，变得平静和放松，可以轻松地与妹妹和我一起玩了。这太好了！

小议

如果你有不止一个孩子，那么他们可能都会指责你偏爱另一个。对很多人来说，这可能会搅乱我们的心情。"我是不是更偏爱另一个？这个孩子是否感觉我对他更挑剔，感到我给他的爱少一些?"而且我们可能发现自己在童年时期认为某个兄弟姐妹更受父母偏爱的感觉已被触动。

在这种情况下,这位母亲似乎很清楚女儿的感觉是毫无根据的。她意识到,自己以前说过的试图让姐姐相信她对两个女儿的爱是同等的话,姐姐根本没听进去。姐姐在火冒三丈的时候是不可理喻的。她认识到女儿需要大哭一场,并给她陪伴式倾听。大哭过后,姐姐恢复了感知力,感受到了母亲的爱。

礼物与公平

方法　陪伴式倾听

不知怎的,我的大女儿认为今年圣诞老人做事不公平。她觉得妹妹的礼物又大又好,而她自己的又小又不好。看到她委屈的样子,我也为她难过。我本想指出她的礼物和妹妹的一样好,在某些方面甚至更好,有时还有让她"闭嘴"停止抱怨的冲动。不过我没有那样做。我听着她抱怨,听她说不再喜欢圣诞老人的理由,听她说圣诞老人有多坏。我偶尔试着对她说,圣诞老人和我都爱她。我不把她的话当成是针对我的(而几年前我觉得是针对我的)。我专注地倾听她,理解她。她伤心了好一阵儿,但当我允许她释放那些悲伤情绪,倾听她,她就开始释然了。烦恼消失后,她说她实际上很喜欢自己得到的礼物。看到她安然渡过这一切真令人欣慰。

小议

我们作为父母要花多少时间来确保每件事情都是公平的呢?我们仔细比较冰激凌的勺子以确保它们大小一样;我们计算着衬衫和裤子以保证每个孩子上学穿的衣服同样多;孩子们玩电子游

戏时我们负责计时，保证每个孩子玩得时间一样；如果一个孩子接受朋友邀请去看电影，我们马上想到要给其他孩子一些补偿，好避免他们闹别扭。

但是，正如我的孩子会对我说："生活并不公平！"如果一个孩子的鞋上有洞，而其他孩子的鞋都完好无缺，那么只有一个孩子需要一双新鞋。如果10小时睡眠对一个10岁的孩子来说足够了，而他弟弟则需要睡12个小时才够，那么让他晚一些上床睡觉也是合理的。实际上，想让生活对我们的孩子事事公平并无益处。那是从根本上剥夺了孩子们学会处理焦虑不安情绪的机会。

所以，我们该做的是，在孩子陷入失望和被忽视的感觉时，给他足够的关注。这位母亲并没有立刻去买更大更好的圣诞礼物。相反，她为女儿做陪伴式倾听。通过给予爱和情感联结来疗愈伤痛，这位母亲给了女儿最好的礼物——感知和面对自己的烦恼，疗愈并重新享受生活。

处理我们自己关于公平的感觉

方法　倾听伙伴关系　陪伴式倾听

我女儿已经开始在家里频繁使用"这不公平"几个字。每次她这样说都会惹恼我。我发现每当这时，自己要么对她大吼，要么拒不回应，不理睬她的抱怨。

我是家里年龄排在中间的孩子，我对"这不公平"的感觉记忆犹新。我知道我需要投入一些倾听时间处理这种感觉，以便走出我自己的情绪困扰。我知道这样做能让我更加清楚地思考并以实际行动帮助女儿。

我和一位倾听伙伴约好了时间。我从听到女儿说"这不公平"对我有多刺耳开始说起。在我诉说的过程中，倾听伙伴问我："你小时候希望听到的话是什么？"我的心情一下子变得非常沉重，哭着说："我只想有人能听我说，我只想有人对我说'是的，有时候事情会让人觉得不公平。我很抱歉让你心情很糟'。"于是，我的倾听伙伴用温暖的语气对我说了同样的话，我的眼泪不住地滚落下来。当我沉浸在这句我一直渴望听到的话时，我感到积压了几十年的情绪烟消云散。

当女儿再一次表达她认为事情太不公平的不满情绪时，我能够怀着同情与爱听她诉说，她对我的回应也非常好。我可以更轻松地思考和行动，因为我自己的"情绪垃圾"已经不再妨碍我了。是我的倾听伙伴帮助我恢复了"保持清醒，把注意力放在当下"的能力。

小议

有时候孩子会声称事情不公平，这让我们很受刺激，以致无法清楚地思考。我们不知道应当如何回应，大多数情况下我们会很生气。这位母亲通过自己童年的经历识别出女儿的感觉，并意识到她自己有一些问题需要先处理。她利用倾听伙伴关系来处理自己的童年经历，在倾听伙伴的鼓励下，她能够让积压多年的儿时没有机会释放的情绪通过哭泣释放出来。因此，当女儿再一次哭喊"这不公平"的时候她不再像以前那样一触即发，不再像以往那样去指责、羞辱和不理睬女儿。她能够保持平静，清晰地思考，运用陪伴式倾听来治愈女儿的情感伤痛。

当每件事都不公平的时候

方法　陪伴式倾听

有一天，我女儿不停在抱怨，看来她深陷其中，出不来了。我决定顺势而为。当她又开始抱怨某件事情不公平的时候，我坐在她旁边,问:"还有什么是不公平的?"

她滔滔不绝,一口气说了几分钟,拉了一个长长的清单,从不能开车、不能做自己想吃的饭,到只是想知道一些事情而已。而我只是不断地问:"还有吗?"或者说:"这听起来太让人沮丧了。"或"我很抱歉,你还不能那么做。"最后她大哭了一场,依偎在我身边。等她平静下来,我听到她说:"谢谢,妈妈。"

之后很长一段时间她看起来显得轻松了许多。在那之后我们又进行了几次这样的互动。当我注意到她感到特别压抑或软弱无力的时候,我就会问她遇到了什么不公平的事。在这样的互动里她非常有效地释放了自己的情绪。

小议

有时候,我们如果可以放下所有的防御,就会冒出非常了不起的想法。在这个事例里,这位母亲避开了僵局。她意识到女儿有很强烈的情绪,但并不与任何一件事直接相关。她没有试图为每一件事辩护,而是靠近女儿,鼓励她表达更多的情绪。通过询问:"还有什么是不公平的?"向女儿传递"我相信你是真的有这样的感觉,而且我想知道你所有的感觉"的信息。于是这个女孩得以滔滔不绝地说出一连串她感到不公平的事,然后大哭起来,释放那些导致她抱怨不停的烦闷情绪。之后她感到很轻松,并在不满的感觉重新出现的时候继续和母亲一起用同样的方式来处理这种情绪。

如何维护你的孩子

方法　陪伴式倾听

女儿8岁时,参加学校举办的运动会,她给自己的第一场比赛设定了"夺得名次"的目标，就是要得到第一、第二或第三名。她跑完了第一场比赛，和另一个女孩同时到达终点，至少她是这么认为的。但是她没有得到奖牌。她带着怨气和沮丧来到我面前。

她生气地告诉我："那个颁奖的人作弊了！他可能就是那个得了奖的女孩的爸爸。"她不打算再参加其他项目了，因为她觉得被骗了。我一时犹豫，不知道该怎么做。我是否应该去找那个颁奖的父亲谈谈？我会不会像一个咄咄逼人的母亲？我想此刻我能为女儿做的最好的事情就是陪伴式倾听。我给她一个温暖的拥抱，用胳膊搂着她，对她说，我感到很难过，这对她来说确实是太难受了。她火气更大了，并一再说她不会再参加任何比赛了，因为她被人骗了。我保持对她的关爱并告诉她我了解她的感受。她释放完气恼的情绪后开始大哭，在我亲切的关注下大哭不止。我很高兴我可以这样陪伴她，没有受到任何人的干扰。

大哭了一阵之后，她们队的一个朋友跑来对她说："该你了！下场比赛该你了！"令我惊讶和高兴的是，没有任何犹豫，她兴奋地跑到起跑线，并轻松地赢了那场比赛！接着她在袋鼠跳赛跑中也赢了。她似乎发掘出了自己巨大的潜能和信心，继续参加比赛并成为其他项目的赢家，渡过了充实、愉快的一天。

小议

有时，当孩子的智慧没有受到赞赏或他们的权益没有被认可的时候，我们有必要介入和维护自己的孩子。但通常，我们能够做的最有力量的事情就是支持孩子自己去处理他们面对的状况。如果这位母亲选择去找那个颁奖的爸爸，可能会要求他再给女儿发一个奖，但感觉不公正的情绪可能仍会在同一天的其他项目上爆发。这位母亲没有那么做，而是通过运用陪伴式倾听允许女儿处理和摆脱感到受到轻视的创伤，引导女儿重新获得信心和快乐。

合作　家庭作业

对孩子来说,在学校渡过漫长的一天之后回到家还得坐下来集中精神做作业,这不是件轻松的事;对于劳作了一天已是筋疲力尽的父母们来说也一样。花一点时间通过游戏或倾听与孩子建立联结可以为孩子提神并有助于他们的学习过程。下面的例子介绍了这些方法是如何帮助和你一样的父母们的。

面对以抱怨表示抗拒的孩子

方法　实施干预　陪伴式倾听

这会儿该是我 6 岁的儿子做作业的时间了。我一提醒他,他就逃避、哭泣、嘟嘟囔囔地抱怨。我走近他并温和地实施干预。我伸手环住他的腰说:"你知道现在该去做作业了。"他说了一声"不"就跑掉了。我跟上他,又温和地说了一遍。这一次他哭了起来,边哭边说他不认识那些字,他很笨。

然后他开始使劲推我,生气地对我大叫:"是你逼我让我做这个!我很笨!我很笨!都是你的错!"他这样边哭边发泄怒气,持续了大约 15 分钟,然后就乖乖地去写字和阅读,显得很轻松。完成作业的时候他感到很得意,还向我们展示他的字写得有多好。

小议

要读懂孩子的行为颇具挑战性。一个爱发牢骚不肯做作业的孩子再怎么看也都还是一个爱发牢骚不肯做作业的孩子。不过,正如这位母亲,通过实践,你会开始意识到,孩子抗拒做作业其实是在发出信号:他需要母亲的支持。当母亲实施了一个坚定而亲切的干预，允许儿子用力推她和大哭的时候，她明白了儿子闹情绪的根源：他在怀疑自己的能力。当母亲为他做陪伴式倾听时，这个男孩就能够表达出他的自我怀疑、愤怒和沮丧。这种情绪释放促进了疗愈。通过陪伴儿子释放情绪，母亲帮助他重新获得了自信和思考的能力。他完成了作业并为自己的成果感到自豪。

为孩子完成作业创造条件

方法　游戏中倾听

有一天，我 8 岁的儿子一从学校回到家就开始欺负、骚扰他的弟弟们，这个迹象表明，如果我不介入的话，这天下午将会过得很艰难。我知道他有作业要做，而且要求他完成作业很有难度。我突然想起自己小时候硬着头皮完成作业的情景：面对恐惧我会硬挺着，而不是去处理那些恐惧情绪。我不希望儿子也这样。我认为充满活力的游戏可能是我们俩在分开了好几个小时之后重新建立联结的最好方式。我并不会总有耐心给予儿子他所需要的情感联结，但是今天我有足够的耐心！我说："嗨，宝贝，想来场枕头大战吗？""好啊！"他兴奋地回答。

我们拿出了枕头大战的装备，一共 10 个枕头（我们之前一起给枕头做过装饰），然后开始战斗。我们的口头约定是不可以打腰以上的地方，并且一方喊"停"的时候，另一方必须停下来。还有一条只有我知道的规则：儿子永远是赢家。他拿起枕头砸向我，我扔回去，但经常打不中他。他乐在其中："哈！你打不到我！"然后又把枕头扔给我。我则暗自掂量着该用多大的劲儿和多准才能让他更开心地笑。后来，游戏变成了他让我用枕头击中他的腿，而他要尽力躲避。这是个建立信心的游戏。我们玩的时间越长，他笑得越开心，我击中他的腿的时候也越来越不大可能激起他的失败感。之前就算他真的被枕头击中了，他也会跳起来说："没打中我！"而现在他会说："噢，打中我了。"不带任何"我觉得自己是个失败者"的意味。我们玩了大约 10 分钟，直到我说我得去做其他事情了。他要求再玩一轮，我同意了。之后我们收拾好枕头，分别做各自的事。他直接坐到桌边开始写作业，根本不用我督促，这是以前从没发生过的。

小议

这位母亲把大儿子挑衅弟弟们的行为解读为："嘿，妈妈，我感觉不好。我需要帮助，而你是我信任的能帮助我的人。"她意识到儿子离家一天自我感觉很糟，无法完成家庭作业。而且这位母亲也意识到她希望儿子做家庭作业的经历与自己小时候不同。

一场需要较大运动量的游戏帮助儿子感受到了母亲的关注并与母亲建立了联结。它引出了大量的欢笑，使轻度的恐惧随着笑声释放了出来。母亲投入了一些时间之后，儿子便顺利完成了作业。

当孩子觉得作业太难的时候

方法　陪伴式倾听　倾听伙伴关系

我的儿子刚上三年级，他喜欢上学，但好胜心很强，一定要把事情做得最快最好。有一天晚上，我要先哄他的弟弟们睡觉，就让他从自己的书架上拿一本新的故事书去到我的床上一边读一边等我。他之前读过很多故事书，所以我觉得他只要拿一本自己去读就好了。

事情却没那么简单！没想到他开始哭了起来，说那些书都太难了！我听他哭了一会儿，然后提醒他说书架上的很多书他都已经读过了。他还是哭哭啼啼地说不想读，它们太难懂了。然后他抓起一本，说："那我就只看这本容易的。"他跺着脚走出房间，扑通一下趴在我的床上。我走在他身后感觉自己的身体绷得很紧。我问他为什么要选这么容易的书看，他又哭了，说这些书都太难了，他在读的时候完全不明白它们讲的是什么。他不断重复说他从来没看懂过这些书。

作为一个自己也曾经历过学习困难的母亲，我仿佛看到了自己惊慌失措的样子。"如果他说的是真的呢？如果他这段时间读完了一本书却完全没读懂可怎么办呢？"我的情绪是如此强烈，足足花了一分钟的时间使自己平静下来帮助儿子处理这个难题。我对他说："哦！如果你真的读不懂，我想我会给你的老师发邮件说一声。"他一下子对着我尖叫起来，害怕我联系他的老师。我立刻明白了，我刚才的话在他看来就是一个惩罚，于是我改变了措辞和语调，对他说："如果你看不懂你正在阅读的内容，我会告诉老师，这样她就可以帮助你提高阅读理解能力。这没什么大不了的。这是她的工作。这就是你需要老师的原因。"

他继续对着我喊叫，我则继续调整我的语气和措辞，努力让他明白我的建议是因为我爱他，而不是要惩罚他。他仍然冲着我叫，乞求我不要告诉老师。我一边倾听他，一边提醒自己在下次属于我的倾听时间里，要去处理自己的情绪。我现在理解他只是在释放害怕别人知道自己有阅读困难的恐惧情绪。他的情绪释放过程持续了大约 10 分钟。

然后，突然间他静了下来，去架子上拿了一本新书。他说："我们课上正在学提要之类的。我要看看封面、书名、每章的标题和插图。这会让我大概知道书里的故事讲的是关于什么的。"我说："太好了！你能不能自己先读一点？我先去哄你弟弟们睡觉。"他说："好。"于是我就去给弟弟们讲睡前故事，让他们入睡。半小时后我回到自己的卧室的时候，他正埋头读书，甚至没抬头看我。我说："你要不要看完这章就去睡觉？"他问我是否允许他在床上接着读，我同意了。这差不多是一周前的事了，从那之后他多次提到这本书，给我讲故事里发生的各种事情的梗概。与我分享书里的故事让他很兴奋。

小议

通常情况下，当一个孩子因感到家庭作业很难而表现得烦躁不安时，他是在发出信息："我不相信自己的能力。我害怕我在这方面会失败。"起初，这位母亲因为自己过去的经历被孩子的表现所触动，担心他的阅读理解能力正在下滑。当她就事论事地做出回应的时候，儿子的反应提醒她，即使儿子有这方面的困难，现在还不是解决这个问题的时候。儿子只是需要她的倾听。她很快调整了自己的语言和声调，这样儿子就可以清楚认识到母亲是支持自己的，并不是要惩罚他或羞辱他。接着她进行陪伴式倾听，同时让儿子明白，只要他需要，他就会得到帮助。一旦这个男孩能够大哭一场并说出他的焦虑，他就重新获得了阅读自信，选择了一本新的、更有挑战的书来读，享受阅读的过程！

一项大作业

方法 陪伴式倾听　倾听伙伴关系

我的女儿贾米拉需要在一个月的时间内熟记美国的 50 个州名及其首府。我知道她在这件事上可能需要一些帮助。我提议帮助她一次熟记大概 6 个州及其首府，这样她可以慢慢扩展记忆而不是一次记住所有内容。

她记住第一组的 6 个州名之后，感到自己可能无法记住所有的首府，变得很焦虑，还大哭了一场。我陪在她身边，倾听她所有的想法。我对她说我觉得她能做到，但大多数时候我只是倾听。几天后,她记住了第二组的6个州和首府,不过在完成这组后她再次觉得要记住所有州名和首府对她来说太难了。她又哭了很长时间。我倾听着。不过这次倾听对我很难。她反复地说:"我再也不要学这个了。我根本完不成!"她还因为我试图帮助她而对我大发脾气,为我的"介入"大哭大闹。

那晚过后,我怀疑自己这次是否做得太过了。当她为此生我的气的时候我是很难帮助到她的。我是个单身母亲,不论是女儿还是我自己都没有后援。在和倾听伙伴约好的相互倾听的时间里,我把自己的担心和焦虑说了出来。梳理了这件事带给我的种种情绪之后,我知道自己要对女儿有信心,应该继续倾听她。我希望这能奏效。

几天以后,我告诉女儿她该开始记下一组了。贾米拉又一次表达了对记住所有内容感到绝望,第三次大哭起来。她觉得自己永远完成不了这个作业,她生我的气、生这个作业的气、生全世界的气。我保持倾听,并不时地告诉她我相信她足够聪明,能完成这个作业。然后我再次带着自己的焦虑和沮丧对倾听伙伴诉说,想知道最后会怎么样。

女儿第三次哭泣之后,一切都变了!她学习下一组内容时又快又轻松。一天,她一下子学了18个州名和首府,一次全记住了。考试前三天,她让我先考考她,结果她全都记住了。她欣喜若狂,令我感到很神奇的是,她完成了她曾坚信自己永远也不会完成的事情。她为自己感到自豪!

考试前一天,她信心百倍,认为自己可以全部做对,实际上她很期待这次考试。贾米拉一向对考试感到焦虑,我以前从未见过她像现在这样有信心。考试过后,她告诉我她很遗憾考试就这样结束了,她希望能再来一次!后来她多次提到熟记各州首府这项作业,把它当作自己重要的学习成就之一。她还多次感谢我对她的帮助。她现在是一名更加自信的学生了。

小议

当我们花了些时间帮助孩子赢得一些小挑战的时候，我们经常惊讶地发现，实际上我们已经对孩子的生活产生了很大的影响。这位母亲认识到女儿可能需要帮助，就帮她把一项大作业分成了几个部分，让她可以按计划逐步完成。尽管如此，女儿还是感到很绝望。母亲采用了陪伴式倾听。当母亲担心自己是否参与过多，并忧虑女儿的愤怒情绪时，她去找倾听伙伴倾诉。在属于她的时间里，她说出了自己的想法和感受，直到她能重新清楚地思考如何继续帮助女儿。这种在帮助孩子和寻求倾听伙伴关系对自己的支持之间的交替过程是父母应对挑战的最有效的方式。

经过几次大哭之后，女儿恢复了信心，学习变得轻松，甚至充满乐趣。她实际上很期待在考试中展示她掌握的知识。虽然这个例子看起来只是一次性事件，但是对孩子来说，取得这样的成就会对她的整体自信产生深远的积极影响。

合作　做家务

拒绝清理

方法　陪伴式倾听　游戏中倾听

决定大家一起清理游戏室的那天，我心里七上八下的。就在前一天，我试图清理女儿们的房间，工作量要小得多，但最终（在女儿们眼里）我成了一个令人反感、只会发号施令的妈妈。而现在，我们需要将堆满了杂物的游戏室清理出来。当我告诉6岁的双胞胎女儿我们要一起清理游戏室的时候，我肯定邻居都能听到她们的抱怨声。

我告诉她们我们每次从一种物件开始，比如书、蜡笔或"彩虹小马"（My Little Pony）玩具。我先把该放回她们房间的书挑了出来，然后把它们摞成一摞。萨莉立刻拒绝把它们拿到自己的房间。我让她把蜡笔挑出来。不！小马？不！而凯蒂则置身事外，等着看热闹。我盯着这堆书，无力又无助，感到非常沮丧。

然后我突然有了主意。我抱起那摞书，然后假装没拿稳，把书撒了一地，喊了声："糟了！全弄乱了。"萨莉只是看着我。于是，就像所有孩子都会做的那样，我躺在地板上，蹬着腿，抡起胳膊，装出大发脾气的样子喊道："我不想整理啦！我不想整理啦！"就这样，游戏中倾听开始了。看我"无助地"躺在地上，孩子们立刻把她们冰冷的手放在我暖暖的肚子上。先是萨莉，她大笑起来。凯蒂也不甘落后，把她戴着手套的手也放了上来。哈，伴随着我对她们的手太凉的抱怨声的是她们的欢笑！我假装恳求她们赶快把手拿开。

她们不但不听我的，还拿来冰块歇斯底里地大笑着追着我满屋跑。我尖叫着，大喊着，尽可能跑在她们前面，让她们不太容易追上我，但也记着跑几圈之后要假装被绊倒。假装我的衬衫掉进了冰水里。我大喊着，扭动着，做出似乎有蚂蚁钻进裤子里的样子。她们不停地笑啊笑。我做了一点反击，让她们每个人也感到冰块贴在皮肤上的滋味。但总归是让她们笑到最后，让她们赢。我们这样大喊大叫玩了大约20分钟，创造了我做游戏中倾听的最长时间记录。

给萨莉一个小小的陪伴式倾听之后，我们回到游戏室。凯蒂和我开始清理，一起收拾玩具，清理她的那些箱子。不一会儿，萨莉加入我们，愉快地收拾玩具。我们三个一起清理了3个多小时，整理好所有的箱子，扔掉了垃圾。我们干得都很带劲。我感觉棒极了！不仅是孩子们摆脱了厌恶清理房间的情绪，连我自己也是。所有的尖叫、奔跑、大笑以及玩冰块的游戏，不管是对我还是对孩子们都有很好的效果。这是个绝妙的体验。游戏中倾听——不论是对你的孩子还是对你自己都很有益。

小议

哪位父母没有过那种因为未能成功地让孩子整理自己的房间和物品而沮丧得快要爆炸的感觉？这位母亲用游戏中倾听释放了自己的消极情绪以及女儿们对帮忙清理房间的反感。

这位母亲没有嘲弄女儿，而是通过假装不想整理而崩溃的样子吸引了她们的注意力。起先，女儿们有些犹豫，但接着她们主宰了游戏，先是用自己冰凉的手烦扰母亲，随后更"放肆"地拿了冰块塞到母亲的衬衫里。母亲顺着她们的心思，继续让女儿们引领游戏，并注意让自己的反应能逗笑她们。母亲把目标从"立刻把屋子整理干净"转换为"让孩子们摆脱厌烦情绪"，并与她们建立情感联结。最后，每个人都感受到彼此更加紧密的联结。她们紧密合作把游戏室整理好，并在随后继续享受彼此的陪伴。

情感联结化解了对家务的厌恶

方法　游戏中倾听

我女儿9岁，她不喜欢做家务。她绝对不会做的是清理后院的宠物粪便，因为她对气味非常敏感。我不要求她做这件事，因为我知道这是不可能的。

周六是我定期清理宠物粪便的日子。女儿这天活力四射，我也感觉不错，因此我邀她和我比赛摔跤。我比她重得多，但是她很强壮、敏捷，我们在客厅的地毯上欢声笑语、汗流浃背地扭打了很长时间。她放开手脚对我耀武扬威，死死地压住我让我动弹不得；不论我怎样巧妙地移动或逃脱，她总有办法一次次地摔倒我。我们玩得开心极了。我想这是我们有史以来最长时间的一次摔跤游戏。到最后我累得玩不动了，我们就站起来把身上掸干净。我告诉她我要去后院清理粪便，她说："好的，妈妈。我来帮你。"我吃惊得简直要晕过去了。她干脆利落地动起手来，我们边做边高兴地聊天，只用几分钟就干完了。情感联结使事情发生了如此大的改变。

小议

当合作出其不意地到来时真让人受宠若惊。这位母亲只是在自己心情很好的时候抓住机会与孩子一起混战一场。她设计了一场很好的对抗式游戏，但保证总是让女儿"赢"。当孩子渐渐长大，你会发现你需要在为他们做游戏中倾听时灵活调节你自己迎战的力度。这位母亲确保自己的力量不会压过女儿，但也不能显得太弱以致让女儿觉得母亲在故意让她赢。这种平衡的艺术，你练习得越多，把握得越好。

让孩子承担起整理房间的责任

方法　实施干预　陪伴式倾听

毫无疑问，整理房间并不是我们家最受欢迎的节目。我还不想对女儿太严苛，所以经常是我自己做。最近我丈夫和我决定要改变这个状况。

在一次开心的游戏之后，我们要求女儿帮忙整理房间。她则称自己太累了。我们坐到她身旁对她说，我们知道她感到很累，但她至少可以收拾一下自己的玩具。她哭起来。我们说我们可以帮助她，陪着她收拾，但坚持对她说她是可以自己收拾玩具的。

她表示拒绝，哭声更大了。接着她开始大发雷霆，坚持说她做不了。我们继续陪在她身边，任由她在我们的怀抱里大声抗议、哭泣、冒汗和挣扎。我们适当地给了她一些力量上的对抗，以便她可以更加充分地与我们抗争。我们倾听着她，并时不时地对她说她得去收拾自己的玩具。这样大约持续了 20 分钟。（当然，在你近距离地倾听 5 岁的孩子释放内心深处的情绪时，会有一种没完没了的感觉。）孩子明显地在依赖你的陪伴和倾听，而你自己会感觉很累，随时希望能够打电话向别人倾诉。很高兴我们坚持住了！

然后，这场暴风雨终于结束了。女儿竟然开始收拾自己的玩具了。我们相互配合着，一起收拾玩具，放松地互动，这样一来，整理房间的过程成就了一段我们共同渡过的愉快时光。这太棒了！我和丈夫彼此对望，为我们有勇气挑战了先前自己以为颇为棘手的这件事而分外喜悦。接着到了上床睡觉的时间，我们轻松愉快地躺在被子里说说笑笑。

小议

可以理解，我们中的很多人会放弃争取孩子合作的机会。像这些父母一样，我们不想苛求自己的孩子，不知道还有其他的办法。或许我们会在一段时间内对孩子很严厉，但这并不奏效，于是就放弃了。有些时候我们只是不想把时间用在处理这个问题上，索性自己把事情做完更省时省事。对我们大多数人来说，倾听孩子表达他们对于做家务的厌烦令我们头疼。

这对父母刚好已经拿定主意要改变他们自己和女儿的习惯性做法。他们提出一个要求：女儿应该也能够帮助他们整理房间，并且在女儿发泄情绪的时候给她陪伴式倾听。尽管做起来很难，他们没有干扰或打断她哭泣。他们得到的回报是一个合作的女孩，愿意而且能够和他们一起整理房间，以及共度一个轻松的夜晚！

合作　电子设备

该关掉视频了

方法　实施干预　陪伴式倾听

我 3 岁的女儿有一阵总是执拗地要看我用手机给她录的视频。有一天，到了吃晚饭的时候她还不肯放下手机。尽管这不是太过分的行为，但却带有强迫的倾向，因此我们决定实施干预，坚持让她停止看手机视频。她大哭起来，我倾听她。她哭了一会儿，然后开始在客厅四处蹦跳，大喊："我真高兴，因为我又蹦又跳！"她的话似乎前后颠倒，但是我们抓住了要点——"我又蹦又跳，因为我很开心！"显然，摆脱隐藏在那个强迫性的行为背后的情绪让她感觉如此美妙，她心中充满了幸福感！这使我们进一步看到温和而坚定的干预加上温暖的倾听会带来的益处。

小议

电子设备让人上瘾。有时候，我们可能会断定让孩子们多看一会儿或更久一些没什么大不了的。但在其他时候实施干预是有必要的。没有固定模式可循，每个家庭得自行制定合适的规矩。

在上述例子里，父母感到女儿需要他们的帮助才能放下手机。他们实施了干预，使孩子通过大哭释放情绪。紧接着他们采用陪伴式倾听，直到她的情绪释放结束。他们没有和女儿商量、说理，因为那样做有可能只是推迟孩子情绪的爆发。他们也没有答应女儿晚饭之后再看手机，只是接纳了她的情绪并通过建立相互联结帮助她渡过情绪释放的全过程。女儿哭够了之后就感觉好多了。

让电子设备发挥作用

方法　专门时间

像许多父母一样，我很抵触电子设备。在家里，我们很少看电视，而且规定只在特殊场合和旅途中才可以玩 iPad 和 iPod。

但是，这并不妨碍我上学的女儿们要求在她们自己独处或做专门时间时使用这些设备。我最初开始做专门时间时，坚决反对女儿们把宝贵的时间浪费在电脑或 iPad 前。在她们不断地恳求下，我决定偶尔允许她们使用这些电子设备。当我告诉她们在专门时间里可以使用 iPad 时，她们高兴得像中了彩票似的。

我轮流和她们中的一个坐在一起琢磨她们玩的游戏，把我所有的注意力放在这些看似无聊的设备上。我发现没那么糟糕！她们喜欢涂指甲和给小狗洗澡的游戏。她们专注于游戏的样子很可爱，而她们凭直觉玩电子设备的样子看起来是那么自然。我的态度变得更宽松，允许她们有额外的机会玩那些电子设备。

姑娘们开心极了，而我好像赢得了"酷妈"的称号。这绝对是一场胜利。她们继续要求更多的"电子设备专门时间"，她们喜欢这个称呼，我偶尔会放纵她们。但我之后的做法极其有效地缓和了与专门时间和使用电子设备有关的紧张气氛。

在家里由一个大人给两个孩子做专门时间并不总是那么容易。因此，有时候我允许一个女儿玩 iPad，我则和另一个女儿一起做 20 分钟的游戏，之后再轮换。这样每个女儿都既有和我在一起游戏的时间，也有玩 iPad 的时间。她们喜欢这种安排。这样的安排也允许我能专注地与一个女儿互动，因为另一个女儿也有事可做。

这些策略让我觉得轻松了许多，对电子设备的使用也不再那么顾虑重重，还让孩子们对我平添了钦佩之感！

因为我们这些做父母的还没有搞清楚如何将电子设备融入我们的生活而又不打乱原有的平衡，也因为这些设备让人上瘾，以致我们对自己的孩子使用它们充满焦虑。我们对孩子痴迷于技术的反感只会使情况变得更糟。孩子一个人孤独的玩时，如果你能找到一种方式参与进去，并注入热情与赞赏，你就能够切实缓和孩子对使用电子设备的急不可耐的冲动。专门时间加上被允许使用的技术产品也会让我们拥有短暂的安全感，只要我们能够放下重重顾虑并在孩子们的电子世界里找到一些乐趣。

这位母亲认识到自己不允许在专门时间里使用电子设备的僵硬规定使她和女儿之间产生了距离，所以她让女儿知道在专门时间里她们可以略微玩一会儿电子游戏。这为她提供了一条进入孩子内心的通道，并缓和了家里围绕使用电子设备而产生的紧张气氛。她保持了有一定灵活度的规则，允许在某些时候可以玩电子设备，并学会了利用电子设备，保证自己单独与一个孩子做专门时间时不被打扰。

当玩电子设备成为一种逃避方式时

方法 倾听伙伴关系　实施干预　陪伴式倾听

我星期三下班回到家，发现放学回来的 6 岁的女儿看起来情绪不太稳定。这一天是她在家休了两天病假后第一天回学校上课。她向我要零食吃，明明知道我在晚饭前是不会给她吃的。然后她又开始要奶奶的 iPad 玩，那是她只能在爷爷奶奶来的时候才能玩的。恰好我刚刚和倾听伙伴做了相互倾听，因此我注意到女儿的紧张情绪，可以很清晰地思考如何采用实施干预的办法。

我坚定而温和地说："不，亲爱的，我知道你现在有些心烦意乱，但我们现在不能玩 iPad。"我肯定，现在对她说"不"正是她所需要的，那样她就能让我了解她真实的感受。她对我说，不让她玩 iPad 是不公平的，她的弟弟都刚玩过，所以她现在就要玩。她放声大哭，对我尖叫，用她所有的力量想把我推开。那天晚上我感觉自己有足够的资源：我的母亲已经帮我做好了晚饭，所以我不需要在倾听孩子和做晚饭二者之间进行选择。而且我刚刚得到了倾听，这使我有足够的耐心和同情心能够注意到，女儿需要我的帮助和接纳，尽管她刚才把我当成了出气筒。

经过 15~20 分钟的情绪释放后，女儿安静了下来，准备好吃晚饭。之后她再也没提奶奶的 iPad。第二天她再次提出要玩 iPad 的时候，她的口气听起来很轻松，是让不让玩都行的那种。

小议

电子设备，像孩子们喜欢的其他东西一样，有时候会成为他们处理不佳情绪的借口。在母亲没有给她把自己的坏心情掩藏在吃零食后面的机会时，她又转向了 iPad。幸运的是，母亲早些时候在倾听伙伴那里获得了支持，此刻她感觉很好、思路清晰。她觉察到女儿的执拗实际上是女儿发出的求助信号，于是她迅速实施了干预。一声轻柔的"不"恰是女儿此刻需要的：有了它，女儿就能够开始通过眼泪、激烈的语言和身体的抵抗来释放压抑已久的情绪。然后，她感到与母亲的情感联结，于是 iPad（和零食）就回到了"这些是我喜欢的东西，但我知道现在我还不能要"的位置。（想玩 iPad 的）冲动消失了，第二天也没再出现。

女儿与电子设备

方法　实施干预　陪伴式倾听

一天晚上,我 14 岁的女儿说头疼。白天她用电脑和手机的时间太久了。这阵子她一直睡眠不好,食欲也不佳。丈夫和我决定限制她晚上使用电脑和手机的时间,在 9 点的时候把它们拿走,以便让她睡个好觉。

我丈夫告诉女儿晚上 9 点我们会把电脑和手机拿出她的房间。她问:"为什么?"然后说:"我得用它们完成作业。"丈夫用柔和的语气回答她:"你可以在 9 点以前完成作业。"女儿生气了,回到自己的房间。我走进她的房间,对她说:"很抱歉,有时候你无法满足自己的心愿,但我认为这是为了你好。"她回答说:"不,这不公平。我各科成绩都很好。现在我不会再取得好成绩了,因为我无法完成作业,而这都是你们的错。我也不会有什么朋友了,就因为你要拿走我的手机。从我房间出去!"

我说只要她把电脑和手机给我,我就会离开。她不想给我。我说明天一早她就可以再拿回来。我拿起了电脑,但是她不肯把手机给我。我小声、平静地对她说:"我在等你给我手机。"她冲着我重复地喊叫着:"我不会把它给你的。我不知道你为什么要这样做。我成绩很好,但现在我不会再得到好成绩了,因为我无法做作业。这都是你们的错。"我想她正试图使我产生内疚,但我仍旧觉得自己想帮她睡个好觉的做法并没有错。

最后她把手机扔在床上,用毯子盖住自己的脸。我慢慢地将毯子从她脸上移开,并告诉她我爱她。我陪在她身边待了几分钟,然后她带着气恼说:"妈妈,你能回自己的房间去吗?"她说她要读一本书。我问她我是否可以再多待 5 分钟,她说行。我待在她旁边，注视着她，在她读书的时候轻轻地触摸她的脚。5分钟之后，我亲了她，然后说："晚安，我爱你。"她说："我也爱你。"

我要继续坚持这个规定，因为我看到女儿的状态好转了。她说她不再头疼了，睡眠也好多了。现在要她把电脑和手机交给我们的时候也不再有麻烦。我觉得我们现在有了更好的情感联结，彼此相处得更加愉快了。

小议

成功实施干预最关键的一点就是我们很确定自己的要求是有道理的。如果不确定，那么当十几岁的孩子开口辩解自己需要手机的理由时我们就会犹豫不决。

这对父母注意到了女儿晚上长时间使用电子设备带来的负面影响，并做出了毫不动摇的决定。他们协调一致，保持语调的温和，坚守做出的决定。他们没有与女儿协商谈判，也没有试图去控制她对这个规定的反应。在她发脾气的时候他们持续表达对她的关爱。他们只是重复这个决定并陪伴、倾听女儿。结果是，女儿感觉自己的状态好转了，认识到她的习惯对自己的健康产生了不良影响，并开始自愿按时在晚上9点交出自己的电子设备。

第 10 章

日常别离

我还从未遇到过哪位父母不曾因为与年幼孩子的日常分离而头疼的。下面几个场景也许会引起你的共鸣。

- 你得在 9 点钟参加单位的工作会议。现在是 8 点半的入园时间,但你 3 岁的孩子并不想跟你愉快地挥手告别,而是紧紧抱住你的大腿尖叫起来,好像你正要把他扔给一群狮子。
- 上了一天班你已筋疲力尽,紧接着的安排是运动一会儿、准备晚餐以及辅导老大做功课。晚上你带着 4 岁的孩子上床,快速给他讲个睡前故事,然后给孩子一个吻,道声晚安。一个小时就这样过去了,你已经累得无法辅导老大做功课了。
- 你终于找到了孩子们真正喜欢的保姆,你和爱人终于可以出去吃顿晚餐、看场电影。保姆来了,每个人都很高兴。但当你吻别 2 岁的儿子时,他大哭起来,求你带他一起去。

与父母短暂分离是每个孩子在某一成长阶段的主要挑战。父母总是尽自己最大努力熬过这些痛苦的分离。我们答应给孩子特别的待遇来换取孩子接受分离。孩子需要几个小时才能入睡的时候,我们会躺在孩子身边陪伴他们,然后再从床上溜下来,筋疲力尽。我们会取消晚间约会,放弃享受二人世界,只因不忍心看到我们的"小人儿"心碎。但这些努力仍无助于孩子战胜恐惧。下一次你让孩子上床睡觉、与孩子短暂分离或赴晚间约会时,同样的麻烦还会冒出来。

孩子的分离焦虑是可以理解的，因为年幼的孩子完全依赖我们，我们是孩子的安全港湾。孩子缺乏经验意味着，即便我们离他们很近，仅仅是去一下洗手间并把门关上，也会触发他们的恐惧感。我们知道自己很快就会回到孩子身边，但年幼的孩子无法预料到两分钟之后会发生的事。

许多父母试图保护自己的孩子免受分离伤痛，但分离就像擦破膝盖一样容易发生。爸爸妈妈得打电话、得出门办事、得去上班。有时候父母由于生病或其他压力无法陪在孩子身边，每天送孩子到托儿所或幼儿园是个大麻烦。还有很多孩子必须适应父母离异、转学或搬家，甚至面对亲人的离世。尽管我们尽了最大的努力，但每个孩子的安全感都会——或早或晚——因为离别的伤痛而受到扰动。

如果一个孩子得不到足够的支持来帮助他疗愈分离伤痛，那么很可能会留下后遗症。遗留下来的恐惧感被储存起来，在以后的某个时刻引发麻烦。即使是一次微不足道的分离，比如把孩子放下让他睡个午觉，那些过往的恐惧都会被剧烈地唤醒。例如，爷爷去世了，几周后，你会震惊地看到，你的儿子从家里冲出来，追着你的车跑到街上，只是因为害怕你会死在杂货店里。

孩子因为分离深感恐惧，根源可能是很久以前的伤害。以出生经历为例，你期待已久的宝宝从一出生就会接受欢迎和拥抱，得到亲人们的保护。倘若不是这样，哪怕不完全是这样的话，出生的体验对于新生儿来说就会是一次惊恐的体验。当新生儿经历难产时，他的神经系统会做出惊恐的反应。无论因何种理由把新生儿从母亲身边快速移开的时候，他的神经系统会让他充分意识到自己有大麻烦了，远远超过他已了解的。即便是一次不情愿的分离，无论长短，都会留下负性印记，让孩子在之后的几个月甚至几年里每当和你分离时都会感到恐惧。但请放心，不论孩子的恐惧有多严重，你都可以帮助他从中康复。

年复一年，孩子会不断遇到新情况，触碰到那些早期遗留下来的伤痛。他可能在开学之前的那个星期有一连串激烈的情绪爆发，三年之后在计划去看望祖父母的时候再次情绪爆发。深层的情绪会反复发作，但是如果你使用倾听的康复，那么孩子的早期创伤在每一轮情绪发作之后都会有一定程度的康复。分离焦虑同时意味着疗愈的机会！如果你运用陪伴式倾听，伴随着孩子内心痛苦的倾泻而出，你对孩子的信心会注入他的心田。孩子背负的恐惧会减轻，他会感受到信心增长的喜悦，你也同样如此。

运用倾听的方法解决分离焦虑

要让孩子怀着自信接受与父母分离的第一步就是准备好倾听孩子的情绪爆发。当你能够期盼着那场必定会到来的情绪发作的时候，你就已经为使自己成为变化的促成者做好了准备。

第二步，要明白孩子的情绪爆发反映了他的潜在恐惧，而不是他故意要毁掉你的日程安排。仔细思考孩子的恐惧可能来自何处。如果儿子在上床睡觉的时候紧抓着你不放，考虑一下他此刻可能想起了以前的哪次分离。那个不想去参加她其实非常喜欢的体操班的女儿是否曾经很难与一群孩子相处？你可能会想到一些有可能导致孩子情绪爆发的曾经发生的不愉快的事，但如果你想不出任何事也不用担心。无论你是否知道其根源，孩子都能够摆脱恐惧。

帮助孩子消除分离焦虑的第三步就是处理我们自己的恐惧与焦虑。当孩子向你展示他所感受到的威胁时，你自己的情绪可能会被触发，使得连你也不能确定他是否安全！即便你一声不吭，你此刻的焦虑也会传递给孩子。

当你获得了你所需要的支持来释放这些情绪时，事情就会向好的方向发展。你还记得离开哭泣的孩子赶着去上班时的感觉吗？还记得将孩子从婴儿床转移到"大孩子"睡的床时的感受吗？或者是否记得你小时候曾渴望自己的妈妈和爸爸的情景？倾听伙伴关系可以很好地帮助你从这类记忆中识别和排解相关情绪。

在应对一次困难的分离时，实施干预和陪伴式倾听是你的最佳选择。你可以提前让孩子知道分离的到来。他需要知道你要到哪里去，什么时候回来以及谁会留下来陪伴他。如果他因为将要与你分离而哭泣，那就给他陪伴式倾听。哭泣的孩子已经开始利用这一修复过程帮助自己了。

如果孩子（对分离）有很深的恐惧，你就提前一小时开始与孩子道别。这样你可以在孩子感受悲痛的时候成为他的支柱。只要简单地对孩子说你得走了，接着就开始陪伴式倾听。当孩子的哭声渐渐低下来时，再说一次："宝贝，我得走了。我会回来。我一定会回来。"他会马上再次向你强力表达自己的悲伤和恐惧。到了某一时刻，当他哭够了的时候，他就可以与你道别，并接受你为他选择的让他有安全感的成年人的陪伴，直到你回来。

你在运用实施干预和陪伴式倾听的方法时，要给整个过程留出充裕的时间，以便在你实施干预之后，除了做陪伴式倾听你不需要再做其他事情。这样可以让孩子有足够多的时间来释放情绪。他可以专注于自己的情绪，而不必因为周围出现的其他情况而分心。疗愈的关键因素是，你坚信他这样大哭是没有问题的，他是安全的。你需要始终牢记，他不是一个伤心透顶的流浪儿，他是个坚强、幸运的孩子，正在最安全的——有你的陪伴的——环境里释放积累已久的情绪。

下面讲述的是一位母亲在得到倾听伙伴的支持后所能做到的：

我儿子5岁，他最大的情绪问题就是分离焦虑。我最近给他报了一个课后的武术班，每周一上课，结果这成为处理分离焦虑的绝好机会。开始的几次课他都没有好好上。他参加了一部分训练，但大部分时间都在粘着我，而我则一直在担心别人会怎么看待我们。我意识到我需要给自己安排更多的倾听时间（来疏导自己的情绪），于是就这样做了，这真是帮了我大忙。

后来有一次上武术班的时候，我告诉他，中间我需要离开教室，用3分钟的时间穿过大厅到办公室去问个问题。尽管之前我们已经花了点时间做了不错的情感联结，但我的话仍旧惹他哭了起来。"不，妈妈。我不让你走。让我和你一起去吧。"他求我，拽住我不放。等他平静下来，我再次对他说我要去办公室，他留下来会很安全，我会尽快赶回来。听到我的话他又哭了起来。其间，我会时不时地把他从我膝盖上推下去，这样他可以更实际地感受到分离。每当他开始平静下来，我就再一次告诉他我要离开了，他不能和我一起去，他得待在教室里。我们这样反反复复地持续了大约一个小时。整个过程中，我曾疑惑自己这样做到底会不会有效果。不过既然我自己感觉还可以，就决定我们可以继续这样做。

这天过后，我注意到儿子的第一个重大变化发生在他就寝之前。他说他饿了，想吃一小把葡萄干。每次他这样说，我就知道他是想和我在一起，在眷恋以前母乳喂养时我们在床上拥在一起的那种亲密。我说："你晚饭吃得很饱，你可以等到明早再吃。"让我吃惊的是，他回答说："好吧。那我就改成喝点水吧，等到明天早饭再说。"第二天早上送他上学时，惊喜继续。把他抱下车时，我提到我不能留下来在班里陪他吃第二顿早餐。他第一次这样回应我说："哦！"当我在教室里和他告别时，他甚至忘记给我一个拥抱，反而是我提醒他的！通常情况下，告别时的这个拥抱对于他是很重要的事。但今天他很自信，已经做好了（与我分离的）准备。

在武术课上对他说不，以及随后的陪伴式倾听，使他有了很大的变化。我很感激我获得了自己所需要的支持，从而能让我去支持孩子。我甚至期待着下周的武术课，即使他不参与训练也罢。

下面这位母亲以更宽广的视角来看待儿子的分离问题,她选择用实施干预及陪伴式倾听来帮助儿子,目睹了一道道新的大门向儿子敞开。

我儿子上六年级的时候还是害怕离家在外过夜,尽管他所有的朋友都到别人家住过。我不想强迫他做他还没有准备好去做的事,但我感到儿子其实也想那样,只是他的恐惧妨碍了他。先后几次让我的倾听伙伴倾听了我的感受之后,我觉得自己已经准备好帮助儿子了。

我小时候曾独自参加过野营活动,我想让儿子从同样的野营开始。我知道他会喜欢,还知道他的一个好朋友正好也会去。我清楚,如果我采用实施干预,就需要接着做陪伴式倾听,这样将促使他进入一个更加理性和放松的空间。

一天,就我们两个在家的时候,我对儿子说:"我已经决定让你这个夏天参加野营。适合我们的日期已经满员了,不过我把你放在了候补名单上。"我知道他会对这个提议感到不安,但并没有意识到他会那么害怕!他开始发抖,求我不要送他去。他告诉我他不能离开我那么久——他会死的!他激动的情绪和强烈的话语让我大吃一惊,但我很快意识到我这样做很有必要。

他就这样心烦意乱、浑身发抖,持续了整整一个小时。我倾听他,然后他平静下来问我:"你觉得我会喜欢吗?"他还是很犹豫,但他已经摆脱了足够多的恐惧,能够看到我决定送他参加野营有可能是件好事。我们聊了一会儿,然后就去做其他事情。

第二天,我听到儿子对他弟弟说:"我夏天要去参加野营!嗯,如果还有名额的话。我在候补名单上。"他很自豪。然后他转向我,问是否可以让他当天晚上在朋友家过夜。尽管我保持着平静,但内心为儿子新收获的自由兴奋不已:"当然!要不给他打个电话问问今晚行不行?"从那天开始,我儿子经常到朋友家过夜。那个夏天他参加了野营,非常愉快。你们猜他坐大巴回家,下车后的第一句话是什么？"我能参加明年夏天的第三期吗？那个时间更长！"

实施干预和陪伴式倾听在帮助一个原本很自信但突然感到恐惧的孩子时能达到很好的效果。不过，如果你每次送孩子去参加约定好的活动时，或每晚把孩子在床上安顿好让他睡觉时，孩子都会显得很不安，你就需要再与他做做游戏，给他做主的机会，以便让他处理那些深层情绪。在这种情况下可以使用游戏中倾听和专门时间。

能让你的小不点儿大笑的一个简单的"藏蒙儿"游戏可以有效地去除孩子轻微的恐惧。（可以用任何东西，比如一本书、一个靠垫）把脸蒙住那么一小会儿，让孩子（因为看不到你的脸而）感到与你"失联"，然后你的笑脸一下子冒出来，让孩子感到安心。孩子会大笑起来，他的分离焦虑会在这个过程中逐渐痊愈。当他对你会回来这件事建立了信心，他对你的信任也随之建立了起来。

随着孩子长大，"藏蒙儿"不会再让他发笑，你需要及时调整。捉迷藏可能是下一个不错的选择。或者试试玩一场激烈的追逐游戏，让孩子显得比你更有能力。你几乎要抓住他了——让他能把被你揪住的衣角及时地抽脱出来。让每场游戏充满欢笑声，欢笑声越多，恐惧就消失得越快。

下面讲述的是一对父母在和孩子玩"我要他"的游戏时，如何让孩子沐浴在他们满满的爱之中，从而消除了儿子的分离焦虑的故事。

我的儿子很长时间都是粘着我这个妈妈不放，什么事都离不开我。我们之前基本上都顺着他，否则他就号啕大哭。在我了解了倾听孩子的多种方法之后，从他大约 2 岁时起，我们开始对他的部分要求实施干预。我和其他父母建立的倾听伙伴关系很有帮助，我感到自己更能承受儿子的强烈情绪了。我会温和而又坚定地对儿子说："现在你要和爸爸待在一起。"接着就为他做陪伴式倾听,这些办法产生了一些成效。

有一天晚上,在我们决定由爸爸搂着儿子给他讲故事并安顿他睡觉后,我们尝试了另一种方法。当我给儿子一个拥抱并要把他抱给坐在摇椅上的爸爸时,他拽着我不放开始耍赖。我夸张地把已经落在丈夫臂弯里的儿子拉回身边,大声说:"不,不行,你不能把我的宝贝抱走!他是我的,我的!"

我丈夫争辩道:"让我抱着他吧!我也要他!"

我把在我臂弯里咯咯笑的儿子荡来荡去的,好像马上要把他扔到爸爸怀里似的数着:"一,二,三!"然后我又说:"噢——不,不,不,不能把他给你!"

我们就这样反反复复地嬉戏般地争辩着谁能得到儿子。我在几乎就要把他放到爸爸的腿上时,立刻又抱起他跑到房间的另一头,说:"不,不,不行!"

就这样,我们笑声不断地玩了约 10 分钟之后,我终于把儿子一下子放到爸爸的腿上,儿子直接依偎在爸爸怀里,向我摆手道别。我离开了,爸爸则完成了哄儿子上床睡觉的全过程。儿子一整夜都睡得很沉(并不是一贯如此)。

为一个有分离焦虑的孩子定期做专门时间,哪怕一次只有 5 分钟,都能极有效地帮助你应对分离挑战。因为它在你与孩子之间建立了联结,它为孩子带来主宰自己世界的机会,这与平日里你要离开时他所感受到的形成了鲜明的对比。在游戏里,孩子的引领会帮助你将零碎的片段联系起来,从而发现他的恐惧来源。跟随孩子引领的同时倾注你的爱与关注,这将增强他的自信。当计时器提醒专门时间结束时,孩子可能会被情绪左右,大哭或喊叫,而这为你提供了又一个机会来帮助他治愈处于核心的创伤。

以下部分深入探讨了父母们所面临的最常见的分离问题。即便你发现文中没有涉及你遇到的特定难题,但这些父母实实在在的经历会对你有很好的启发,也提供了不同的疗愈以往分离创伤的方法，这些有助于你的家庭做到帮助孩子在分离时刻变得更加平和、自信。

分离　道别

游戏结束时

方法　游戏中倾听

我 6 岁的女儿在上学前班，和过去一年在幼儿园时一样，每当和小朋友玩完游戏不得不和大家告别时，她总是很不高兴。最糟的时候，她会大发脾气、大哭，吓得其他孩子赶快跑开躲起来。一位母亲甚至拿出糖果来哄那些孩子，结果孩子们拿到糖果之后又立刻跑开了。

因此，我忽然想到可以在游戏结束时做些什么来和女儿建立情感联结。最近，有个小女孩在家人的陪同下来我家和我女儿一起玩。当她们俩的游戏快结束时，我走进她们玩玩具的房间，很感兴趣地看她们玩，还和她们互动了几分钟。然后我告诉她们，现在时间到了，客人们马上要离开了，问她们在游戏结束之前是否还有什么好玩的事情想做？

女儿的朋友建议玩障碍跑，我热烈地响应。于是我们一起设置了一个障碍跑道，其中包括要跳过毛绒动物玩具和枕头、钻过呼啦圈。我特意把跑道的起点设置在女儿的房间，然后穿过我们家的前门，直到前院的篱笆前为止。我把客人们的鞋子放在跑道的终点，这样穿上鞋就是要完成的最后一项任务，还请我丈夫用秒表计时，而我则像体育播音员一样解说整个比赛。

孩子们开始障碍跑时我们都笑个不停。一切顺利！这个办法的效果绝对胜过了我们通常（使用）的"最后5分钟"警告，没有了连声的"不要，不要，不要……"的合唱，也没有了女儿的抗拒。

小议

建立情感联结有助于孩子们变得乐于合作，这可以从神经学层面加以说明。然而当你应用它去解决屡次发生的麻烦状况时，其效果会让你觉得像在变魔法！

这位母亲征求了女孩们的想法，利用那个好玩的主意来结束她们这一天的游戏。她们制订了一个创造性的计划，并由父母们与孩子们一起来实现计划。欢乐和笑声随之而来，让这次聚会在快乐的气氛中结束。

这听起来可能让你觉得那样做需要耗费大量的精力，但是一旦你掌握了游戏中倾听的做法，带来的益处就是给你的最大回报。有谁宁可争吵也不愿意玩游戏呢？

做客结束时的告别

方法　实施干预　陪伴式倾听

我们这周非常忙碌，招待了亲戚，其中包括2岁的侄子。我的两个孩子与他们的表弟玩得很好。不过，我儿子在亲戚来访或度假期间总会发生情绪化的事件。即使是兴奋——通常被看作是积极的情绪——也会让他成为问题所在。

在亲戚们来做客的最后一天早上，正如预料的那样，我儿子对于将要到来的告别显得非常不安，完全不在状态。他不再和其他人好好玩，而是做些我们不允许的事情。我明白这些信号表示他需要情感联结，但我正忙着整理东西，好让亲戚们可以到城里赶上去机场的火车。我需要将一辆车里的儿童座椅移到另外一辆车里，并不经意地说我得去做这件事。儿子跟着我，躁动不安，因为我要把他的儿童座椅从车里拿出来放到奶奶的车里给他的小表弟用。

我向儿子解释说，他们不会拿走他的小座椅，会很快把它还回来。但他因为感觉不到和我的联结而无法思考，听不进我的解释。我决定自己这会儿最好是倾听他的烦恼，看看会怎么样。也许我可以帮助他释放紧张情绪。

我平静地向他说明，我要把他的小座椅从车里拿出来了。他立刻跳上车坐在上面，叫喊着对我说："不行！你不能那么做！"我继续对他说，我要把小座椅拿出来，虽然我并没有真的开始动手。在整个过程中，我让自己的声音听起来温暖而友善。他开始特别用力地推小座椅，大嚷大叫让我不要动它，尽管我什么也没做。我心想这对他来说是积极的一步，我很高兴能帮助他。而且，我们周围没有别人，所以我不用担心会被打扰。

等哭闹渐渐缓和下来，我开始动手拆卸小座椅，他又开始喊叫并把我推开，把椅子按下去让它恢复原位。于是我接着倾听了他大约5分钟，和他建立联结，传递我对他的爱，直到他停止哭泣抬头看着我，问我是否还需要那个座椅。我对他说，他的表弟需要它，并问他，我现在是否可以把它拿走，请求他允许。他同意了，并在我拆卸小座椅的时候跳下车。他看着我将小座椅放入另外一辆车里，显得很愉快。

现在儿子显然放松多了，还跑向奶奶告诉她我们已经将儿童座椅放进她的车里给小表弟用！然后，他跑去加入其他孩子正在与爸爸们玩的游戏中。他愉快地分享、包容，也可以说出他对要与表弟、婶婶、叔叔告别感到难过。

我知道亲戚们走后的那个上午，我与他在家的相处也会融洽得多。事实正是如此，我很庆幸我有时间倾听儿子的不安，也庆幸自己知道如何倾听他。

小议

不论是亲戚串门，还是朋友来访，对于孩子来说，与客人道别可能是件难事。告别时我们也许会拥抱、流泪或表达我们对来访者的感谢，但年幼的孩子通常会以反常的行为来表达他们的不安与失望。

这位母亲意识到儿子的不可接受的行为是在呼唤帮助。她带着饱含关爱的声调和语气对孩子实施干预，倾听儿子的不安，允许儿子敞开表达自己的情绪，卸下重负，从而使儿子恢复了与他人联结、合作的能力。母亲为儿子提供了他需要对抗的靶子，这样孩子可以让自己的情绪对准这个特定的靶子释放出来，而不是发泄到表弟、婶婶和叔叔身上。然后，他得以进入疗愈过程。最终道别时刻变得很温馨。

倾听朋友的孩子

方法 陪伴式倾听

我的一位好朋友因为要去参加工作会议，需要让她 3 岁的儿子山姆和他哥哥到我家来和我还有我的女儿们一起渡过一个下午。我们关系很好，不过有一个夏天没有见面了。在他们来我家的路上，山姆睡着了，所以他妈妈在走之前要把他叫醒说再见。

当她转身要离去时，山姆非常伤心并开始大哭，不让她走。她不想迟到，所以我不得不搂住山姆让她离开。我坐在地板上将他温柔地抱在腿上，准备好做陪伴式倾听。我的一个女儿也是 3 岁，坐在我身旁。山姆从窗户里看到妈妈离开了，大喊道："妈妈，别走！"

我用非常平静的语调说:"你妈妈会回来的。我非常爱你,我会好好照顾你的。"他的哭声更大了,并且开始踢门。他哥哥试着一次次地转移他的注意力,但是山姆正努力地要排除掉自己糟糕的感觉,哭个不停。

对我来说,为他做陪伴式倾听并不像给我的女儿们做那样难。但是这对于他的哥哥和我的小女儿来说并不轻松,因为在他们看来分离不是很难的事。我所面对的挑战除了稳住正在激动大哭的山姆,还需要让他的哥哥和我的女儿相信一切都会好起来。我需要用温柔的目光接触和话语——比如平静地说:"如果他需要哭泣就让他哭好了。"——把安全感传递给每一个人。

经过几分钟的安抚让山姆知道他是安全的之后,他终于可以看着我,叹了口气,慢慢停止了哭泣。然后他站起来去看哥哥正在干什么,并开始吃他刚才不肯吃的零食。在那个下午余下的时间里,他表现得非常随和:放松地和大家交流,能够清晰地表达他想要的东西,与他的哥哥和我的女儿们玩得非常开心。

我朋友回来的时候,山姆满面笑容地跑进她的怀抱。我的女儿们后来提到,山姆在大哭一场之后显得那么快活。亲眼看到山姆经历的深度疗愈过程对她们有很大影响。我们都很好奇下次需要和我们待在一起的时候山姆会怎样。

几个星期后,当他妈妈要去参加另外一个会议的时候,我们知道了答案。他走进我家,和自己的母亲挥手告别,然后就快活地玩起来。就是这样简单!

小议

这位熟知如何倾听孩子的母亲给了她朋友的孩子一份重要的礼物。她完美地照顾了一个心烦意乱的孩子,向他保证她爱他;他是安全的;他的妈妈会回来。然后为他做陪伴式倾听,直到他能够加入其他孩子愉快地玩耍。

她也同时确保安抚了其他孩子,让他们知道山姆没事,只是需要哭一场。如果说他们在一开始还不太确定她是对的,那么在最后,他们见证了山姆在将所有负面情绪释放之后变得多么快活。

分离　就寝时间

对于孩子的就寝安排,我们没有"特别推荐",孩子可以与我们一起睡,也可以在他们各自的房间睡,我们还参与尝试了介乎两者之间的各种就寝方案。需要明确的是,真正重要的不是孩子在幼年期是否与父母同睡,而是父母们在平时是否能够对孩子体贴、关注,并运用倾听孩子的各种方法,使亲子关系保持牢固,直到孩子成年。我们支持你自己的想法,并相信你能找出最适合你家的就寝安排。

无论你怎样安排就寝事宜,当孩子围绕着就寝这件事闹别扭时,要满怀着爱关注孩子并倾听他。经常过不了多久,他就能学会自己去睡觉并能睡着,不害怕也不非得要你陪着。如果孩子的恐惧会妨碍你一夜安眠,你就要帮助孩子面对那些恐惧,因为孩子需要父母在白天保持精力充沛。有时候这需要巧妙地把专门时间和实施干预搭配着使用,然后做陪伴式倾听。有时候则是多做一些游戏中倾听,加上热烈亲昵的拥抱,来帮助化解孩子的恐惧。我们不建议让孩子独自把恐惧"哭出来"。把被吓坏的孩子单独留在那儿,任其大哭着渴望与亲人的联结,会强化他的恐惧,并引发无助感。因为深层次的恐惧经常会在夜晚浮升到表面,因此帮助孩子处理睡眠问题会需要一些时日。要确保在这期间用好倾听伙伴关系为你提供支持。

夜晚的崩溃

方法　游戏中倾听

我儿子快 3 岁了，晚上是他情绪崩溃的"黄金时间"。经过漫长的一天，我和妻子都疲惫不堪。我一边抓狂地赶时间做好晚饭，一边担心儿子会不会吃。不用说，我这会儿没多少耐心！我感到心力交瘁，只想坐在桌边安静地吃饭。

不过最近两个星期，晚饭后我都会为儿子做游戏中倾听，这带来了很大的变化！这些天，儿子一直都能好好吃晚饭。吃完后他就迫不及待地拽着我的手去客厅肆意玩耍！我惊奇地发现自己是那么喜欢游戏中倾听，它为我家带来了很多乐趣。

我们来到客厅后，气氛马上就变了。他会爬到我背上，让我装成大象、大猩猩或者变成飞机满屋飞。然后我们会玩捉迷藏，我会弄出点声音来，比如学小鸟叫，故意泄露我隐藏的地方。我非常喜欢这样玩，因为适逢我们需要找回彼此的情感联结之时，我们之间充满了如此多的欢笑。奇妙的是，在痛快的玩耍和欢笑之后，很多事情都变得轻松多了。

晚上要做的其他例行程序也变得顺利很多。如果儿子刚好趴在我背上，而我正扮成飞机，我就可以飞进浴室，给他洗澡和刷牙就变成了游戏的一部分。现在他对上床睡觉的抵触也越来越小。我们的夜晚从未像现在这样轻松。

小议

永远不要低估游戏在转换心情和帮助你与孩子建立联结方面的效力。通过在晚间的例行程序中引入游戏中倾听，这位父亲将忧心的晚餐和折磨人的晚间例行程序转变成建立情感联结与合作的充满乐趣的时光。

麻烦的就寝过程

方法　实施干预　陪伴式倾听

有一个之前上过我管理的托幼中心的孩子不能独自入睡，她需要母亲或父亲与她一起躺下，而且通常要过很久才能睡着。缺乏睡眠和陪孩子就寝的冗长过程影响了这对夫妻之间的关系，因此他们决定帮助女儿面对独自入睡的恐惧。他们问我如何帮助女儿戒掉必须有父母的陪伴才能入睡的习惯。我建议他们，先告诉女儿他们会一直帮她，直到她能安心地独自睡在自己床上；然后在他们的倾听和支持下，实施小步骤的分离，让她感受恐惧。

他们对3岁的女儿谈了这个计划，做好了整个过程会持续好几个晚上的思想准备。当天晚上女儿丽贝卡就开始大哭了起来，害怕爸爸妈妈离开房间之后她会遇到什么事。他们倾听她，安慰她说他们会留在附近，并告诉她，在她的小床上她是安全的。他们在床上搂着她待了大约10分钟，然后就坐了起来。她又开始哭，他们就坐在床上，听她哭，并让她能伸手够得到父母。她会哭着伸手够他们，一边拽住他们一边哭。当她的哭声减弱时，他们轻轻将她紧抓着他们的手臂掰开，让她再次感受分离的临近。在她房间里待着的两个小时里，他们慢慢地一点一点地和女儿拉开距离。她大哭，浑身冒汗，发着抖，但他们一直安抚丽贝卡说一切都很好，说他们会在远处看着她，保证她的安全，到她睡着的时候，他们正在房间的另一头倾听她，靠近门口，但还没有离开房间。整个过程中他们一直与她保持目光接触。

等女儿终于睡着后，夫妻俩感到既宽慰又担心。女儿哭了那么久！第二天早上她是否会不再信任他们？如果他们犯了个可怕的错误该怎么办？

但是丽贝卡醒来后充满活力，热切地和他们交流，并且急切地要去幼儿园。她的父母并没有看到前一晚想象中的那个悲伤、疏远的孩子。丽贝卡在幼儿园很轻松地对他们说再见，看起来很开心。那天结束的时候，老师告诉母亲："丽贝卡之前一直很害羞，总是徘徊在游戏的外围。但是今天，她毫不犹豫地加入了进来，很爱笑，参加了有好几个孩子一起玩的游戏，玩得很开心。我们从未见过她像今天这样！"

她的父母感到很惊喜和安心。前晚丽贝卡所经历的不仅给了她不同寻常的一整天，还让她当晚在亲密的搂抱和听过一个故事之后，能够心满意足地独自上床睡觉。

小议

很多父母感到被困在孩子就寝这件事上，在照料孩子平静入睡的良好意愿和给自己时间恢复精力的真切需要之间左右为难。选择前者，你就失去了属于自己的夜晚；选择后者，你会因为试图忽视孩子的啜泣和恳求你的陪伴而心痛。其实还有更好的选择。

某个晚上，这对夫妻终于能够让女儿平静地自己入睡。这是他们通过陪伴女儿和倾注自己的爱而做到的。办法是让他们和女儿的分离过程缓慢地进行，不要操之过急（那会让女儿失去对父母的信任），恰到好处地把握分寸，以便能够让女儿释放害怕父母离开的恐惧情绪。他们迈向门口的每一小步都保持了某种完美的平衡，即女儿一方面为父母正在离开这件事感到害怕，另一方面又不断接收到父母发出的信息："你是安全的""我们爱你""你能行"。在这种情况下，女儿流下的泪水具有疗愈的作用。孩子就这样卸下了对她毫无益处的恐惧。

害怕独自睡觉的孩子

方法　陪伴式倾听

我女儿 7 岁了，总想睡在我床上。有一段时间，每天晚上她都会因为要独自睡觉而大哭一场。我每次都倾听她哭泣，希望能有一些效果，却总看不到能让我感到欣慰的变化。

一天晚上，她变得非常激动，甚至对我拳打脚踢。我刚刚看过一个关于如何倾听攻击性很强的孩子的视频，因此我觉得自己比较清楚此时该怎样做。我用温情对待她的攻击，抓住她挥舞着要打我的手亲，同时避开她踢过来的脚，并告诉她，我看得出她有多么烦躁不安。

她就这样长时间地朝我大发脾气。然后她开始放松下来，躺到床上，告诉我白天在她的新学校的体育馆发生的事。同学们用一大块降落伞绸布玩了一个她从没玩过的游戏。其他同学都很熟悉这个游戏，可刚进这个学校的她却不知道该怎么玩。在发现自己被降落伞绸布罩住时她感到很害怕。她说每个人都喜欢玩这个游戏，但她却很讨厌。

她似乎还有怒气要发泄，我就举起一个枕头，鼓励她把枕头当成那块降落伞布，使劲踢它。她这样做了，并且非常喜欢用力踢它！然后她站起来用空手道的招式砍劈，一次又一次地把它从我手上打落。接着她又把它甩过脑后，扔到客厅的另一头，重复了好几次，一边叫着"愚蠢的、该死的枕头"。"该死的"是她最近用得很上瘾的词，似乎能给她带来满满的力量。我觉得她这样凶猛的状态似乎会没完没了地持续下去，但我没打断她，因为看起来这样做让她很爽。

又过了好一会儿，我意识到对于上学的孩子来说现在早该上床睡觉了，于是我建议她下次继续。她看起来已经心满意足，上床睡觉时一点没哭。她仍旧有些害怕独自睡觉，但从那晚之后，她再也没有在就寝时间哭过。那晚带给她的变化如此明显！我惊喜地发现仅仅一次陪伴式倾听就能有如此巨大的影响！

小议

有时候孩子求我们允许他和我们一起睡，但我们选择不允许。也许是因为当他挤在我们床上的时候我们没法睡个好觉，或者我们意识到自己需要一些独处时间来恢复精力和体力。或许我们已经意识到孩子对于独自睡觉的恐惧可能会妨碍他们在生活中的其他方面勇往直前，我们想帮助他们。我们会留意孩子对于情感联结的呼唤，但也要承认我们自己的需求。

这位母亲实施的干预是：女儿得在她自己的床上睡觉。她没有以自己的愤怒来回应女儿的攻击性行为，她意识到了孩子的恐惧，进而去与孩子建立情感联结。她用爱回应女儿的踢打，向她传递"无论如何我都爱你"的信息。这正是女儿所需要的。当女儿感到足够安全时，就对母亲说出了让她烦躁不安的原因。

这位母亲将女儿讲述的事件当作一次伤害来处理，帮助她释放伤痛情绪。女儿又踢又打，并对着枕头咒骂。我们所说的"口无遮拦"是我们建议父母在给孩子做陪伴式倾听时允许孩子做的。与你所担心的相反，我们还没有听到过这些孩子在日常用语中不经意地说过脏话。这位母亲在疏导女儿的愤怒和抵触方面很有创意，使女儿感到很有力量而不是感到害怕，还能充分释放烦躁不安的情绪，结果女儿在当晚以及之后的很多个晚上都很放松。不过，不能忍受孩子选择的字眼的父母可以建议孩子将紧张情绪通过父母能接受的其他词语释放出来。接纳孩子的愤怒并鼓励孩子释放愤怒是疗愈的要素，具体用什么词做媒介并不是很重要。

分离   **上学或去幼儿园**

入园/进校的难缠时刻

方法   专门时间

那天早上我把儿子送到新的幼儿园时，他们班已经离开教室准备做户外游戏了。教室里还有一位老师在，她向我的儿子打招呼，提议带他出去参加游戏。儿子开始缠住我，不高兴教室里只有他一个孩子。我请老师同意让我陪儿子待几分钟，等我们准备好的时候我会送他到室外的游戏场地。

然后我拿出手机给儿子看手机的计时功能。我说："我们来5分钟专门时间怎么样？"他同意了。他开始安定下来，抓着我的手带我参观他的新教室，给我看所有玩具和各种他喜欢做的东西，就像一个小型旅游项目。

手机计时声响了，我说："专门时间结束了。"我问儿子是否愿意带我去看他们的室外游戏场地。他抓着我的手，带我走到外面朝着游戏场地走去。我们走到那儿的时候，老师和他打招呼。我给了他一个拥抱，亲吻并与他道别后，他就跑去玩了。感受到与我的联结，他感到快活多了，我也放松了许多。我去接他放学的时候还有些担心，不知道他这一天过得怎样。结果一切都很好，他告诉我，这一天棒极了！

小议

环境的变化对于孩子来说经常是不容易的，而父母匆忙行事的习惯对此往往于事无补。如果我们能像这位父亲一样在这方面花一些时间，那么总有一种倾听方法会帮助孩子顺利接受和适应环境的变化。专门时间为这个男孩提供了通过带父亲参观教室与父亲相互联结的机会，帮助他适应从家到学校的环境转换。5分钟的专门时间结束时，他已经准备好愉快地和父亲说再见了。

害羞的孩子

方法　游戏中倾听

在玛丽亚大约5岁的时候，每天快到学校时她都变得很害羞。她认识那儿的每个人，他们对她耐心又热情。她到那儿以后总是能很快融入，但她每天在一开始时都不看或不理睬在门口向她打招呼的人。

我试着按照学过的倾听方法去做：我假装自己是害羞的那个人。每天，我会做出不想进教室的样子。我会拉着玛丽亚的手走到步道上，然后转身就跑。如果我觉得有人透过窗户看着我们，我也会发出小声的尖叫。我会不停地想把玛丽亚拉回到车里，说我不想进教室。玛丽亚很喜欢这个游戏，她会耐心、亲切地拉着我的手，鼓励我不要停步一直向教室走去。我们玩这个游戏的时候，她总会大笑或者微笑。这样玩了一阵之后，她不再像以前那样在一开始进教室时显得害羞和不愿搭理人了。

小议

孩子们不是天生害羞的，有时他们害羞是因为其他的感觉，比如害怕，这会阻碍他们享受更广阔的生活舞台。这位母亲认识到女儿的恐惧阻碍了她，于是运用游戏中倾听来帮助女儿用笑声驱散害羞，在每一天的开始能够更加自信地迈进教室。

上课外班

方法　实施干预　陪伴式倾听

　　我 5 岁的女儿最近刚上小学。尽管她在经历过磕磕绊绊的第一周后已经适应得不错了，但在其他场合，比如上游泳课的时候，还是有分离焦虑。

　　她从 4 岁起就开始上游泳课了，没有出现任何问题，在泳池里高兴地听从训练指导。但是今年开学后，每当该下到泳池里的时候她就开始哭。按照我学到的倾听方法，我走向她，蹲下来，倾听她。她不是担心游泳课本身，而是担心她在水里的时候我会离开游泳区，这种恐惧困住了她。

　　我意识到她的恐惧，在她哭泣的时候陪伴她，克制着自己的冲动，不去做以前会在类似场合做的事——和她说理（"我只是上到看台那边坐"）、哄她（"如果你去游泳我就给你一颗糖"）、威胁她（"你不下水我就生气了"）。我不时向她保证我不会离开，她最终会进入泳池，但她继续哭泣，靠近我所在的池边，直到课程结束。下一周会发生同样的事情，不过有我待在池边，她至少能参加课程结束阶段的训练。

　　在家里提到这件事时，我向她保证我会留在池边不离开，同时继续倾听她的恐惧和深深的悲伤。我告诉她，如果在游泳课开始的时候她需要我，我会走到泳池边上，不过我真的觉得她会一切都好。

　　下一周该去上游泳课时，她有点紧张，说她不想去，但我温柔地说她要去游泳，我会在那儿陪着她。到了那儿之后，她开始走向泳池，然后她停住脚，对我说："其实你可以在这等我。"我同意就在台阶上等她。然后她又转身对我说："其实你可以去那儿。"她指着我先前等她时经常坐的看台。我问她，她是否肯定我可以坐在看台上,她高兴地点点头就去上课了。

那节课她表现得很开心,又恢复了自信和活泼。在那节课上,她的笑声比以前任何时候都多!我简直无法相信陪伴式倾听的力量。这是我最初做陪伴式倾听的几次经历之一,我为它的效果激动不已。

小议

如果本来一切顺利的孩子突然粘着你不放,那么这是个好迹象,说明有些伤害已经浮上来需要处理。陪伴式倾听通常是你用来帮助孩子恢复原本的自己的有效方法。

这位母亲留意到女儿行为的改变,并认识到这种改变是与开始上学同时发生的。她决定对女儿不肯继续她原本很喜欢的游泳课这件事实施干预。她预料到女儿会释放大量情绪,因此她毫不惊讶女儿会大哭和要求不下水。这位母亲连续几星期在女儿上游泳课时运用实施干预和陪伴式倾听,使女儿重新获得了自信,愉快地继续参加游泳课。通过实施干预,给女儿处理恐惧的机会,她相信女儿有能力疗愈伤痛,重拾自信。充满爱的支持能够战胜恐惧。

为释放情绪而延长分离过程

方法 倾听伙伴关系　实施干预　陪伴式倾听

我4岁儿子上的学前班放了两周假,放假期间儿子得了重病,我一直在他身边照顾他。假期结束时,我提醒儿子要开学了,但他对此一点儿都不兴奋。他说:"我不喜欢学校。我不想去!"我只是听着。

我知道这个转换可能不容易。于是,在儿子返校之前,我在倾听伙伴给我的倾听时间里诉说了对于这件事的焦虑,使自己放松了许多。

儿子返校的第一天早晨,我在学校多陪了他一会儿,然后相当顺利地离开了。第二天我又多陪了儿子一会儿,不过这次我事先做好了思想准备,要延长和儿子的告别时间,以便他能够释放他的一些我已经察觉到的恐惧。他的老师也愿意帮忙,和我相互配合。她紧紧抱住我的儿子,使我能缓慢地离开。当儿子伸出的手无法碰到我的时候,他就开始哭了。我止住步,回到他身边然后再转身离开,这样反反复复,帮助儿子释放他的情绪。就这样我们进行了足足10分钟,然后他让我在离开之前推他荡秋千。我这样做了。最后老师建议他把我推出门。他很高兴那样做,我就这样离开了。

当我去学校接他时,他正开心地和另一个男孩玩。我问他今天过得怎么样,他说:"很好。"我向老师们求证,他们告诉我他今天很好,这让我也很高兴。

小议

这位母亲不是去平息孩子的不安,而是利用她的倾听伙伴关系为自己打气加油,然后寻求孩子老师的支持,通过实施干预帮助孩子疗愈分离恐惧。母亲提出她要离开时,因为她之前给儿子的亲密陪伴,使儿子感到足够安全而哭泣。过了一会儿,他放松下来并想出另外一种方式来与母亲联结:让妈妈推他荡秋千。最后一次爱的传递让他能够以笑脸送母亲离开。

难以和女儿说再见

方法　倾听伙伴关系

我女儿刚开始上幼儿园,尽管我认为她可以应付一切,但我还是有各种担心。我并不想让她上幼儿园,其实我宁可她留在家里。这件事似乎对她不太公平，因为她哥哥就没去过幼儿园，而且我害怕她可能会失去一些野性和活力而变得过于顺从。

　　我把这些担心带到我的倾听时间里向伙伴诉说。第一次，我表达了自己的担心，倾听伙伴眨着眼对我说："你又不是把她送到寄宿学校！"我笑起来！她让我想起我已经为女儿仔细地选择了一个安全、舒适的环境。

　　在与另一位倾听伙伴做相互倾听的时间里，我哭着说觉得女儿还太小，我不想让自己的宝贝离开家。倾听伙伴问我，可能发生的最坏的情况是什么，这让我释放了一些恐惧。我不知道如果没有我她是否能行。想到我将无法掌控她的一部分生活，她在学校的时候我无法保护她，这让我很担心。女儿让我喜欢的一点是，她清楚地知道她想要什么而且善于提出要求，但我害怕她会失去这个能力。倾听伙伴肯定地说，她在那里很可能会发展得更好。这让我想起了自己上学前班的经历，以及另外一些令人恐惧的记忆。释放了这些感觉之后，我感到我可以从更加积极和平衡的角度来处理女儿上幼儿园的事情了。

　　在女儿开始上幼儿园的那个星期，丈夫和我轮流每天上午陪着女儿。在轮到我的那天，我不得不发出安排一个紧急倾听时间的请求。我的一个倾听伙伴回应了我，并关注地倾听我讲述对女儿的新老师的失望。我把倾听伙伴当作那个老师，对着她好一阵叫骂，把我所有想对那个老师说的话都说了出来。当然，在现实生活中我不会那么做。我为自己没有把女儿留在家里和我在一起而痛哭流涕。

　　丈夫和我一直徘徊在拒绝学前教育的边缘，但在释放了自己那么多的焦虑不安之后，我能够更清晰地思考。我意识到我们的担心可能是毫无依据的。我们知道自己的女儿大胆、智慧、强壮，我们希望她通过全程的亲身体验获得自信。

　　第二天，丈夫陪女儿去幼儿园，但他感觉不舒服。他让女儿选择是和他一起回家还是自己留在幼儿园里直到爸妈来接她放学回家。她选择留下！我去接她时，在她看到我之前我先观察了她一会儿。她像平日一样快乐，没有失去活力。我知道女儿的经历与我自己的童年完全不同，她对世界的感受也和我不一样！我看到了让孩子拓展自己的舒适圈并从中获得自信的意义所在。她顺利实现了转换。在其他孩子——他们有些已经入园有些日子了——正哭着并缠着他们要离去的父母时，我女儿却愉快地沉浸在游戏中。她具备足够的灵活性来适应各种家里不曾有的规则。所有的担心看起来只是我们自己的，而不是她的！

小议

有些时候，事实证明我们的孩子能很好地适应分离，反而是我们自己的担心妨碍了孩子的发展。在这个例子里，这位母亲通过她的倾听伙伴深入挖掘和释放自己因为每天要与小女儿分开而产生的大量恐惧和焦虑。结果是，她的思维变得更清晰了，她能够把自己的和女儿的感受区分开，承认女儿是独立的个体。其实，女儿已经准备好穿上鞋出门了！是她自己觉得女儿太小不该去幼儿园。如果这位母亲屈从于自己的担心，那么她的女儿就会错失她乐于体验的那些发生在幼教环境里的所有快乐及成长。

分离　拒绝爸爸或妈妈的孩子

当孩子只要你一个人抱时

方法　实施干预　陪伴式倾听

我女儿大约 6 个月大时，不想让晚上下班回到家的爸爸抱。

因此我们决定为她做陪伴式倾听，帮助她释放恐惧。

一个周六的早晨，爸爸抱起了女儿。她哭着伸手够我，想让我抱她。爸爸抱着她坐在长椅上，我坐在他们旁边。女儿能看到我，一边把手伸向我，一边大哭着。我小声对她说："爸爸正抱着你。你和爸爸一起很安全。我们非常爱你！"她大声哭着，伸着胳膊来够我。爸爸搂紧使劲挣扎的女儿，对她说："我非常爱你，宝贝。我喜欢和你在一起。"当他这样说的时候，她的哭声更高了，身体僵硬地挺着。偶尔，她瞥一眼爸爸，然后扭过头去接着大哭。

她那样哭了大约 50 分钟，全身是汗。她很用力地在爸爸怀里扭动和挣扎，我丈夫也出了一身汗。有那么一刻，他几乎想把女儿递给我了，但我鼓励他坚持，因为他是个和蔼、细心、周到的爸爸，陪伴女儿完全没有问题。女儿哭完之后累了，睡了一大觉。

她睡着的时候，我和丈夫好好交流了一下我们刚才倾听女儿哭闹的感受。我知道对他来说陪伴和听女儿哭这么久是个很大的挑战。我告诉他，他做得棒极了，他是个出色的爸爸。

自从这次倾听之后，女儿很高兴让爸爸下班回家后抱着她。他们每晚在一起玩很久，分享了很多乐趣。

小议

这位母亲知道女儿拒绝父亲一定是出于某些不安的情绪，因为父亲是一个体贴有爱的人。与父母每日的分离引起的不安情绪会在孩子的内心逐渐累积起来，这些情绪使孩子在与经常与之分离的父亲或母亲相处时没有充分的安全感。这位母亲对女儿不肯让父亲抱的行为实施了干预。她传递给孩子的信息是：父亲是爱你的，你在他怀里是安全的，我就在旁边陪着你，如果你感到难受，我们会一起倾听你。女儿的确感到了不安，而一次长时间的倾听恢复了女儿失去的与父亲在一起的安全感。在这个长长的倾听时段之后，夫妻二人交流了各自的感受，以便能更好地理解倾听女儿长时间哭泣时他们各自面对的挑战。

当孩子想要的不是你时

方法　倾听伙伴关系　陪伴式倾听

儿子快 3 岁了，当妈妈不在他身边的时候他仍然有分离焦虑。通常我们会一起哄他上床睡觉，不过有一天晚上，我妻子需要休息。因此我就开始陪儿子做睡前准备。我给他读了故事书，给他盖好被子，然后和他道晚安。当灯光熄灭的时候，他感到紧张，爬下床去找妈妈。他走到门边叫喊着让我开门。我让步了，把门打开。他看了看，但是找不到妈妈。他开始跺着脚大喊："叫妈妈来！"

我走近他把他抱住，他疯了似的不停地哭叫着："我要妈妈！"我抱着他说："我能听出来你有多害怕！我在这陪你。"我带他回到他的卧室，抱着他坐在地板上。他坐在我腿上，靠着我的肩头痛哭流涕。我一直搂着他，对他说我了解他的感受："我在这儿陪你，我会帮助你渡过这一切。"尽管他一直喊叫着要妈妈，过了一会儿我就注意到发生了一点变化。他的哭声变得低沉，我能够感受到他的悲伤。我陪着他，告诉他："我不会把你独自留下。我就在这儿陪着你！"

他哭累了，说想躺下。我把他抱到床上，陪在他身边听他继续哭。过了好一会儿，他平静下来，说："妈妈需要歇会儿。"我回应道："是的，她需要休息一会儿。妈妈非常爱你。"然后他慢慢地睡着了。

我觉得这次给儿子的陪伴式倾听与以往有所不同。他充满恐惧和惊慌的哭声很容易触发我的情绪。这一次，我注意到，尽管它让我想起自己小时候的哭泣，却并未触发我的情绪。我在倾听伙伴关系中的付出（花时间做相互倾听）在这里得到了回报。我很高兴自己有足够好的注意力关注儿子，并帮助他释放自己的恐惧。第二天早上，他一觉醒来心情很好，完全变回了自己。

小议

没有什么比你的孩子"要的不是你"更能让你感到伤心不悦了。我们经常感到很受伤，或感觉可能是我们自己有问题。但是，一个孩子对父亲或母亲感到不满只是因为他此时此刻陷在情绪中而已，想不起父亲或母亲对他的特别意义，这其实与你无关！

这位父亲与伙伴做相互倾听时下了功夫来处理他自己的挣扎与情绪，使他能够在儿子需要自己的时候全身心地陪伴孩子。他没有把儿子的话当作是针对自己的。正相反，他让儿子紧靠着自己，倾听他的不安，包括他对妈妈陪伴的渴求。这个男孩有机会一直哭，直到他哭够了，并在最后告诉父亲他对于妈妈不能在这儿陪自己的新的理解。这让他能够放松下来，睡了个好觉，第二天醒来时有个好心情。

当父亲或母亲整天在外忙碌时

方法 专门时间 陪伴式倾听

两岁的女儿在小妹妹出生后不久就开始渴望父亲的陪伴。每天早上父亲刚一离开去上班，她就开始哭哭啼啼地要爸爸，和我闹一整天别扭，说她不要我，只要爸爸。可当爸爸回到家时，她又会从爸爸身边跑开，说："爸爸，我不喜欢你。我要妈妈。"然后就是一场大哭，需要长时间的陪伴式倾听，弄得我们每天晚上都焦头烂额的。

于是，我们开始改变，确保在爸爸回家后她能有10~15分钟和爸爸在一起的专门时间。早上离家上班前，爸爸也保证给她 5 分钟专门时间。

我们刚开始给她做早上的专门时间时,她经常是以眼泪收尾,她不想让爸爸去上班。过了几个星期,早上的专门时间结束时她不再哭了,可以和爸爸说再见了。我们答应晚上给她更多的专门时间也让她很兴奋,这些专门时间完全改变了女儿。现在她每天早上跳下床去和爸爸做专门时间,上午我们在一起时也变得很顺畅,因为她的小心情从早上开始就被快乐填满了。现在我们家的晚间生活也是欢笑多过眼泪,晚间的日常程序也能从容不迫地进行了。

小议

这个小女孩很想念每天都会消失数小时的父亲,也许妹妹的出生让她变得更敏感。无论怎样,她把很多不满的情绪指向了母亲,然后是父亲,而且很爱哭。她的父母使用了专门时间——一种绝佳的方法——来建立或重建孩子与父母的情感联结。每晚与父亲在一起的短暂的专门时间让女儿重新确认了父亲对自己的爱。清晨的专门时间也有同样的效用。如果她因为父亲离家去上班而黯然神伤,那么一整天她都有机会向别人诉说自己的难过心情。淤积在她内心的不快最终被清理干净,父女关系得到增强,小女孩重新获得的自信改变了她早晨和晚间的心情。

就寝前的游戏

方法　游戏中倾听

分离恐惧是我的小女儿遇到的大难题。白天上托儿所和晚上就寝是她的两大难题。一天,她在托儿所因为没有我在身边大闹别扭。因此，我想晚上为她做游戏中倾听会帮她释放一些与就寝有关的分离恐惧。我做好和她游戏的准备，然后由她爸爸安排她就寝，我觉得这样可以引发她释放白天积累的那些紧张情绪。

我们玩了各种各样的游戏，让她大笑，并感受她自己的力量。比如，玩骑大马游戏时，她骑在我身上，而我就像一匹烈性野马，试图把她甩下去。她觉得太好玩了，一次次跳回我背上。另一个游戏是我用双脚撑住她的肚皮让她做出飞翔的样子。可是她要我用一只脚而不是两只脚撑住她，结果就是我很难做到保持平衡，总让她滑落下来或来个倒栽葱，引发阵阵笑声。她也因此感受到自己的力量和主动权。她甚至发明了一个游戏，让我们在屋子里边跑边把枕头扔向对方，看谁能打中对方。她简直玩疯了。这太棒了，因为是她发明了这个游戏，让她的笑声充满整个家。在另一个游戏里，我一说爸爸一会儿会带她去睡觉，她就揉捏我的脸，让我的声音变调，让我的脸做出非常滑稽的样子。她大笑不止，不停地揉捏我的脸，让我不停地变声、做鬼脸，这个游戏格外有效，因为它直接处理了敏感话题——与我的分离。

游戏过后，当我告诉她爸爸会带她去睡觉时，我以为会有场大哭，因为通过游戏中倾听建立安全感之后，通常会有沉积的伤痛感觉浮上来。然而她听了我的话之后没有一点情绪，真是难以置信！因为以前当我提出由爸爸带她去睡觉的时候她总会抗议并且非常生气。我知道这是因为游戏中倾听起了作用，它促成了我们的相互联结，通过笑声释放了女儿积存的紧张和恐惧。而且，这种方式充满乐趣，令人兴奋，因为我们不知道接下来会发生什么。显然，一场游戏中倾听释放了她的恐惧，让她得以缓缓进入安稳的深度睡眠。

游戏中倾听令人难以置信地赋予了孩子们力量，它让孩子们对平时总是告诉他们应该做什么的那些成年人发号施令，让他们在笑声中驱散恐惧，在喧闹中生发创造力。在这里，这位母亲为处理女儿的分离恐惧特别计划了一场游戏中倾听。她知道这将在她们之间建立情感联结，很可能为女儿提供足够的安全感，使女儿能够在由父亲带着去睡觉的时候来一场具有疗愈性的大哭。结果是，她的女儿大笑不止，并导演了一个针对要由爸爸带她去睡觉的游戏。就寝时间来临，她心情极佳，心甘情愿地让父亲带着一起离开，准备睡觉。

分离　处理棘手的团聚

短暂离别后的团聚

方法　游戏中倾听

我丈夫带孩子们——一个6岁，一个3岁——外出旅行了4天。我从火车站把他们接回来之后，大家一起去游泳。孩子们说了些"我讨厌妈妈"之类的话，这直接表明他们感觉不到与我的情感联结。他们既不让我碰，也不肯让我帮他们换衣服。因此，当我们都下到游泳池里的时候，我鼓动着发起了一个叫"那是我的孩子"的游戏。我丈夫会试图从我这里抢走一个孩子，而我则要从他那里夺回一个孩子。

起初很长时间孩子们紧靠着爸爸，如果我走得太近，他们会踢我并叫我"大傻瓜"，但我并不往心里去。我只是一次又一次地努力抢他们回来，同时确保自己经常"失败"。当他们要踢我时我只是握住那只踢过来的脚，或者躲闪开，说："哈！踢不着我！"当我追儿子的时候，儿子会骗我说要帮我把妹妹抢过来。等我放过他，他就趁机逃掉。我夸张地表现出无助的样子，装作连一个孩子都没抢到让我很伤心。

过了半个小时，我能看到他们渐渐地对我变得热情起来。他们可以和我多待一会儿了，而且最终他们开始向我靠拢。游完泳他们很开心，重新感受到与我的联结。女儿跳到我怀里，儿子则潜到水里捞起我投到水里的重物。我们又在一起了！

小议

这位母亲把孩子们刻薄的话语和攻击性的行为看作求助的信号。她知道游戏中倾听可以在她和孩子们所需要的情感联结之间架起桥梁。通过发起一个能传递"我爱你们"的信息的游戏，她为孩子们提供了一个反击的机会，以释放在过去几天里他们由于与母亲分离而产生的不安与愤怒。在游戏里，她始终细心地扮演弱势的角色，一个确定可以促发孩子笑声的方式。慢慢地，孩子们释放了不安，重新获得了与母亲亲近的能力。

一整天分离后的重新联结

方法　专门时间

一整天我都在匆忙地安排各种事情，等到 10 岁的儿子放学时，我的日程安排已经改过 6 次了。我请一些朋友接上我儿子到附近的公园参加一场生日聚会，我和女儿则会在临时安排的就诊之后到公园里和他们会合。

经过所有的混乱之后，我们终于来到了那个公园，如释重负。这是我们迎来的第一个美好春日，很多学龄孩子和家人在公园里一起放风筝。在一天的忙碌之后能放慢节奏令人感觉太好了。我轻松地和朋友们聊天，对在聚会上正在和几个同龄孩子在一起的儿子只打了一次招呼。

大约过了一个小时,我正和别人聊天的时候,儿子过来问我:"妈妈,我们能做专门时间吗?"起初我很吃惊。"我们正在聚会呀。"我心想,"我们到底为什么要在现在做这个?"不过我还是回答道:"嗯,行吧。不过等我10分钟。"他说:"好的。"

我接着和朋友聊。刚过了一会儿,儿子回来再次提出请求。我明白了,这对他很重要,因此我说:"好。"

我和他一起踢了大概15分钟的球,在所有在场的人当中,只有我们俩在踢球。我真的很享受给孩子的专门时间,而且我由衷地为他高兴并关注着他。互相追逐带给我们极大的乐趣。踢完15分钟的球,我们就准备离开了,儿子显得轻松、快活。

直到第二天我才意识到他在聚会上要求专门时间是因为他感觉很孤独。他放学后通常会享受一小段和我彼此联结的时间,但那天完全没有。我因为自己忙碌的一天分了心而没有注意到,因为那天的天气是那么好,大家在参加一场生日聚会,每个人都在玩,我就想当然地以为他那天完全没问题。

我为他能意识到自己内心的不安并知道可以向我求助而感到骄傲。他知道专门时间能让他重新与父母建立联结,重新焕发精神。

小议

我们经常对放学回家的孩子匆忙打个招呼后,继续忙碌地准备晚餐、督促孩子做作业,或者做其他事情,在这个例子里是一次聚会。人人都喜欢聚会,但一个无法感觉到与人联结的孩子很难在聚会上感到舒适自在。

在这个例子里,是孩子主动与妈妈重新建立情感联结。他通常每天有一小段时间可以感受到妈妈的爱,那天他赶在自己情绪爆发之前就意识到他需要这段时间!这就是点名要求专门时间的幸运之处。随着孩子长大,他体会到专门时间带给他的益处,他可以在需要被关注和被接纳的时候来要求专门时间,你要做的就是回应他的要求。

与因分居或离异而另居他处的父亲或母亲见面

方法 专门时间 陪伴式倾听 游戏中倾听

女儿和我住在一起,每周在我这里和她爸爸见两次。直到她大约两岁之前,他们在一起的时间并不规律,这让她对与爸爸的关系感到不安与恐惧。当女儿可以稳定、有规律地和爸爸见面之后,总的来说他们相处得还算融洽和亲密。不过在一些较长的分离后彼此再见面的时候,女儿就不想单独和爸爸待在一起。当我们俩都在的时候,她会不让我离开房间。

为了面对这个挑战,我开始在她爸爸来之前先和女儿做专门时间。我注意到这有助于舒缓情绪。我发现当她爸爸在我们这里逗留时,她开始越来越多地直接表现出自己的不悦。有些事会惹到她,她会很不高兴地过来找我,拒绝和爸爸说话或游戏。

我会靠近她,倾听她,不去纠正什么,只是和她坐在一起。她会为发生的任何令她不快的事情哭泣和发脾气,不愿意看爸爸,哪怕是瞅一眼都不乐意,说不要爸爸,或者说她永远不想再见到他,爸爸必须离开。通常,她会和我一起坐在远离爸爸的一个房间的地板上哭。直到她哭够了,她不悦的心情还真是来得快,去得也快。换了心情的她会跳起来重新回去与爸爸建立联结。她那么轻松自如地回到爸爸身边,愉快、坦诚地与爸爸重新建立联结的能力真是不同寻常。

在她大哭的时候我对她说:"你爸爸是个好人。"或者"我的小心肝,你的爸爸非常爱你。"我想,让她听到我这样说非常重要。我确信,过去我和她爸爸之间关系紧张让她感到困惑不解。

还有几次，当我要留她和爸爸在一起时，她会哭很久。这有些棘手，因为她爸爸想让我马上离开而不是"延长这种煎熬"。在我们为了女儿的成长而见面的时候，我们谈到了倾听的各种方法以及它们的效用。尽管他理解并赞赏它们的价值，但是因为他没有自己的倾听伙伴和倾听时间来支持自己，所以他经常在女儿完全拒绝他的时候无法倾听女儿。然而我很清楚自己的目标。我在和他会面的时候就谈到可以使用的方法，而不是在他来见女儿遇到窘困状况时才提及。他开始看到倾听女儿的情绪释放的确改善了他们的关系。随着时间的推移，应对这些情况对于他也变得容易些了。

女儿也会在爸爸来看望她时主动发起游戏中倾听，要求专门时间。爸爸会协助她做疯狂的大运动量的游戏，她会从沙发上跳到他的怀里，让她抱着自己满屋子飞跑，还会要求爸爸让她像飞机一样飞起来。

有一次，经过一个时期内连续几次长时间的陪伴式倾听之后，她爸爸和我为女儿的事见面商谈。他说他注意到了自己的和女儿的变化。他说在女儿大哭和怒气冲冲离开时他很难保持清醒，但他也认识到了这些是如何帮助女儿释放大量情绪的。他说那些大运动量的游戏能帮助他们重建联结，特别是在经过较长时间的分离之后。他为自己终于能感觉到与女儿如此亲近而向我表达了深深的感谢。这是一个了不起的进展，因为他的成长环境与我所认同的倾听孩子的理念大相径庭。

小议

如果离婚了或处在分居状态，你通常很容易对孩子徘徊在你和前妻或前夫之间时流露出的强烈情绪感到棘手。上述的例子表明，这种情况是可以改变的。

这位母亲运用专门时间温暖了她与女儿的关系，建立了情感联结,让女儿在有情绪时能够对她讲出来。母亲就守候在那里随时准备倾听她。这位母亲也从未忘记女儿父亲的善良本性、父亲和女儿之间的联结的重要性以及他们希望女儿生活幸福的共同愿望。尽管彼此关系紧张,这位母亲能够让女儿知道,她的父亲是个好人,而且爱她。尽管自己很不适应,那位父亲也能够包容女儿的负面情绪,并设法在颇具挑战的处境下一直保持开放的心胸。

最终,因为这位母亲定期与女儿做游戏中倾听和专门时间,女儿知道自己在游戏中感觉有多棒。女儿很清楚自己想要什么,能够在父亲来探望她时主动发起她喜欢和父亲玩的游戏。这也有助于促进他们彼此的亲近,增强彼此的联结。

第 11 章

消除恐惧

孩子们感到恐惧或担忧时，会通过许多具有创造性的方式让父母们知道。年幼的孩子会突然哭喊、尖叫、骂人或攻击周围的人。还有一些孩子在受到惊吓的时候会默不作声，把自己封闭起来，所以他们发出的信号不那么容易识别。他们会吃手指、啃指甲、咬衬衫、捻弄头发、心不在焉地阅读，或徘徊在几件事之间，无法专心。这些行为都表明他们在试图把恐惧强压下去。尽管这些行为并不激烈，但都是可靠的迹象，说明孩子受到了惊吓。

恐惧是孩子们的某些顽固问题的根源。它使孩子在父母出门上班时很难平静地道声再见；驱使孩子做出突然的攻击性行为，产生抢夺（玩具）的冲动，而不是等待轮到自己。孩子避开原本很喜欢的活动，很可能是因为他受到了惊吓。上课从来不举手的孩子或总爱捣乱的孩子也是如此。恐惧让孩子们无法像我们希望的那样安心、轻松地生活。

孩子们的恐惧从何而来

你或许会想起几件有可能让孩子受到惊吓的事，例如难产、一起事故、一场疾病或家里的突然变故。但有些在你看来无害的、平常的事情也可能引发问题。几声霹雳响雷、你的车半路没油了、你和伴侣大喊大叫等，任何一件事都可能吓到孩子，没有你的帮助孩子就无法放松下来。如果每逢你陷入困境，孩子就会行为失常，往往就是恐惧在作祟。孩子从你或身边的其他成年人身上采集关于自己是否身处安全环境的信息。孩子能够感觉到你情绪紧张或有失镇定，于是你的恐惧就成了他的恐惧。

幸运的是，孩子天生就能从恐惧中康复，而你可以帮助他！

如何从恐惧中康复

受惊吓的孩子，正如受到惊吓的任何年龄的人，是突然陷入情绪之中的。无论是否真的有危险，孩子就是感到不安全。他的反应会是起身反击、逃跑或者僵在那里一动不动。孩子需要你在场，但是正如你可能已经发现的，仅仅有你在场并不能让他感觉好些。

恐惧的孩子感到极度孤独。如果反应是自卫型的，孩子通常会争辩、出手猛击，或抢夺他明知不该抢的东西。如果是逃跑型的，孩子会后退，不肯面对，或直接逃走。假如情况是压倒性的、无法抗拒的，那么孩子的大部分心智会失灵，连自我保护的本能都不起作用了，这时他自身系统的决定是"不如装死"。孩子内心恐惧，表面上却显得一切正常，直到危险过去。如果孩子害怕到这种程度的话，他可能无法向任何人说出究竟发生了什么。唯有孩子的失常行为能告诉我们，他遇到麻烦了。

不论是反抗、逃跑，还是僵直不动，受到惊吓的孩子是无法思考的。没有一位满怀关爱的成年人的帮助，他就无法恢复正常思考的能力。孩子会经常表现得很反常。不幸的是，一个行为失常的孩子会让身边的人产生不悦的反应，就像在泼洒一地的汽油旁边点燃了一根火柴，情况只会变得更糟。

去接近一个受了惊吓的孩子，并对他出于自我保护而产生的行为进行干预，是很不容易的。但是受了惊吓的孩子需要有人主动与他建立联结。一旦孩子感到足够安全，情绪就会爆发。当孩子终于能够表达自己有多么恐惧时，你就要倾听他，从而帮助孩子开启康复之门。

孩子会通过大笑释放一些隐藏不深的恐惧。如果能得到一位满怀关爱的成年人的倾听而感到安全，孩子就会通过大哭、发抖、冒汗——有时是奋力挣扎——释放出隐藏较深的恐惧。我们大多数人所受的教育是不要大哭、尖叫和发抖，然而这些恰好都是我们消除恐惧的重要途径。有过可怕经历的孩子如果能够有人从头至尾地倾听他强烈的哭泣，他就能够恢复安全感及与他人的情感联结。在所有的恐惧都被释放出来之后，可怕的经历就会变成还挺有趣的经历。事情就是这么简单！

但是，请注意！假如孩子受到惊吓的时候没有人能倾听他当时产生的强烈情绪，这些情绪就会被原封不动地储存在孩子的情绪记忆里。它们并不是简单地待在那里，而是与当时孩子接收到的所有信息——景象、声音、气味、味道等——混杂、缠绕在一起。于是，几天、几个星期，甚至多年之后，当孩子脑中闪现出当时事件的哪怕只是碎片化的记忆时，他会再次被当年的恐惧感控制。例如，你的孩子两岁时被一只狗吓到了。几个月之后，看到一只在笼子里打瞌睡的兔子也会让他害怕，正像先前他很怕那只狗一样。就因为那只兔子有皮毛和爪子，这些原本无害的因素触动了储存在孩子情绪记忆中的恐惧，尽管早已时过境迁。

一位母亲讲述了这些延迟触发的恐惧会有多么强烈，以及孩子如何在充满关爱的母亲的帮助下康复的经历。

应我 4 岁女儿的要求，我和她正在做专门时间。她刚刚指挥我奋力从她手里夺走一只气球。我满脸亲切地向她靠近，她则咯咯地笑。只过了那么一小会儿，她突然情绪非常激动，开始胡乱扭动身体，四处冲撞。她动作猛烈，推撞着家具，甚至一边把地板上的地毯卷起来拖到走廊上，一边向我发号施令、反驳我、呼喊尖叫。

我开始做陪伴式倾听。从小小的身体里竟然会释放出如此强烈的情绪！幸运的是，我能基本保持平静。我告诉她："我就在你身边。"偶尔小声对她说："你是安全的。"大多数时间我不说话，只是陪着她，保证她的安全，只盼着我们的目光接触能让她感受得到我的存在。

她情绪激烈的状态时疾时缓，持续了一个小时，我也持续陪伴式倾听了一个小时。每次我向她靠近一点，都会激起她强烈的表达和情绪释放。正如她进入情绪激烈状态时那么突然，她平静下来也很突然。她一下子变得笑容满面，热情地给了我好多拥抱。那个下午一切都很顺利，她事事都很配合。

第二天，我了解到在她的学校前几天发生了一件事。她班里的一个男孩子状态十分不稳定，以致需要有两名老师强行把那个又踢又喊地反抗着的男孩带出教室。我可以想象当时的场景对于我的女儿有多刺激，很可能会扰动埋藏在她内心深处的尚未愈合的创伤和恐惧。要知道，她是我领养的孩子。她被从福利院带走时还不会表达自己的感受，也像那个男孩子一样是被强行带离的。当她向我要求做专门时间时，她似乎知道自己需要释放某些情绪。于是，在我的陪伴式倾听中，她释放出那天被扰动的情绪，可能也意味着释放了那些来自更早时伴随着创伤留在情绪记忆中的恐惧。我是这样理解的。

当孩子通过出手攻击或缩回到自己的堡垒里来向你表达他被吓到了的时候，他是在向你求助。他的反应是出自本能的，出自他自己的身体对于安全的强烈需要。用来引起别人注意的行为并不是他的选择，而是他的遇难求救信号。这是不假思索的行为，是在说："我现在有麻烦了！"

当然，看到孩子因恐惧导致的行为你肯定会觉得很烦。"你到底怎么了？"很可能是父母最温和的一种表达方式。但是依照我们上述的新见解，我们可以把孩子的失常状态看作一个"礼物"。他是在尽可能清楚地告诉你，他被吓坏了，他需要你的倾听来帮助他康复。

并非所有的孩子在恐惧时都会变得狂躁。有些孩子总是很小心，很冷静。他们寻求对周围环境的把握和控制，不会轻易与其他人发生接触。如果你的孩子是这样的，那么采用专门时间、游戏中倾听以及其他有利于循序渐进地促进孩子与你建立联结的方法会更合适。这些方法会更加充分地使他感到安心，从而向你展示藏在内心深处的情绪。然后你就可以随机应变地运用实施干预和陪伴式倾听（来帮助孩子释放情绪）。下面这位母亲是这样做的：

我4岁的儿子曾经不太爱说话，不善交往，遇到困难就逃避。我们认为他随和、内向、适应性强、很少有要求。然而，自从去年我们从儿子的一位老师和一位医生那里得知儿子在发育方面可能有些问题之后，我们觉得对孩子的理解可能不准确。

我们开始多关注他的需求、征求他的意见、鼓励他表达自己的感受。我主动和他在家里玩打打闹闹的、大活动量的游戏，让他来决定怎样玩并指挥我。我特意把时间安排在只有他和我在一起时，避开他那个话多、喜欢热闹的姐姐，免得让游戏被一向专断的姐姐所控制。

我们花在游戏上的时间就好像是一点点地积攒在存钱罐里的硬币。没有突然的变化，也没有剧烈的情绪释放。就这样过了几个月，其间我们为他换了一所学校，得到了一位专业治疗师的帮助，我们开始看到儿子在自信心、决断力、语言能力以及与其他小朋友的交往方面有了实实在在的长进。

儿子终于开始变得爱抱怨、粘人，和先前我们心目中的那个随和、独立的小男孩判若两人。那时刚好有两周的假期，我们在家里有大把的时间在一起，他和姐姐的互动很不错，因为他玩游戏的能力已大有长进。

假期将要结束的那个周日，终于有了进展。我们说到第二天他要回学校上学，而我得去上班。儿子开始哭起来，怎么都止不住。他的身子绷得很紧，在释放情绪的过程中大汗淋漓。他在处理自己的恐惧！这样大哭了一阵之后，他开始说道："这太让我害怕了！我太害怕了！"而我根本不知道是什么让他这么害怕。不过，我抱着他，尽可能把我所有的温暖和关爱给他。他哭了很长时间。那天他又哭了两次，每次我都全程倾听他释放情绪。

在之后的两三周时间里，儿子的老师告诉我，他和学校里的几个男孩子玩得非常好，而且他现在有了一个特别要好的朋友。老师们为他的进步感到高兴。回到家，儿子开始主动和我们认识的邻居家的孩子一起玩游戏，甚至还能走近他不认识的男孩子去探究他们手里拿着的玩具。

不可否认，他还是原来那个男孩，只不过他现在更能活在当下，更轻松自在了。我们还得继续努力。儿子对一些事还是心怀恐惧，我期待着情况继续好转。

如果你觉得这些有关如何帮助孩子从恐惧中康复的见解很陌生，那并不奇怪。大多数父母，甚至包括许多心理健康方面的专业人员都还不了解倾听对于心怀恐惧的孩子的疗愈效果。即便你的孩子已有相当长的时间因为受内心的恐惧所驱使而行为失常，他仍然能够做到摆脱恐惧，关键是你的温暖和关爱。

采用倾听的方法让恐惧的孩子获得疗愈

我们大部分人所接受的教育告诉我们要勇敢,胆怯是不好的,要不惜代价地避免害怕的感觉。当大人们试图帮助幼年的我们消除心中的恐惧时,他们采用的办法通常是粗暴的。当我们不敢下水游泳时,他们会直接把我们扔到泳池里;当我们因为紧张而吮吸自己的拇指时,"治"我们的办法是在我们的拇指上涂些味道可怕的东西。亲身体验让我们知道,那些办法都不能真正化解孩子内心深处的恐惧。而本书介绍的倾听方法会引领你走上如何逐渐化解孩子内心恐惧的发现之路。

步骤 ❶ 利用倾听伙伴关系处理你自己的情绪。

为了能够支持心怀恐惧的孩子,你得先处理自己的情绪。不论孩子的恐惧让你烦恼不堪还是你硬下心肠以便让生活继续,和心怀恐惧的孩子朝夕相处不是件轻松的事。你的情绪会表现为懊恼,或者表现为你觉得孩子长大成人后也不会有出息。不管是哪种情况,你的情绪都会阻碍你试图帮助孩子的行为。孩子需要你满怀温暖和信心反复地告诉他:"你是安全的,你是个好孩子。"

对你信任的倾听者谈谈你对孩子的行为有什么反应,谈谈你和孩子的关系一开始是怎样的。当你知道他就要来到你的生活中的时候,你的第一反应是什么?在他出生之前的几个月里你有什么感觉?他是如何降生到这个世界的?或者他是如何被收养的?对于他来到你身边的最初几个星期或几个月,你还记得些什么?有什么美好的事或者困难的事?有时候,亲子之间的互动模式就是在孩子最初的发育时期里建立起来的。我们时常可以从那些最初的日子里发现孩子恐惧的根源。

回想你自己在你孩子这么大时曾经历过什么也会很有帮助。当然，孩子的恐惧来自他自己的经历，但是你对孩子的反应可能会受到你自己童年经历的影响。

谈谈孩子流露出恐惧时你想做什么也会引发新的领悟。当时你想要说什么？做什么？孩子让你想起了什么？当时你打心底里想告诉他什么？你的所思所感不分对错，只需看看它们是什么，让你的情绪释放出来。你的倾听者会帮助你获得"我能保护你"的心态，你需要具有这样的心态才能护送你的孩子到达更加快乐的彼岸。一旦孩子的举止不再让你特别心烦或担心，你就能为孩子找到一条康复之路。

步骤 ❷　利用专门时间帮助孩子建立安全感。

短暂而频繁的专门时间可以打开深度疗愈之门。你的关注和赞许就像浇注在生锈的合页上的润滑油。当你与孩子建立联结时，孩子大脑的边缘系统会收到你发来的信息："这里一切正常。我和你在一起。"他的身体会慢慢松弛下来，笑声多了起来。孩子会告诉你他在想什么。与此同时，他也会在白天或夜晚的任意时间大哭一场。

步骤 ❸　找准机会让专门时间转为游戏中倾听。

在孩子指挥游戏时，请寻找机会让自己成为一个搞笑的、差劲的角色。例如，在专门时间里，当儿子展示空手道劈砍动作时，你可以滑稽地表现出害怕的样子；玩棋类游戏时你要做输家，要大声抱怨、抗议。同时留意是什么让孩子发笑，有意识地推波助澜，让孩子笑得更大声——大笑是所有陷在恐惧中的孩子的滋养剂。下面的例子，介绍了一位母亲是如何以笑声为利器击败了孩子的恐惧情绪。

我的女儿们小时候常常和我一起泡澡。我们会在澡盆里玩玩具，非常开心。但是，我最小的女儿两岁时变得很害怕水沾到脸上。

我们会在澡盆里玩她的芭比娃娃，假装娃娃是我们的朋友，和娃娃说话，给娃娃洗头发。可是该给她洗头的时候，她会站起来，连哭带喊地说："我不要脸上有水！住手！我不喜欢这样！"

我开始使用游戏中倾听，假装自己很怕脸上沾水，不是我给她洗头，而是换成她给我洗头。每次她把水浇在我头上时，我会说："不，请别把水浇在我脸上！你没看到我害怕得要命吗？无论如何，千万别把水弄到我脸上！"每次她把水倒在我头上时，她都大笑不止。

我就这样给她做了两三次游戏中倾听。之后有一天，当我再次假装害怕把水弄到脸上时，女儿说："妈妈，该轮到我了。现在你把水浇到我头上。"当我照做时，她大笑着说："再来！"她再也不怕把水弄到脸上了。

步骤 ❹ 多做大活动量的游戏。

安全的、多肢体接触的大活动量游戏让孩子有机会练习自己的运动技巧，在扮演相对强势的角色的过程中得以用笑声驱除内心的恐惧。像在"我要给你100个吻"的游戏里，你跌跌撞撞地追着孩子，时不时地给他一个吻，能明确地让孩子明白你对他的爱。而在类似"你不能把我推下床"的游戏里，你可以夸赞自己的能力，却每次都会输掉。孩子大笑的时候，他的自信就在增强。如果他意外地磕了碰了，你就在他身边，随时可以开始做陪伴式倾听，帮助他释放恐惧或惊惶。除非特别需要，不要忙着去做紧急处理。你可以等他哭够了平静下来之后再为他敷冰块或贴创可贴。他会因为有机会释放对于伤痛的恐惧而受益。假以时日，你会看到他越来越放松，不那么害怕小小的意外了。

下面的例子讲述了一位母亲如何使用游戏中倾听让孩子的恐惧浮上表面，然后以陪伴式倾听促成恐惧情绪的释放。

那天，我6岁的儿子放学回家时显得十分紧张，连笑都像是逼出来的。他显得和平时很不一样，我可以看出并感觉到他的眼泪随时会掉下来，对待弟弟也是凶巴巴的。

我能察觉到自己的不安，因为我不喜欢看到他们兄弟俩互相伤害。我迅速抓起一只球，把它扔给大儿子。他提议玩室内篮球，我们就开始玩起来。我确保让他玩得比我好，能赢我。他开始大笑，而我则留意着他的笑声，揣摩我怎么做能让他笑得更欢。不过这样玩了20分钟后，还是没能触动他需要释放的深层紧张情绪。

又过了5分钟，机会来了。我意外地打到了那只球，它一下子弹到了儿子头上。球很软，我知道那不会伤到儿子，可儿子却开始大哭起来，在我怀里抽泣不止。我让他坐在我腿上，紧紧搂着他，倾听他释放自己的情绪。过了10分钟，他起身下地，愉快地接着玩起来。他的笑声听起来更放松了，内心的紧张消失了。他还快活地把球递给两岁的弟弟，让他加入我们一起玩，鼓励弟弟去抢球，当弟弟抓到球时为他叫好。

我注意到自己的不安也消失了，我觉得分外轻松。这不仅仅是因为我的身体在游戏中得到放松，还有我自己的大笑，以及听到儿子那么多的令人欣慰的笑声，化解了我的不安。

如果孩子大多数时候看起来都是战战兢兢的，就每天安排一次游戏中倾听，尽可能多地让孩子大笑。过一段时间，你会注意到孩子的状态有所好转。他可能会更主动地寻找玩伴或者不再迟到早退。我知道有些孩子由于得到了定期的游戏中倾听以及必要的陪伴式倾听，不再害怕陌生人，不再啃指甲，不再口吃，不再尿床，等等。

步骤 ❺　尽早、经常地实施干预。

笑声以及你在游戏中传递的暖心关怀，可以增强孩子的安全感，所以在兴致高昂的游戏中途，心怀恐惧的孩子有可能变得精神紧张并表现出攻击性。这个迹象表明孩子有可能很快就能进一步释放内心的恐惧。有时候你的干预会使游戏继续进行：你不动声色地拿走他用来抽打你的绳子，换给他一只枕头让他挥舞。如果他拿起了一只塑料球棒，你可以说："不，不，不行！"握住那只球棒，同时逗趣地和他扭打，使他得用两只手来应对你。

你也可以不苟言笑地实施干预。态度温和而坚定，并尽量保持心情平稳，就好像你不过是在叠一块擦碗布。握住他掐人的手指；轻轻握住他的手腕，让他打不到人；如果他要咬人，用手掌根部抵住他的前额，这样即使他转向你也咬不到你。立刻开始倾听他，这样他就有机会大哭、大笑、发抖，然后康复。没有必要因为他以攻击他人的方式发出求助信号而责备他，也无须要求他道歉。只是简单地阻止他失常的行为，温暖地与他建立联结即可。让他听到你说"我来维护大家的安全"就够了。他会找到那些惹麻烦的情绪，并把它们释放出来。

如果你发现自己无法心态平和地阻止孩子的失常行为，就是你该去为自己找一位好的倾听者的时候了。孩子们下意识地知道自己的父母什么时候心情放松得足以应对他们需要释放的深度恐惧。情况往往是：父亲或母亲刚刚通过痛快地大哭大笑释放了自己的情绪，他们的孩子就会借一个小小的理由来一场迫切需要的恐惧情绪大释放。所以不要忘了自己的倾听伙伴！当条件具备的时候，孩子终会潜到自己的心灵深处找到并释放出更大的恐惧。你帮助孩子康复的机会总会有的。

步骤 ❻　陪伴式倾听。

孩子大多会抓住要求未被满足、发生了小小的意外或其他不起眼的小事的机会做出强烈反应来释放内心巨大的恐惧。孩子会突然间深深感觉受到了威胁。一旦你来到他的身边，他的大脑边缘系统就会感知到你带来的安全，而他的身体则开始失控。他会有要逃跑或攻击的冲动。他会尖叫、拳打脚踢、浑身冒汗、发抖或弓起背。他会与你扭打或带着不知从哪儿来的力气狂喊不止。他看起来完全失去了理智。从某个角度说，这也是事实。恐惧已渗透到了他的全身。

这个高强度的过程会改变孩子的——以及你的——生活，但它很有挑战性。孩子的情绪把他带入了好比是一次鬼屋之行的情境当中，令他承受着他有生以来最糟的体验。不过，他完全清楚你的存在。事实是，正是你的存在才使他能够勇于触碰并摆脱那个可怕的恐惧感。你坚定不移地面对着他那些最糟的情绪：你主动的倾听提高了他对恐惧的敏感度。他乱打乱踢，而你倾注着对他的信心，让他知道自己是安全的——曾让他害怕的事情已经过去了。你平静的存在已经足以带领他安然渡过释放积压已久的情绪的全过程。你坚信他一切安好，这会在之后改变他的想法和感觉，原因是：在那个最初的令人惊恐的情境中，即便孩子并未受到实质性伤害，那种恐惧也会淹没任何安全感。现在，当他拳打脚踢地与人扭打、冒汗和发抖时，那种恐惧终于找到了一个出口。它从孩子的情绪记忆中跳了出来，随着恐惧的消失，孩子的情绪噩梦也会消失。有关你对他的保护的记忆会存储在原先被恐惧占据的地方。曾经的惊恐事件在摆脱了情绪的控制之后，现在可以得到正常的处理了。

例如，你的孩子要处理自己作为重症看护室里的一名新生儿的经历，在那里他独自躺着，很难受，一天要接受多次注射，他对世界的印象会是这样的："在世上我独自一人，不知道会不会有人突然出现来伤害我。我没办法请求他人阻止对我的伤害！"这会使孩子对他人非常谨慎、小心、冷漠或者长期带有攻击性。如果在他两岁的例行体检时，医生给他打了一针，使他立刻陷入倾尽全力的恐惧反应,他就有机会挣扎、踢蹬、痛哭。这正是孩子的身体自从降生的第一个星期起就渴望去做的。假如你能够保护他安然渡过这场激烈的身体反应,孩子对世界的理解就会发生改变,他的行为反映出的态度会是这样的:"没错,我是在早产儿保育箱里待过。他们给我打了很多次针,可我都挺住了。我得到了帮助。我从里面出来了!"有你支持着他重新体验了那些痛苦时刻,会让"我具有强大的康复能力"的意识取代孩子原先的孤独无助、任人摆布的感觉,他也能够汲取你给他的坚如磐石的支持。

在这样的疗愈过程中,父母很难始终保持清醒的状态,但这是可以做到的。成千上万的父母运用陪伴式倾听帮助孩子释放了恐惧,见证了孩子变得更加自信的过程。

帮助孩子释放恐惧时,你需要牢记以下几个要点:

- 不要试图对孩子讲理。孩子的大脑已经转入情绪释放模式。就让他爆发,他需要的是你的关爱,是听到你说:"一切都有我顶着呢。"这能帮助他驱散内心的恐惧。

- 要专心致志。恐惧不会很快被驱散。你的存在所具有的疗愈效力会推动孩子的状态继续好转,使你在未来的日子里不会有太多挫败感。

- 靠近孩子。靠近的程度取决于具体情况以及你自己的状态。如果孩子又哭又喊,但他的处境很安全,那么最好先不要急于冲过去。对于一个深陷恐惧之中的孩子,周围环境的突然变化会让他觉得如泰山压顶般难以承受。试着慢慢靠近他,在你走向他时,依靠目光接触和你的声音让他感到安心。你以单膝跪下,伸出双臂,表示欢迎他到你的怀里来。他的回应可能是更多的尖叫和发抖,或蹦跳跺脚,或躺倒在床上、地板上。你越镇定、越可亲,孩子越能强烈感觉到正在释放出的恐惧。你可以这样对他说:"我就在这儿,你要是愿意就到我怀里来。"或者说:"你很安全。那个响声是在打雷,它不会伤到你。"

- 放慢你的节奏。孩子感觉脆弱的时候,需要你全部的关注。不要忙别的事，比如给他擦鼻涕，向在场的其他父母们道歉，或把他带到其他地方。而是要专注于他，就让鼻涕乱流好了。如果情况允许，那就留在原地倾听孩子至少5分钟，然后再带他去比较隐蔽的地方（继续释放情绪）。这样做可以让他知道，他是你唯一在意的人。

- 在你采取任何行动之前，先告诉孩子你要做什么。孩子被情绪淹没的时候，任何动静对于他来说都是难以承受的。所以在你有任何行动之前要先温和地告诉他接下来你要做什么。例如，在做陪伴式倾听时，你们正头顶强烈阳光，告诉孩子你想到阴凉处继续倾听他。假如这让他情绪发作得更厉害，就先倾听他，然后再对他说出你的提议，让他的另一波情绪涌动出来。这个"提议，倾听，再提议"的过程使每一次提议都能激发孩子进一步释放源自同一个重大事件的恐惧情绪。

- 和缓地把孩子的注意力引向他害怕的事情上。孩子不乐意面对或走近他害怕的人或情境，所以要放慢节奏。"艾米来了，她会照顾你。想去瞧她一眼吗？"给他时间大闹一场，然后再进一小步。"我现在要把你的一只脚放在艾米的膝盖上。来吧。"等孩子闹了10～15分钟之后，你可以继续："乖，艾米会很好地陪着你。现在我要把你的两只脚都放在她的膝盖上。"可能孩子需要先用一个小时来处理自己的恐惧，然后才能允许你把他的双脚放在艾米的膝盖上。整个过程进展得虽然缓慢，但却稳妥、有效。经过这样陪伴式倾听的几个阶段之后，如果艾米对孩子能保持欢迎接纳的态度，孩子会愿意过去和她一起玩，在其他情况下也能表现得比以前更有自信。

- 当孩子释放恐惧情绪时，最好不要把他搂得过紧。搂住孩子并对他说："我会一直在这儿陪着你。"但如果你搂得太紧、太用力，有可能会妨碍他释放那些最严重的恐惧情绪。你自己的恐惧也可能会被扰动起来。所以，如果你已经搂住了孩子，同时你觉得需要了解孩子处理恐惧的过程进展到了什么程度，你可以把孩子放开，允许他调整你们之间的互动。全神贯注，慢慢接近孩子，传递这样的信息："当你准备好时我愿意再靠近你一些。"如果他显得阴郁、戒备，你可以伸出双手，由他选择是停下来与你建立联结，还是跑开或与你对抗来继续处理自己的恐惧。

下面是一位母亲讲述的自己儿子的故事：路人因为不理解儿子处理恐惧的方式而为他担心，儿子对路人做出的回应出乎她的意料。

两年前，我们在俄勒冈州逛一个集市的时候，我3岁的儿子因为一些事开始大闹。我坐在板凳上，把他搂在腿上倾听他，他则一直哭喊着："别搂着我，妈妈，我要你放开我！"等我抬头一看，已经有一群人聚拢了过来看着我们。有个警卫走了过来，完全不看我，只问我儿子是否平安无事，这真让我不安。令人惊异的是，儿子忍住了泪水，坐直了身子，说出了这样的话："我感觉很糟，我的妈妈正在帮助我，我还没哭够呢。"我没想到，他对正在发生的事竟然一清二楚。

- 要让孩子相信他是安全的。一个办法是不停地用一个短句提醒他，你在关心和保护着他。以下是一些例句，可以明确表示你既了解他的恐惧，也很清楚他的真实处境是安全的。

"我知道这对你很难。"

"你是个强壮的男孩（或女孩）。你得去抗争。"

"我会保证你的安全。我会无时无刻地保护你。"

"所有让你害怕的事都过去了。不会再发生了。"

"你做到了。你很有力量，你做到了。"

- 如果孩子身处安全的地方，而他逃跑的本能被触发了，就允许他跑开。但他需要感受到你的存在，才能将情绪释放过程进行到底。所以，如果你具备支持孩子所需要的自信和温暖，就静静地跟随着他，一点点地接近他。一旦你的接近再一次使他开始大哭和发抖，坚持住，继续一点点地靠近他。如果需要的话就允许他向你挥舞拳头。若是在室外,如果安全问题令人担心,就快些追上孩子。

- 如果孩子抗争的本能受到激发,需要注意保证你们俩的安全。孩子被恐惧控制的时候是无法顾及你的安全的。所以不要只是嘴上说:"小心,不要踢我!"或者"亲爱的,别抓我,你弄疼我了。"孩子就像其他哺乳动物一样,只要感受到威胁,手抓脚踢是自然的反应,所以你要做的是避开他的攻击。

让我说得更清楚些:任何要伤害自己或别人的孩子正深陷恐惧之中,正在请求你温和而有效地阻止他做出造成伤害的事情。所以你可能得把他控制在一定范围内,使他既能有与人抗争打斗的空间,也不会伤及弟弟或他正对之发火的朋友。让他能用上自己的力气,你也得能够顶得住、保护好你自己。例如,假如他威胁着说要用一块砖或一件玩具砸你,你就和缓地把砖或玩具拿开,说:"我得保证咱俩的安全。"如果他要用自己的拳头打你,就撑住他的胳膊,使他能挥动拳头,但用不上劲。

- 孩子陷入恐慌之时,正处于深度疗愈的阶段。你稳定的支持把他带入了大难临头的感觉之中,他会觉得自己要渴死了,或者他必须去睡觉,或是他得立刻见到父亲。他可能会因为害怕而瞪大眼睛,全身因为紧张而颤抖。他所知道的就是:他究竟能否安然无恙,取决于你此刻的反应。不用说,能在这个阶段把陪伴式倾听继续做下去很不容易。

如果你急于试图去减轻他的恐惧——比如,给他拿来他央求着要喝的水,或放他去睡觉,进行之中的疗愈过程就会戛然而止。他可能已经从有你支持的那段过程中有所收益,但要做到完全康复,他需要你充满信心地全程陪伴他渡过大难临头的那个阶段。但是,如果你无法完成全程陪伴,不必担心,以后他还会给你帮助他的机会。

当疗愈过程进展到上述关键阶段时,可以尝试这样回应:

(孩子:)"我太热了!我要烧着了,快把我的衬衫脱下来!"——

"我知道，儿子。我来吹吹你的肚皮。你的身体应付得了。"

（孩子：）"我喘不上气了！"——"我保证你能呼吸。我会一直注意你的每一次呼吸。"

（孩子：）"我要憋死了！"——"我不会让你憋死的。你的身体知道该怎么办。"

（孩子：）"我得上床睡觉！我得去睡觉！我现在就要去睡觉！"——"你在我的怀里很安全。你要是愿意的话可以在我怀里睡。"

如果你能坚持陪伴孩子渡过这段最激烈的释放恐惧的过程，你通常会看到孩子的显著变化。在公园里的一场游戏活动中，我遇到一个两岁的孩子。别的孩子都在玩，她却神情凄切地一直缠着妈妈足有20分钟之久。她不看任何人，也不独自去任何地方，尽管大多在场的家庭她都认识。最后我走过去在她旁边蹲下来，轻触了一下她的肩膀，向她打招呼。她开始大哭起来。她的妈妈坐下来，搂着她，安抚着她。我时不时地对小女孩说："你好，桑德拉。"小女孩开始弓起身子、尖叫、冒汗，释放自己的恐惧。她就这样在母亲的怀抱里折腾了好一会儿。

然后她开始边哭边发出憋喘的声音。她的妈妈抱着她，我对她说："我们就在这儿陪你。你是安全的。""你不会一直这样的。我们保证你一会儿就好了。"她呼吸正常，可她不住地咳嗽，扭动身体，继续大哭了好一阵。然后她平静下来，坐起来，向四下里张望。我触碰了一下她的手，她回触了我的手。我们相互对望着。她又看看妈妈。最后，她站起来，自己一个人向秋千走过去，并没回头看一眼妈妈。她走着走着还蹦了一下，然后又蹦了几下，就好像刚从肩膀上卸下了一个巨大的重负。那个下午余下的时间成了她最开心的时刻。她的母亲后来告诉我，她出生的时候脖子曾被脐带缠绕过两次。那天她听到女儿发出的憋喘声时，立刻知道女儿再次体验到的恐惧是什么了。

下面是最后的，或许也是最重要的一点：

- 在做陪伴式倾听的中途你若变得心神不宁就要立刻停止。倾听正在释放重度恐惧的孩子颇具挑战性！你自己的情绪会受到扰动。你可能会勃然大怒，感到害怕，或突然觉得反感如排山倒海般袭来。又或许是因为同在现场的另一个成年人感到不安而影响了你。任何情况下，陪伴式倾听只有在你能够思考和怀着关爱的时候才有疗愈效果。所以如果你变得心神不宁，就立刻起身，告诉孩子你无法继续下去了，然后离开孩子。这样做并不好，但却是必须的。如果你有倾听伙伴，尽快约个时间，处理一下是孩子的哪个行为或哪种情绪让你失去了平和的心态。孩子会在以后的某一天通过另外的由头展现他的恐惧。而你因为之前已在自己的倾听时间里释放出了那些被孩子激起的情绪，这次就能够用陪伴式倾听来陪伴他，在释放恐惧的过程中走得更久、更远一些。作为倾听者，我们就是这样逐渐取得进步的。

如果孩子能够释放出那个控制着他的恐惧，他就会放松下来。他可能会让自己埋在你怀里好好地哭一场，或者平静下来，轻轻地触摸你的脸，留意窗玻璃上结的冰霜，或问他的猫去哪儿了。他不想说自己刚才是怎么了，只想重新享受自己的轻松时刻和你的陪伴。之后的几个小时和几天里，你会察觉到孩子的变化：和你更亲昵了；有更多的目光接触了；睡得更好了；胆子更大了；玩的时候更随和了；更愿意表达自己的想法和要求了；更爱笑了；或者对生活中发生的各种变动也更容易适应了。

不过，如果在释放恐惧之后孩子显得疏远你，不那么信任你，那么有可能是你错过了他发出的某些信号，或者在你试图支持他时不留神把自己的紧张感传递给了他。那就后退一步，重新运用有助于建立信任和加强你的倾听能力的倾听方法：专门时间、游戏中倾听、倾听伙伴关系。帮助孩子处理恐惧和攻击性很不容易，但不要放弃！学会帮助孩子摆脱恐惧完全值得你付出努力。

清除恐惧可能需要完成一项情绪处理工程

孩子需要多久才能处理完自己的恐惧,取决于他恐惧的程度,以及他是否有足够的安全感向你展示他的恐惧。如果孩子的恐惧已经持续了一段时间,那么在他能够开始处理自己的深度恐惧之前,你可能先要花一两个月的时间重点为孩子做专门时间和游戏中倾听。之后,可能需要做几轮实施干预和陪伴式倾听来处理孩子的恐惧。你每运用其中的一种倾听方法,都会有新的收获。我们把这个长期的处理过程称作"情绪处理工程"。本书的第8章会告诉你如何为实施该过程做计划和准备。

当你支持孩子处理恐惧时,你需要确保自己也得到了足够的支持。你需要为自己在倾听、陪伴孩子的整个疗愈过程中可能会体验到的各种情绪找到出口。当你也能获得别人的倾听时,你就是在和孩子一起成长,你就有能力促成你渴求的(孩子的)变化,品尝到努力的成果。

没有单一的程序

倾听一个正在处理恐惧的孩子没有单一的程序。不过,已经有很多人尝试了我们的建议。你可以把本章列举的其他父母们的经验作为参考。不论你采用哪种方案,我们鼓励你经常使用专门时间、游戏中倾听和你的倾听伙伴关系。运用这些有助于建立联结的方法有利于你在享受乐趣、辛苦努力和全神贯注、充满关爱的倾听之间保持平衡。

下面的内容会使你了解父母们是如何运用各种倾听方法来帮助自己的孩子消除某些通常在童年时期出现的恐惧的。这些父母和你一样，是普通的母亲和父亲。他们利用倾听伙伴关系处理自己的情绪，定期做专门时间和游戏中倾听，必要时对孩子实施干预、做陪伴式倾听来应对孩子的不安。我想你会喜欢读他们的经历并受到鼓舞，也能尝试在自己的家里应用倾听的方法。

恐惧　啃指甲和吮吸拇指

吃指甲的鳄鱼

方法　游戏中倾听　专门时间　倾听伙伴关系

我的大儿子总是处于紧绷状态。我这么说并非带着贬义：他看任何事总是比较极端，包括快乐。从他很小的时候起，我就注意到他总是要表现得特别乖，让别人高兴。我注意到他在大约 3 岁半的时候开始啃指甲，太频繁了，简直让我发疯！我尝试了所有能想到的办法来阻止他那样做。我把他的指甲剪得越来越短，可他不但没改，反而啃得更厉害了，有时候甚至都啃出了血，我几乎要疯了。而且，尽管我尽量不当着他的面流露我的焦躁心情，他还是能感觉到。情况就像是，我越对他这种神经质行为感到不安，他就变得越紧张，越频繁地啃指甲。这是个让人极度沮丧的恶性循环。

最后我终于意识到需要重新考虑自己的对策。我很快认识到，儿子让我如此心神不安的原因是我自己小时候就总爱啃指甲，多半是我自己的情绪被触动了。我开始让自己得到倾听。在一位让我感到温暖和关爱的朋友的关注下，我能够回顾自己小时候的恐惧和不安，想起啃指甲是如何成为我的恐惧的外在表现的，以及自己因为力所不及的事情而遭到责备和羞辱有多可怕。我为自己当年需要帮助却无从得到而愤怒。更多的时候我在大哭，因为想到自己是多么希望儿子的童年不要像我一样，以及我是如何把儿子啃指甲的行为当作我自己的失败的。

好几个星期之后，我对儿子啃指甲的反应不那么强烈了。我试着把他的指甲留得足够短，但又不妨碍他啃指甲。我决定暂时不再试着劝阻他这个行为。这个行为太让我烦躁了，结果通常我只会把事情弄得更糟。那时我的头脑已经清楚了一些，我从自己信任的朋友们那里收集了一些想法，做了个计划。针对儿子的恐惧，我们全天在家里重点做大活动量的游戏。我试着尽可能多地做专门时间，即便是在"常规"的游戏里，我也更经常地跟随他的"领导"。我做好了应对他激烈的情绪释放的思想准备，当这个过程开始的时候，我尽可能温暖地、全身心地守在他身边，倾听他，同时保证我们俩的安全。整个期间，我确保自己得到了支持，主要是通过我的倾听伙伴关系来获得支持。

儿子啃指甲的行为是我要完成的一大幅拼图的其中一部分，而画面已经变得清晰了：儿子正在处理恐惧。渐渐地，几个月之后，事情开始有了转机。儿子开始与其他孩子和成年人玩新的、不同花样的游戏，日常生活里也变得随和多了。他显得不安的情况也少多了，即便有也不再那么激烈了。有一天，我发现他有的指甲长长了。

"嘿！"我热切地说，"你该剪指甲了！"他喊了一声，说他不要我给他剪指甲，就跑掉了。起初我还是想给他剪，可后来意识到，既然这会勾起他太多不好的感觉，那就需要一个新的办法来给他剪指甲。我想到一个主意可以让剪指甲变得有趣。

我去浴室拿了一把指甲刀。"我太饿了！"我压低声音说，"但愿能找到可以吃的东西。"儿子好奇地带着一丝微笑偷看。我拿着指甲刀,一开一合地,让它好像在说话,一边把它转向我自己的手,说:"喔,这个我能吃吗?看起来味道不错!"

"那是条鳄鱼吗?"他笑着问道,对指甲刀的样子像什么一清二楚。

"是呀。"我答道,"它是条稀有的、专吃指甲的鳄鱼。"

"我现在饿了!"我假装指甲刀在说话。

"吃妈妈的指甲。"儿子说。我继续着这个游戏,修剪了我所有的指甲,一边弄出仿佛吃得很香的声音来,儿子则在一边大笑。然后我把指甲刀转过来朝着我,假装是它在说:"可我还是很饿!"我当时并拿不准这个小游戏是否足以让儿子感到安全,所以儿子下面的反应让我喜出望外。

儿子毫不犹豫地跑进浴室,说:"来,你可以吃我的指甲。"一边把他的手放在我的膝盖上。修剪他的每一个指甲时我都发出很大的咀嚼的声音,假装那个鳄鱼指甲刀告诉儿子味道真不错,直到最后吃饱了为止。我对儿子说,我们得每星期喂那条鳄鱼一次,还得把时间定在手机的记事栏里,免得忘记。

从那以后,儿子再也不抵触剪指甲了,也很少啃指甲。最重要的是,我知道了他啃指甲的原因:那是他感到不安全的迹象。每当我注意到他又开始啃指甲的时候,我不会再说什么,而是给他更多的温暖,更多的联结,更多的游戏,更多的倾听。然后他的指甲就又能长长了。现在我觉得很幸运让我能从这样的"晴雨表"得知儿子的内心感觉,也为自己能够想出对应的办法而感到自豪。

小议

孩子的行为经常会触发我们的不安,让我们很难支持他们释放情绪。这位母亲先运用了倾听伙伴关系释放出自己从小积累的不安情绪,然后就能够想出创造性的主意来帮助儿子处理她认为是展示了儿子的恐惧的问题行为。她为儿子在日常生活中增加了大量的大活动量的游戏和专门时间,之后又结合"吃指甲的鳄鱼"和游戏中倾听把剪指甲变成了一件乐事。尽管这没有彻底解决儿子啃指甲的问题,但却成为加深母亲与儿子的联结、摆脱那些陈年的糟糕情绪、逐步改变问题行为的有效策略。

习惯性吮吸拇指

方法　游戏中倾听

儿子在就要过 5 岁生日之前开始吮吸拇指了。我注意到,他有时候会独自坐在电视前,开始吮吸拇指。

我决定不去断然地把电视关掉,而是去试试做游戏中倾听。我走过去靠近他坐下,开始用鼻子蹭他的耳朵。起初,他把我推开。于是我对他说,我要给他一百个吻。他把拇指从嘴里抽出来,说:"不,妈妈,不要!"当我开始在他浑身上下印上我的吻时,他不停地大笑。然后他跳起来,像是要转移我的目标似的,邀请我和妹妹到他的房间里玩。起初,他以这样的方式拒绝我让我很不高兴。在我开始运用倾听方法之前,我和他建立联结的过程曾经很不顺利。不过这一次,我想与儿子建立联结的愿望压过了我自己的情绪,我能够在去往他房间的路上嘻嘻哈哈地接着亲吻他,让他继续大笑。

那天,我发现自己与儿子的联结比预想得更好。一旦我让他看到我不打算走开,而是准备和他一起玩,他就恢复成原本好玩的自己。看起来当他觉得和我中断了联结的时候,就会以吮吸拇指的行为把自己封闭起来。如果能再次与他建立联结,他还是能够很快恢复自己好玩的天性。

那天下午,儿子、女儿和我一起在儿子的房间里玩。等到我得去准备晚饭的时候，儿子跟着过来给我帮忙，而不是像他习惯的那样去看电视、吮吸拇指。

小议

习惯性吮吸拇指只是孩子自我安慰的一种方式，孩子这样做的目的是不让自己感觉到不愉快。这位母亲用充满爱抚的游戏中倾听帮助儿子通过大笑排解自己的恐惧，从而能够与她重新建立联结。一旦有了联结，他就有能力想出怎样玩游戏，甚至自愿参与准备晚餐。

吮吸拇指和女儿的见解

方法　陪伴式倾听

我们一直对 6 岁的女儿运用倾听的方法。她的一个朋友乔治经常吮吸拇指。她从未吮吸过拇指。忽然有一天她开始尝试吮吸自己的拇指。之后有好几天她总是吮吸着拇指在家里走来走去的。

最后我忍不住问她为什么要吮吸拇指。她对我说："乔治就这样做。这样做可以压住我的情绪。如果我不这样做，我的情绪就会一下子从嘴里冒出来。"

我走到她身边，抚摸着她正在吮吸着拇指的那只手，说："你可以让你的情绪冒出来。"她一下子哭了起来，哭得很厉害，哭了很久。她没有告诉我为什么哭。我就那样听着她哭。然后她的哭声停了下来。事情就过去了。她没事了，对于发生的事她的解释是："我的情绪来自我的身体。我所有的情绪都从我的嘴里出来了。"

从那天之后她不再吮吸拇指了。可是她会时不时地告诉我说："我心里觉得很难过。"通常我会靠近她，对她说："你可以让它们出来。"而她经常会说："不，现在我不想。我想读书。"或说她想做其他事。所以她其实并不总是要表达自己的情绪，她只是希望我能注意到她的那些情绪而已。她有自己生动的理解，即她的情绪待在自己的身体里，它们可以从她的嘴里跑出来。

小议

有时候初学倾听方法的父母会有一种误解，即我们要把孩子弄哭。实际上，我们要尽可能不带着关于孩子们会有什么感觉或者他们该怎样释放自己的情绪的预设去接近和倾听孩子。就像这位母亲所做的，我们是要为孩子提供情感联结和机会使他们能够释放出那些糊住了他们的情感系统、阻止他们正常发挥自己的全部才能的情绪。我们只要陪着孩子，看看会发生什么就好。这位母亲采用了肢体接触（触摸女儿的手），同时说了句导致女儿打开释放情绪的闸门的话。母亲不知道女儿为什么哭，也没有问，因为这并不重要。重要的是，女儿感觉好多了，吮吸拇指的行为也停止了。那次的联结也使得女儿向母亲敞开了自己，让母亲知道自己什么时候心里不舒服。女儿知道只要自己需要，总是有机会释放出那些不好的情绪。

恐惧　对人和人之间差异的恐惧

对外表差异的恐惧

方法　实施干预　陪伴式倾听

一天，我们的幼儿园来了一位客人，班上的孩子们见到她打了个招呼，然后接着玩。只有一个男孩明显对这位客人感到害怕，一下子跑开了。我走过去问他怎么了，他说："她有臭味。我不想和她说话！她真臭！"

这位客人在一起坠机事故中被严重烧伤，脸、手和胳膊上都留下了伤疤，还失去了几根手指。她当然没有臭味，我们猜测这个男孩只是被伤疤吓住了。对于这位客人来说，这个男孩肯定不是第一个对她的外貌感到害怕的人，而且，值得庆幸的是，她知道如何倾听孩子的情绪。于是我马上问她，我们是否可以相互配合，帮助这个男孩，她同意了。由于害怕，这个男孩没有和其他孩子一起到外面去玩，只是站在那儿，不知所措。

我用胳膊搂住他，那位客人走过来，在距我们约 1 米的地方屈膝跪了下来。我向男孩保证他是安全的。我把客人的名字告诉男孩，她温和地和他说话。我们俩都说得很少，对他尽量地亲切，好让他有机会感受自己汹涌的情绪。男孩哭了起来，说想要妈妈。我们倾听他，对他说他的妈妈会像平日一样在规定的时间来接他，所以他可以在这里好好玩一个上午。他哭了有 15 分钟，一直说要回家。

当他的哭声渐弱时，我对他讲了一些关于伤疤的事。我告诉他，这位客人在一起事故中被烧伤了，但现在已经痊愈了。我问客人我是否可以摸摸她手上的伤疤，她同意了。她向我们靠近了一些，我用手指触碰她手上的伤疤。我说，她的手看起来有些异样，但那些伤口已经一点都不疼了，伤口处的皮肤也已经长好了。然后客人对男孩说，可以问她任何他想知道的事。男孩不再哭了，但没提出任何问题。

最后，男孩看起来不再害怕这位客人了。客人问男孩，他是否愿意带她到外面看看其他孩子在做什么，于是他们俩，一边聊天一边朝游戏场地走去。

小议

　　父母要帮助孩子克服由生理上的差异引起的恐惧感可能很不容易，因为父母自己通常也有点害怕。幸运的是，有一位胸有成竹的老师在场，这位客人也愿意协助。男孩在一位他信任的老师的怀抱中得到的安全感，以及带着让男孩害怕的伤疤的这位客人的存在，使得男孩大哭了一场。当男孩释放出足够多的恐惧之后，他能够听进去老师对于伤疤的解释，最终能够毫不畏惧地和客人一起走出教室到外面去。这个例子能有完美的结果可能是因为刚好具备了理想的条件，但它让我们了解到，当孩子面对恐惧时，我们如何支持他，帮助他摆脱恐惧，并在之后向他提供准确的、能够被那个年龄段的孩子理解的信息。

应对不同肤色引起的困惑

方法　实施干预　陪伴式倾听

　　我教的班里有个两岁的小女孩迪安娜，她没办法和有着黑色皮肤的同学贝丝做朋友。她会对贝丝说"你真脏，我不想做你的朋友"之类的话。我注意到，这样的话她说了不止一次，于是决定试着帮助她处理情绪。一天上午当她又说了这样的话时，我走过去蹲下来，平视着她，尽可能和婉地说："我知道你不太高兴。有什么麻烦吗？"

　　迪安娜说："我不想做她的朋友，她太黑了。"我答道："你是不是以为她没好好洗手？"

　　"是的。"她说。

　　我说："我们问问她有没有洗手。"

　　我问了贝丝，贝丝说："当然，我洗过手了。"

于是我对贝丝说:"去和别的小朋友玩吧,我陪着迪安娜。"我搂着迪安娜,对她说:"我知道这对你很难。如果你觉得一个人很脏时,你就不想和他玩。能再多跟我说说这件事吗?"她哭了起来,似乎被我吓到了。于是我说:"我没有生你的气,迪安娜。我只是想弄明白。我希望我们大家都能玩到一起,不用担心有的人很脏。"她接着哭了一会儿。

当她的哭声逐渐停下来,我松开她,可她并没有离开我。我又用胳膊搂住她,让她再讲一讲她是怎么觉得那个孩子脏的。她说的时候,把原先说的"太脏"改成了"太黑",不再怕我抱着她。她因为班里的另一个孩子"太黑"又哭了一阵,停了一会儿,接着又哭,然后又停下来。她就这样因为这个话题哭哭停停反复了好几次。最后,她放松地躺在我怀里,问:"你生我的气吗?"

"没有啊。"我说,"我只是想了解你。"

于是她告诉我:"我想让自己特别特别白,可是我还不是特别特别白。"她哭得很伤心,我倾听着。

过了一会儿,我说:"当你以为黑就是脏的时候,事情就麻烦了。你想看看我的深颜色的皮肤脏不脏吗?"我拉着她擦了擦我前臂的皮肤,看脏不脏。她知道了那是我皮肤的颜色,并不是脏。她又去把深颜色皮肤的玩具娃娃拿过来给我,我们一起查看它脏不脏,然后确定娃娃也不脏。

这时我得去做别的工作了,就说:"和你在一起我很高兴,可是现在我得去帮忙准备午饭了。我们可以再玩一个游戏,能邀请贝丝参加吗?"

"我不知道。"她回答。

我说:"我先过去,你可以自己决定。"我走过去坐在贝丝旁边,说:"我可以坐在你旁边吗?我是在等公共汽车的妈妈!"贝丝和我假装在公共汽车站,这时迪安娜走过来和我们坐在一起。贝丝给她让了地方。迪安娜犹豫了一会儿,最后还是坐在了贝丝旁边。迪安娜和我拉手,然后我拉起了贝丝的手,我们一起站起来，大笑着朝着另一条板凳跑去。

之后的午餐也充满欢乐。迪安娜把食物传递给其他的小朋友，她以前可从没做过。她从来不喜欢挨着别人坐，每次午餐都吃得很少。可是经过那天上午我的陪伴之后，她能把盛着食物的碗递给其他人，自己也吃得很好。从那天起，迪安娜变得很喜欢和别的小朋友——包括贝丝——一起玩了。

小议

一个两岁的女孩不知何故有了"黑色皮肤就是脏"的印象。这位老师意识到她深陷在自己的情绪里，伤害了其他的孩子，于是实施了干预。怀着温暖的心，她和缓地接近那个女孩，问她遇到了什么麻烦。她告诉女孩她没有生气，让她安心。几分钟后，女孩哭了起来。起初，她因为班里其他黑色皮肤的孩子哭，后来，她为了自己的皮肤还不够白而哭。她哭完之后，老师婉转地让她通过亲身体验来改变错误的印象。很快孩子们能在一起玩乐、一起大笑了。

从更广泛的意义上来看，女孩哭过之后能够更加放松地与其他孩子相处了。种族歧视对不同肤色的孩子来说都是沉重的负担。帮助孩子消除恐惧，和不同肤色的人亲切相处，是为人父母的重要课题之一。

消除与肤色有关的情绪

方法 实施干预　陪伴式倾听

我还不到4岁的女儿从小就害怕黑色皮肤的人。在她大约9个月大的时候我注意到了这一点。当我的非洲裔理发师尼亚拉走进我家的时候，女儿开始尖叫，让我很吃惊，因为这不是正常的反应。当时我没有意识到这与肤色有关。后来情况就更明显了。每当看到有着黑色皮肤的人,她都会哭喊起来,甚至包括和我们一起度假的一位朋友的男友,她一直对他心怀戒备。到 3 岁时,每次尼亚拉来我家给我们剪头发她依然感到害怕。我意识到该采取行动处理这个问题了。

我对女儿提议说,下次尼亚拉来给我剪头发的时候,她也可以把头发剪一剪。她说:"好吧,也许吧。"可是她说她不喜欢尼亚拉,这话她以前也说过很多次。

那天女儿一切正常,可门铃一响,她马上就躲到房间的一角,怕得缩成一团。我去给尼亚拉开门,我丈夫则陪在女儿身边。当女儿听到尼亚拉进了屋,便开始大喊大叫,立刻跑上楼躲了起来。我嘱咐丈夫要不断地用期待的口吻问女儿:"现在你准备好下楼向尼亚拉问好了吗?"倾听她的反应和情绪,但是不要勉强她下楼。

我在楼下剪头发的时候,能听到女儿的尖叫和起起落落的哭声。剪完头发后,我上楼去看她。刚才她一直在爸爸的怀里哭。爸爸则倾听着她,一再向她保证她是安全的,尼亚拉是可爱的人,不会发生不好的事情。

我问女儿要不要下楼对尼亚拉说再见,因为她就要离开了。她说要,然后就下了楼。尼亚拉对她友善又风趣。尽管女儿还有点发抖,但还是和尼亚拉交谈了一会儿,看起来真不错。聊到女儿在自己的玩具厨房做什么吃的时,女儿告诉尼亚拉,下次她来的时候自己会做些吃的给她,还提到她在圣诞节收到的新娃娃。她们聊了足有十几分钟,直到尼亚拉必须得走了。尼亚拉刚离开,女儿就说她喜欢尼亚拉。随后她又说她爱尼亚拉,还为下次她再来时做计划。她说下次尼亚拉再来时她要一直待在楼下,要和尼亚拉一起玩。

我太高兴了,这曾是个大问题。陪伴式倾听让女儿战胜了恐惧,勇敢地下楼和她曾一度非常害怕的人交谈。女儿在那之后变得兴高采烈的,非常开心!

小议

　　这位母亲没有指望女儿那个特定的恐惧会随着年龄的增长而消失，那个恐惧实际上是在与日俱增。她期待女儿能够和她的理发师友好相处，但是她知道必须首先让女儿的情绪释放出来。当理发师尼亚拉来家里时，父亲做陪伴式倾听，不强迫女儿做任何事。父亲采用了"提议，倾听，再提议，再倾听"的方式，允许女儿哭泣和发抖，那正是女儿释放恐惧所需要的。幸运的是，理发结束时，女儿已经释放了足够多的恐惧，能够接近尼亚拉了。虽然母亲先前曾建议女儿也剪个发，但她并没有急于推进，接受了女儿的想法。而尼亚拉也很理解孩子有恐惧要处理，通过友善地对待她起到了积极的作用。

　　如果女儿还没有准备好接近尼亚拉，母亲会让女儿继续待在楼上，并鼓励她。然后她会再约一次剪发，创造另一次陪伴式倾听的机会，直到完成对女儿恐惧的干预。实际上仅一次机会就足够了。女儿为克服了恐惧而兴高采烈。我们可以用关注、尊重来应对如同这个孩子所持的这类恐惧，并且倾听能够化解恐惧，了解这两点令人感到非常受鼓舞。

恐惧　　演出焦虑

当孩子想放弃自己喜欢的活动时

方法　实施干预　陪伴式倾听

　　我的一个儿子因为受祖母的影响，从小就是个棒球迷。在我的记忆里,他手里总是拿着根球棒,满脑子都是球手和球队的信息。每次他向我提出要一起玩的、要和我聊的以及让他兴奋不已的事情都与棒球有关。

在他很小的时候,我们在公园里一起打棒球。等到他大一点的时候,参加了儿童棒球队,然后是少年棒球联合会。每年他都是队里最棒的球手。在他大约八九岁时,少年棒球联合会要求每个孩子都参加试赛。试赛的目的是把孩子均衡地分到各个球队,让每个赛季的比赛都好看,以保证没有队伍占绝对优势。每个孩子都会被某一个球队选中。

当我告诉儿子棒球赛季马上就到了,也就是很快要开始试赛的时候,他的反应让我吃了一惊:"今年我不打棒球了。我讨厌棒球!你为什么都不问问我就给我报名了?"我一下子蒙了,然后我根据情况判断,一定是儿子对试赛太紧张了。我对他解释说,试赛的气氛会很轻松的,每个人都能被选中。可他坚持不参加。

我感到很困惑。一方面,我了解儿子生活中的每时每刻,包括吃饭、呼吸都离不开棒球,棒球是他的最爱。另一方面,我愿意尊重他的想法。我希望让他知道他可以为自己做决定。我反思了自己的生活,想到我曾经因为害怕失败或被别人嘲笑而放弃的梦想。我意识到,尊重他放弃的愿望实际上是在害他。那是在教他在恐惧面前低头,而不是战胜恐惧。于是我决定,无论多么困难,我们都要参加试赛。假如试赛之后他仍想放弃,我们可以谈一谈,但是我不会让他就因为害怕而放弃他热爱的运动。

试赛的那天早上,我六点就叫醒了儿子,离试赛正式开始还有四个小时。

"起来,孩子。试赛就在今天上午!"我兴奋地说。

他立刻和我吵起来。

"不!我讨厌棒球!我告诉过你今年我不打棒球!"

对他的烦躁不安,我采用了陪伴式倾听。他哭过之后,我提议他穿好衣服,他别别扭扭地穿上了棒球裤和棒球衫。当他开始穿袜子的时候，恐惧一下子冒了出来。

"这袜子穿着不舒服。"他哭着说。我再次开始陪伴式倾听。

就这样，每当他大哭着坚持说自己讨厌棒球、不要参加试赛时，我就做陪伴式倾听，安静地倾听他，时不时地向他保证我们会去参加，他不会有问题的。这样经过几轮之后，我们一起向车子走去，准备出发。

但是当我们到达试赛场地时，他却不肯下车。我再次实施干预，说："宝贝，你要去参加。我知道你没问题的。"

他大哭不止，把住了车门，好让我打不开。他尖声喊叫着，说我是个可怕的妈妈。当时有位父亲带着儿子经过，问我儿子是否有麻烦。我谢了他，说我儿子没问题，还告诉他，我儿子非常喜欢棒球，只是对试赛有些害怕。那人停下来，走向我的儿子，对他说，他记得自己小时候也有过同样的感觉。儿子的眼睛一下子亮了起来。

最后，儿子同意参加试赛，只是要求我站在赛场旁边的特定地点，靠近他要参与的击球、投掷、担任外野手、打一垒等各个环节时所在的位置。我答应完全按照他的要求去做。

我们一起走向比赛场地，准时签了到。我按照他说的去做，和他同步跟进，依序从击球到投掷、防守和打一垒。试赛顺利结束。我们一起走到停车的地方。我问他感觉怎么样，他说："太棒了！我觉得我能进入扬基队！"他看着我，一脸笑容。

现在儿子13岁了，依然热衷打棒球，准备明年打中学棒球。我由衷地感谢自己能有办法帮助他战胜恐惧，而不必放弃自己的爱好。

小议

据我所知，很多父母在是否要实施干预这一点上犹豫不决。最普遍的原因之一是他们想尊重孩子的想法，然而现实却存在着千差万别。如果我们不是立即答应孩子的要求，而是花点时间思考一下孩子的要求可能与什么情绪有关的话，那么我们就给了孩子一件珍贵的礼物。向孩子的情绪让步和尊重他们的选择这两者之间是有差别的。当我们对一个基于恐惧的要求说"是"时，就是在把孩子向后拉，使他们无法长大。恐惧可以很容易地乔装成"我就是不想……"所以我们一定得仔细观察。

上面这位母亲停下来思考儿子要放弃棒球——他的最爱——的要求。她考虑了儿子的想法，也想到了自己小时候的经历。最后，她决定，如果儿子真打算放弃，他们可以一起讨论一下。但首先她要帮助儿子突破对于试赛的恐惧，这样儿子就能在经过思考和感到联结的基础上与她讨论自己的要求。

预先做好安排以便有足够的时间是顺利实施计划的关键。当天母亲早早叫醒了儿子，设想儿子会需要她多次做实施干预和陪伴式倾听才可能最终踏入赛场。她是对的。她所做的实施干预和充满爱心的倾听起了作用。流淌了大量的眼泪之后，儿子终于能够步入赛场，拿出了自己最好的表现。正如我们在做了大量陪伴式倾听之后所能见到的，那一天她的儿子志得意满，就好像赛前的那4个小时的"准备"从来没发生过一样。放弃棒球？不可能！他期盼着能加入扬基队！

学校剧演

方法　陪伴式倾听　游戏中倾听

儿子9岁时在一次学校组织的话剧演出中得到了一个角色，他有大约6周的时间做准备。可是很明显，他对这件事一点都不上心。他不想参加，可他在有机会拒绝的时候又没有拒绝。好几次我对他说该准备准备了，但他总是把话题岔开。我就对自己说："算了，等等再说吧。"

最后到了演出前一天,他来了一次情绪大爆发。他边哭边说他不想参加演出,觉得对于他来说那就是生死攸关的大事。我倾听着他。当他的哭泣似乎(很不乐意地)要结束的时候,他要我给他想个办法能不去参加演出。我说:"好吧,让我想想看。"就让他去睡了。

第二天早上,他的情绪又冒了出来,我还是没想出办法帮他。然后,我忽然有了点灵感,拿起一支玩具话筒,开始游戏中倾听。假装我们是在电视台,我是记者,在"采访"学生,让他们说说那场学校剧演,假装期待那些孩子会说那个剧很棒,值得每个人去看。当我"采访"第一位学生时,我也同时扮作那个学生作答:"哈,那真是个令人厌恶的、可怕的、糟糕的剧!"儿子听得哈哈大笑!然后我又"采访"了几个"学生",他们的形容比先前那个"学生"的回答有过之而无不及。我用了所有能想到的贬义词,让每个被问到的"学生"都具体形了那场剧有多糟。儿子笑得很高兴。当我要结束时,儿子要求我再多"采访"几个人。我照做了。然后,他拿起了午餐盒,去了学校,参加了演出。他还是很害羞,但是他到场参加演出没有任何问题!

小议

我们大都有过那种纠结:很想参加表演,但又害怕得不敢登台。在帮助儿子处理恐惧的过程中,这位父亲先用了陪伴式倾听,然后又想到了一个很妙的可以用来做游戏中倾听的游戏来恢复儿子的平衡和信心。在游戏里,那场演出被形容为惊人的失败,令孩子大笑不止,从而释放了恐惧。父亲创造了刚好满足儿子需要的机会,释放出足够多的恐惧,让儿子能够参加学校的剧演了。

当孩子突然改变了主意

方法 陪伴式倾听

7岁的女儿在要去参加社区剧场演出试音的前一天晚上,忽然问我:"我为什么一定要去参加试音呢?"我提醒她说,去年她很喜欢参加剧场演出的体验所以今年才又报了名。她用非常刺耳的声音说:"我要放弃!我不是真的想参加!"哦!我想起来了,去年的试音曾让她非常害怕。可能她需要我关注地倾听她。在随后的 20~30 分钟里她显得绝望和愤怒,大喊着指责我在强迫她做自己不再想做的事,而且我根本没在倾听她。我一再向她说,我知道试音具有挑战性,也让人害怕,但我相信只要做好准备,再加上她先前的经验,她不会有问题的。

我必须承认,当她开始大哭时,我心里有些摇摆和迟疑:"或许她真这么想,她不只是在释放焦虑。或许我该允许她现在放弃。"不过我依然决定在她大吼着说我坏的时候继续温暖、亲切地对待她。我决定,这是她的生活,应该由她做决定。

最后,她止住了哭,转到别的什么事上。我觉得她有些累了,就准备上床睡觉。我没问她最后的想法是什么,只是在睡前猜测着明天女儿会不会再来一场这样的情绪释放,结果会不会还是要取消试音。

第二天女儿一睁眼就笑嘻嘻的。该出发去试音的时候,她立刻拉着爸爸的手朝汽车走去,一句抱怨的话也没说。这一个月她几乎每周末都在排练,一直都是心情愉快、意气昂扬的。或许在下个月首场演出之前她还会需要倾听和情感联结,我会做好准备的。

我太感激倾听方法带来的奇效了。如果不是了解了孩子的情绪是怎么回事，我可能会对女儿的话信以为真，听任她半途而废。被孩子谴责毫无感情是父母难以承受的。但经过学习，掌握倾听方法之后，我没有因此而大受刺激，而是能够继续给她足够的温暖和爱，使她得以释放自己的情绪。

小议

尽管受到女儿的强烈谴责，这位母亲在女儿情绪爆发的全过程中仍然能够保持冷静思考。她倾听着，努力不做任何回应。她做的决定似乎相互矛盾。她持续倾听，而不是立刻答应女儿的要求；女儿可以全权决定自己要怎样做。或许她做得最聪明的事是在女儿哭完后由着她放下那个话题。我们大多数父母会在为一件事投入时间之后迫切地想要知道结果。事实上，一场大哭之后可能还需要一段时间结果才能显现。这位母亲让女儿（毫无结果地）去睡觉，第二天早上，她做的陪伴式倾听的疗愈效果是显而易见的。之后的日子充满乐趣和学习热情，但母亲明智地意识到，恐惧是逐层消解的，所以在首演日益临近时，女儿可能需要另一轮陪伴式倾听。

恐惧　与医生及服药相关的恐惧

顺利接受医生的诊疗

方法　专门时间

我两岁半的儿子身体不好，需要经常看医生。在诊疗室里，他不能安静地坐着。他表现得紧张、害怕、烦躁不安。因为儿子太难把控了，我没有办法好好听医生讲解我需要知道的信息。

一天，我们和一位医生约好，我有很多问题要问医生，但我需要先提供儿子的完整病史信息。我很紧张，不知道儿子在这次长时间的问诊中能不能好好配合。于是，我决定在见医生的一个小时之前，先给儿子做30分钟的专门时间，看看是否能帮助儿子顺利完成这次问诊。

我设定好计时器，告诉儿子我们会做他想做的任何事。于是他抓起两个毛绒玩具，说："我们玩它们吧。那我们和它们做什么呢？"我问他是否愿意让那只袋鼠当女医生简恩，给另一只玩具熊检查身体。儿子非常乐意。于是，我用那两个玩具详细展示了检查身体的全部过程。儿子好奇、关注地观察着，最后说："我们再来一遍。"于是我们从头到尾又做了一遍。

这样连做了四遍之后，我问他要不要再拿一只动物检查，他说："不。"一边在他那堆玩具里转来转去地看。然后他淘气地看着我说："妈妈，你知道我在想什么吗？"我问："什么？"他试探地说："我想我们应该'杀了'简恩医生。"我热切地回答说："这个主意听起来很棒！"我看到他整个身体都变了个样。一个大大的笑容让他的脸充满生气。他站得笔直，挺着胸脯，动作有力，声音强势。他呼喊着："好啊！好啊！我们就该那么做！我们要'杀了'它！让我们现在就'杀了'它！"我问该怎么"杀了"它，儿子快活地回答："用土豆泥捣碎器！"

他跑去厨房拿。我丈夫正在那儿。儿子宣布说："爸爸，我们要'杀了'简恩医生！我们现在就要做这件事，就用这个土豆泥捣碎器！"看到儿子现在表现得这么有力量，我非常激动，这与他之前每次见医生的表现——受惊吓的、恐慌的样子——有巨大的反差。我认识到，儿子正在通过扮演比医生更强大的角色卸下内心的恐惧。万幸的是，我丈夫决定不妨碍、不打断我们的游戏。

在随后的15分钟时间里，儿子狂热地用那个土豆泥捣碎器一次又一次地"杀死简恩医生"。每一次他都会自信地指挥我帮助他"把医生撕成碎片"。他拿出一只平底锅假装把所有的"碎片"放进锅里煮，然后我们假装把它们都吃掉。在整个过程中，他会以充满力量的声音说："我们就这样干！我们把简恩医生碾碎！哈！我们把它煮了！现在我们要把它全吃掉！"当计时器响起来宣告游戏时间结束时，儿子再一次"把简恩医生煮了并且吃掉"之后才同意结束游戏，去吃午餐。我们安静地吃完就准备好出发去见医生了。

我带上了那只在游戏里充当了医生角色的袋鼠玩具。我听到他对袋鼠说，他已经杀死了那个医生，所以它不再是那个医生了。然后他对我说了句："妈妈，你知道，这不是真的简恩医生。它只是只袋鼠玩具。"我笑着说："是啊，你说得对。"

在医生的办公室里，儿子第一次安安静静地坐了整整一个小时——没有扭动，没有哼哼唧唧，没有打断我跟医生说话。他显然对我们的谈话很关注，因为他在听到我们谈论他的饮食时还很有礼貌地问了几个问题。由于他能安静地待上一个小时，我不费力地得到了想从医生那里得到的所有信息。

后来给他做检查的时候，他能从头到尾保持安静，心情愉快。实际上，他还微笑着和医生聊了几句。

儿子的变化太大了，问诊的全过程他都表现得很好！我为他骄傲，为我们俩骄傲。那场游戏使他有机会处理了与看医生有关的恐惧和无助。他知道自己需要处理什么，利用那次游戏的机会增强了自信心，从而能够放松地去看医生。

小议

与通常的说法正相反，在一个专注的、关爱的成年人的陪伴下展现出攻击性并不会培养出一个未来的罪犯。实际上，给孩子一个安全的空间，游戏般地展现攻击性，能帮助孩子消除恐惧。恐惧若得不到清理，任由其发酵，则可能成为攻击性行为的驱动力。运用专门时间，这位母亲为儿子开启了一扇门，创造出一场游戏让儿子释放无助感，并就此在医患关系里成为有力量的角色。仅仅半小时的"杀死医生"游戏，就使这个男孩能够安静渡过长达一个小时的问诊，并十分配合地接受了身体检查。

打针

方法　游戏中倾听　陪伴式倾听

　　我带着四个孩子去一家无需预约的诊所打流感疫苗。等候的时候，5岁的儿子问了我很多关于打针疼不疼之类的问题。我轻轻地戳了一下他的胳膊，告诉他打针的感觉就是这样。他调皮地回戳了我一下。我夸张地大叫一声"痛啊！"惹得他笑了半天。这引发了一场游戏：另三个孩子都来戳我，而我开始了游戏中倾听，假装他们把我戳得特别疼。他们大笑着，释放对打针的紧张感。带着彼此的情感联结，孩子们心情愉快地进入诊室接受疫苗注射。

　　屋里有两把椅子，我们走向其中的一把。另一把椅子上坐着一个大约6岁的男孩，他正大哭大叫，尽管护士还没靠近他。当护士走近他时，他叫的声音更高了，想从母亲的怀里挣脱出来。他母亲努力想让他相信打针一点都不疼。她紧紧地搂住他，而他接受注射的时候一直在哭喊。

　　我先接受了注射，然后孩子们一个接一个地坐上椅子接受了注射。他们都很安静，注射完后只有一点点不舒服。轮到我最小的两岁半的孩子时，我抱着她，告诉她接下来要做什么：会有点疼，但是只有一小会儿。后来她在我怀里哭起来。我安慰她说，很快就没事了。两分钟后她不哭了，从我腿上爬下来，和她的哥哥姐姐们待在一起。这时来了一位带着一个一两岁的孩子的母亲坐在我们旁边的椅子上，小孩子大哭着想跑开，母亲在孩子祖父母的帮助下努力按住他。

　　对于我们来说，整个过程还是很愉快的。我们和坐在另一把椅子上的人们的体验之间的巨大差别显而易见。当我们离开的时候，8岁的女儿问我："妈妈，为什么那些比我的弟弟和妹妹还大的孩子会是那个样子呢？"我很感激能在我的育儿经历中有倾听方法可用。在面对可怕的事情之前能让孩子们通过大笑释放紧张情绪，当孩子感到痛苦而大哭时能够得到倾听，这会产生奇效。当孩子们感到情感联结时，就会对他人产生信任感，然后就能比较轻松地经受艰难时刻，因为他们感觉到了来自父母的支持。

小议

　　打针、体检、拍X光片或验血，我们的孩子迟早会经历这些令人生畏的过程。这位母亲做的每一步都恰到好处。她倾听了孩子们，预料到他们会担心打针很疼。她在注射前做的游戏中倾听——"戳人"游戏——让孩子们尽情大笑。她告诉孩子们真相——打针有点儿疼。当孩子需要在注射后哭一场时，她给予陪伴式倾听。不错，事情就是这么简单。

骨折

方法　　陪伴式倾听

　　某个周日，一个小男孩把我3岁半的女儿抱上了一棵树，结果她从树上跌落下来。我听到她大哭就跑了过去。她的手和小臂耷拉着一直喊疼，我知道出事了。我镇定地把女儿抱起来向汽车走去。她哭喊着："妈妈！妈妈！"我丈夫开车，驶向距我们有30分钟车程的医院。在车里，我紧紧抱着女儿，开始倾听她。多亏了先前积累的倾听经验，在她大哭时我的第一反应才会是倾听她。

我冷静地对女儿说:"我就在你身边陪着你。我们去见医生,他会把你的手治好。"我没做过多解释,而是致力于建立我们之间的情感联结,让她感受到我的爱。她又哭了一会儿,然后声音渐渐低了下来,最后不哭了。

到了医院,我抱着她拍了 X 光片,做了其他检查。因为她非常安静,也很配合,先后有三个护士问我给女儿吃了什么镇痛剂。我回答:"什么都没吃。"女儿的小臂开放式骨折,医生给女儿施了 16 分钟的全麻为她治疗,并给她服了止疼药。整个过程中,我寸步不离,女儿是在我怀里醒来的。

在坐车回家的路上,她开始对我说起她是怎么从树上跌下来的。晚上为了让她睡好觉,我给她吃了医生开的止疼药的一半剂量,仅此而已。第二天她就不要再吃止疼药了,也没显出疼痛的迹象。她甚至都想出去玩了!几天后她真的出门去玩了,爬上了一棵小一些的树。我坚定地相信,她能恢复得这么快是因为我丈夫和我能镇定地、关爱地倾听她的哭泣和情绪释放,包括对伤痛的恐惧。她能感觉到和我们的情感联结,能够很好地配合。女儿完全接受了发生的一切,从来没有要求拿掉为固定受伤处而打的石膏或对它有任何抱怨。

总之,这次本来有可能带来创伤的经历增强了女儿的自信,加深了我们彼此的情感联结和信任。我非常感谢自己学到的倾听方法。

小议

一旦你看到情绪释放过程的疗愈效果,就会惊讶自己为何曾花那么大的力气去阻止它发生。这位母亲所做的就是保持亲近,倾听女儿的不安,给她真正需要的医疗救助。对我们大多数人来说,真正困难的是什么都不做!不必发出(让孩子安静的)"嘘"声;不必试图让孩子相信一切都好,或疼痛不会持久。这位母亲让女儿知道他们要去医院,然后就是倾听,接受女儿需要释放的任何情绪。正如一个孩子在有机会能哭够的情况下会展现的状态，小女孩完全平静了下来，疼痛减轻了，使她能够较为轻松地接受治疗。

服用抗生素

方法　游戏中倾听

不久前，我和丈夫领养了两岁半的女儿，她需要连续九天服用抗生素，今天是第一天。每到吃药时，她都是又抓又咬地反抗。我们一接近她，她就用上所有招数——咳嗽、吐口水、浑身乱扭、拳打脚踢。我们不得不变成高压、强势的父母，强力掰开她的嘴（喂药），尽管很不忍心！

我想试试游戏中倾听的效果，就把一只针管给女儿玩，想着她会喜欢把它用在她的娃娃身上。我们玩着玩着，游戏变成了她给我喂药。"吃药，妈妈。"她笑着说，眼睛闪着光。我看到了她的表情。"不要。"我叫喊着，做出慌张地捂住自己的嘴的样子。咯咯的笑声响起来了。"要吃！"她坚持，一边高兴地大笑着把针管往我嘴里塞，我则弄出各种声音好像在拼命把药吐出来。"喔！讨厌！讨厌！别再给我吃了！求求你了，别再给我吃了。"游戏就这样进行着。我越那样反抗，她笑得越欢。然后突然这段游戏就结束了，她又转向其他游戏，似乎某种需要已经得到了满足。

一天里她会多次要求玩这个"喂药"游戏，和我玩或者和爸爸玩。我们边玩边倾听，做能让她大笑的事。忽然之间，她对服药的抗拒开始减弱了。尽管还不能做到完全配合，但是她自愿的程度越来越高了。

我们也学会了用鼓励的方式而不是高压的方式对待女儿。游戏中倾听释放了她的恐惧。服药不再是问题。女儿愿意配合，可她还是会叫声"讨厌"，可谁会为这个责备她呢！

小议

如果孩子害怕吃药，那么喂一次药就意味着你要花一个小时，外加承受孩子大量的尖叫声和拳打脚踢。游戏中倾听常常能够提供你一直在寻找的曲径通幽处。在上述的故事里，这位母亲只不过给了女儿一支塑料针管，就打开了女儿创造游戏的大门。它刚好是女儿所需要的。经常做游戏中倾听会让这个小女孩变成"吃药行家"，即便她并不喜欢药的味道。

喂药

方法　陪伴式倾听

有天晚上，我两岁的儿子半夜突然发高烧。我们先用凉水给他擦洗降温，然后试着给他喂药。把药喂进他的嘴里就是一场战斗，我们常常不得不把他按住。这场战斗不论是对他还是对我们都很可怕。

好在前一天我刚对丈夫讲过陪伴式倾听：不强迫孩子，允许孩子表达自己的情绪。所以这次我想尝试与以往不同的做法。我说服了丈夫，尽管他对允许儿子因为服药而哭感到担心，宁愿强迫他。

于是，我做了一次深呼吸，然后对儿子说："我很抱歉，以前我以为只能强迫你吃药。"我只是让他看我手里那个装着药的针管，没有进一步要他吃药。他开始大哭，当哭声弱下来时，我又让他看那支针管，问道："现在准备好吃药了吗？"

儿子这样反反复复哭了大约一个半小时之后，我们决定他真的得吃药了，于是抱歉地告诉了他。我把药给他时，他哭了，但哭得没有先前那么厉害，而且允许我们给他喂药。这次我们没有强迫他。

第二天，我还得给他喂药。他又哭了一阵，抗议说他不想吃。但哭的时间没有上次那么久。然后他就允许我喂他药了。第三次，他只哭了 15 分钟。再下一次，他很高兴地接过了药，一声没哭就喝了下去。

从头到尾地倾听他哭很不容易。但是我一直在想，或许他是因为某个更深的伤害而哭。他哭的时候，我感到难过和内疚。不过后来随着他哭的强度和时间递减，我能看出我们采用陪伴式倾听是做对了。当我们不必再强迫他吃药的时候，我感到如释重负。可怕的战斗终于结束了。

小议

即使情况需要父母真的做些什么，也请放慢速度，降低我们对事情的掌控感。因为，给情绪留些空间，可以让事情好转。这位母亲希望停止强迫儿子服药的行为，选择了陪伴式倾听。母亲为过去强迫他吃药向儿子道歉，引发了孩子的大哭。通过几轮这样的哭，母亲帮助儿子释放了大量的恐惧。每次她都告诉儿子下面会发生什么，让他看要吃的药，给他时间表达自己的感受。经过三四次陪伴式倾听，儿子能够没有怨言地吃药了。

恐惧　事故之后的恐惧

登高与跌落

方法　陪伴式倾听

我来到日托中心时，发现 4 岁半的儿子正在大哭。我把他抱到我的腿上。他的一位老师，珍，向我解释儿子为什么会哭："他从垫子上面的梯子上爬下来时磕到了下巴。他不想从最上边那级台子跳下来，说太高了。他往下爬的时候磕到了下巴。"

"没事。"我让珍不要担心，"我搂他一会儿就好了。"

我们正在后院，附近没有什么人，看起来不会被打扰，是个适合做陪伴式倾听的地方。"我在这里陪你，我知道刚才弄疼你了。"我对儿子说。他哭得更厉害了。每当他的哭声弱下来时，我就重复这样说："你刚才磕到梯子上了，弄疼你了。"这又能让他继续哭一阵。

"你不觉得我们该哄哄他吗？"过了一会儿，珍问道。"每次只要我让他哭够，他就感觉好多了。"我答道。不过，她的问话让我知道她越来越受不了儿子的大哭了。我估计也差不多到了该回家的时间了，在家里我可以一直倾听他直到他哭够为止。可是儿子还没有要停下来的意思。又过了 10 分钟，珍显得更焦虑了，我开始觉得不太自在。刚好儿子的哭声也不那么强烈了，我比较顺利地让他同意回家去吃点美味的茶点。

儿子刚才已经哭了至少 20 分钟。回到家他先玩了一会儿，就决定要照照镜子看看他刚才磕到的地方。这可太不寻常了！在那之前，他从来都不肯看自己伤到的地方。下午到家之后他一直都很乖，心情愉快、平和。

第二天早上我们回到日托中心。一到那里儿子就拉着我到后院让我看那个昨天磕到他的梯子。他爬到顶端，然后跳到垫子上。"瞧见了？"他说，"我还可以从很高的地方跳下来！"于是他爬到梯子上方的一个平台，假装毫不在意地在上面走，然后假装意外地从上面跌到垫子上。"瞧见了，妈妈？唐老鸭就是这么做的！"

我非常满意，现在从儿子身上看不到一丝来自昨天的意外的恐惧了。事实上，他已经能够从昨天还令他害怕的高度往下跳了。我离开的时候，他的老师问道："他怕爬梯子吗？（昨天的事）对他有什么影响吗？"我笑着告诉她，儿子比以前看起来更自信了，他刚从最高的那级平台跳到垫子上。

小议

这个男孩想从高处跳下来,但又没有勇气,在从梯子爬下来时磕疼了自己。母亲耐心地为他做陪伴式倾听,顶住了那位好心的老师想哄哄他让他安静下来的提议所带来的压力。畅快的足够长的哭泣创造了奇迹!之后这个男孩一直都很快活,还能照镜子看看自己的伤处,那是他以前从来没有勇气做的事。最棒的是第二天完成了自己从未做到的"壮举"。

被蜜蜂蜇了之后

方法　陪伴式倾听　游戏中倾听

儿子 3 岁时在我朋友家的后院里遭到了蜜蜂的攻击。我奔过去帮他。我丈夫迅速抱起他,我们三个一起跑进屋里。那群蜜蜂一路追着他。当我们脱下他的衣服查看时,还有一只蜜蜂叮在他的裤子上!我和丈夫也都被蜇了,但儿子被蜇了 8 处。他疼得很,真被吓坏了。

我们在他被蜇的地方敷上冰块后就准备回家。在开车回家的半小时路程中,儿子拼命地喊叫。我抱着他,望着他的眼睛,一遍遍地告诉他,他被蜇让我们很难过;我们知道他很疼,他怎么喊都可以。我说,我们会陪着他,他想怎么做都没问题。他叫了很久很久。我真不想让这样的事情发生在任何一个孩子身上。

之后的好几个星期,儿子怕得不敢出门,一出门就会大哭。任何会飞的东西,不论在室内还是室外,都让他害怕。他完全拒绝外出。那是个美好的夏天,在纽约州的布法罗,人们愿意待在户外，因为一年中的其他季节基本都得待在室内。因此我决定试试用游戏中倾听和陪伴式倾听来帮助儿子处理恐惧。

我开始和儿子玩游戏，我扮成一只蜜蜂，嗡嗡地向他飞过去。没多久，儿子就成为游戏里更强大的那个角色。他发出"啪啪"的声音，我就得马上恐慌地尖叫着"飞着"逃跑，嘴里念叨着："那是什么？喔！太吓人了！"儿子笑翻了天。我们玩了很多遍，他喜欢这个游戏。我们全家都上阵——我丈夫和他玩，我母亲和他玩，有时候我们三个一起和他玩。他会吓唬我们，每次我们都"吓得"四处逃窜。他大笑着，要求再来。

我还做了陪伴式倾听。我没有等待他自己提出要出门（他一直都不要出门），而是决定每天带他出去散散步。在户外我会一直抱着他。每次刚一迈出家门，他就开始大哭，拼命抓住我。我对他说，我们在外面待多久都听他的，可是我们得到外面去，在外面他是安全的。第一次，他哭了几分钟后就要求回家，我们就回家了。第二次，他还是哭，但是他过了一会儿才说要回家。我们每天都这样做，每次他都会大哭，但在外面停留的时间一次比一次长。他哭的时候，我看着他，搂紧他，告诉他我在确保他的安全。

一次，当一只飞虫靠近他时，他发出"啪啪"的声音，我们知道他不再恐惧了。当然，那只飞虫是偶然飞走的，但他为自己骄傲，说："瞧见没，妈妈，我把它赶走了！"（验证）最终胜利到来的那天，他正在院子里玩，忽然叫我："妈妈，过来看呀！"我走过去，他让我看一只落在他鞋上的大蜜蜂。他说："瞧，妈妈，我鞋上有只蜜蜂。"可他一点儿没害怕。我说："是的，没错。你想让它走吗？"他说："是的。"于是踢了踢那只脚。那只蜜蜂飞走了，他又接着玩，表现得仿佛刚才不过是发生了一件很平常的事。

我觉得自己是很棒的妈妈！我们已经知道了如何帮助儿子渡过一段可怕的经历。儿子像以前一样不害怕昆虫了，就像什么事都没发生过一样。

一次可怕的经历往往会给孩子留下强烈、持久的恐惧感。通常的情况是，由于不知道该如何处理孩子的恐怖症，我们不得不绕开它们。如果孩子怕水，我们就避开游泳池；如果孩子怕昆虫，我们就在院子里挂满捕虫网，并断定在外野营不适合我们。但是这样做只会让恐惧在孩子内心牢牢扎下根，影响孩子的日常生活和他身边人的生活。

这位母亲没有那么做。她运用游戏中倾听帮助儿子用笑声驱除轻度的恐惧，运用陪伴式倾听使儿子通过大哭释放那些更深层的恐惧。做游戏中倾听时，她想方设法让儿子在游戏中扮演强势的角色。他在安全的家里听到那吓人的嗡嗡声，在母亲的鼓励下大笑，释放出恐惧引起的紧张。母亲做陪伴式倾听时，没有操之过急，而是每次一小步，让儿子决定什么时候停下来，同时让他在母亲安全的怀抱中感受恐惧。男孩缓慢而扎实地恢复了勇气，不久就能重新到院子里玩，毫不在意有蜜蜂或其他昆虫飞来飞去。

骑车摔倒

方法　陪伴式倾听

有一年我们一家去度假，我3岁半的儿子亨利带上了他的自行车。一天，他骑上了一条相当陡的下坡路。自行车速越来越快，开始摇晃。我没能及时赶到，儿子脸朝下狠狠摔了下去（幸亏戴着头盔）。我跑过去，他哇哇大哭。我坐在地上，把他拉进怀里，开始倾听他。

儿子的嘴角一直在流血，他就把血咽了下去。儿子吓得不轻。我知道口腔很容易出血，一般（医生）也不会给口腔内侧的伤口缝针。这时人们跑过来帮忙。我说我们现在还好，可能过一会儿才需要。有的人带着怀疑或是（我认为的）不赞成的眼光看着我，但我认定这会儿真正需要的是对儿子保持关注。我真的想试试倾听的方法，我听过一些故事，说那样做有益于心理和身体的康复，这些故事令我印象深刻。

当我看到亨利的嘴唇肿了起来而且颜色发暗时，我有些害怕和紧张。他已经咽下了不少血。然而，我把这些担心放到一边，继续专注地倾听他。人们不断地走过来建议该怎样做。我觉得他们都把我当成一个糟糕的母亲——在他们眼里，我什么都没做。我继续守护着亨利和我之间的情感联结，关注着我们之间的关系。他还是哭得很厉害。

最后，血止住了。我能看到他的牙完好无损。亨利开始一边哭一边提要求。我倾听着他，回应他说，现在我只想倾听他。隔一会儿我就会对他说："你从车上摔下来了。"或者"你的嘴唇摔破了。"儿子的哭声持续了二三十分钟。他的哭泣接近尾声的时候，惊人的事情发生了：他嘴上的肿消退了，颜色也基本恢复正常。我简直不敢相信自己的眼睛！如果不是我亲眼见到全过程，我是很难相信的。最后，亨利不再哭了。

我提议继续走走。儿子说他想要我抱着他。我告诉他，我听到了他的话，接着建议他试着自己走走看。他开始自己走。然后我说："要是你愿意，你可以骑上自行车。"他说："好的。"接着就骑上了自行车。真是令人惊异。

围观我们的人显得非常惊讶。我很想知道现在他们怎么看我这个做母亲的。我对自己很满意。下午，亨利和我又出门了，他骑着自行车又上了同一条下坡路。这次他骑得很稳。我的心充满了感激。他的嘴唇看起来几乎完全正常，过了几天就痊愈了。我觉得自己用了一个几乎是不可思议的方法来帮助儿子应对创伤。

小议

有时候哭泣的疗愈力看起来不可思议。在上面的例子里,母亲知道儿子的伤口无需即刻处理,就把注意力完全放在与儿子的联结上,不在意周围人的担心。她运用了陪伴式倾听帮助儿子释放恐惧。当儿子开始提要求时(孩子们经常会这样做,以便让自己不去注意那个可怕的事件),母亲温和地把他的注意力带回到他所受的伤上,以便让哭声继续。哭完之后,儿子已经准备好重新跳上自行车继续骑行。他的嘴唇也在康复。当天下午,他再次骑车上了那条下坡路,一切顺利。

当我们都感到害怕时

方法　陪伴式倾听　倾听伙伴关系

某个星期天的上午,我们的家庭出游成了一次有趣的、终生难忘的经历。我丈夫、我们两岁半的儿子和我正在一家餐厅吃早餐。儿子吃完后,就出去看喷泉,我跟过去坐在水池边上。我们在那儿待了一会儿,突然儿子滑倒了,头朝下栽进了喷泉池。我反应迅速,立刻把他拖了出来。他全身湿透,歇斯底里地哭着,可我没发现他有任何明显的创伤。我把他抱在怀里,看着他的眼睛,倾听他。我们没有离开那个喷泉,尽管四周挤满了人。我想起要尽量避免移动受伤的孩子,以便让康复过程的效果更好。我确保儿子能看到我。他释放着内心的不安和恐惧,我则轻轻地抚摸他的头,发出安抚的声音。我觉得说太多没有意义,因为儿子哭得很厉害。我尽可能让自己保持镇定和关注,尽管我自己也被吓到了。

这样大约过了5分钟,我觉得该把儿子抱离此地,就带着他到附近的一条小巷子里。丈夫和我一起跪在地上,我继续听儿子哭。当他的哭声弱下来时,我轻轻地说:"你刚才掉进水里了。"他又大哭起来。最后,我丈夫开始担心儿子会着凉,我们就把他带到自己的车上。我把他抱在怀里,轻轻脱下他的湿衣服。他很快就想玩了。过了大约10分钟,我们又提到刚才的意外,他说:"我刚才游泳了,嘘!"他的嘴唇有点擦伤,脸颊上也有处擦伤,可他说一点都不疼。直到现在我都很惊讶,他怎么能这么快就从一个原本会带给他很大创伤的事件中康复。

过了几天我们又去那家餐厅时,儿子没有显露出一丝害怕。他对那个喷泉的兴趣不太大,对我们说:"今天我不想进到里面去了。"不过,在上游泳课的时候,他变得比以前更大胆了。至于我自己,我约了好几次倾听伙伴,在我的时间里叙述了那次意外、儿子出生时以及之后遭受过的创伤。儿子恢复得比我快得多。

小议

孩子受伤之后,父母通常比孩子需要更多的时间来摆脱恐惧!意外总会发生。在这个例子里,即使有专注的母亲在身边,小家伙还是意外地跌进了喷泉池。母亲没发现孩子有任何严重的创伤,就选择在原地为儿子做陪伴式倾听。当感到把大哭的儿子带离餐厅更好些时,她就马上行动。她相信自己的决定,也相信丈夫的决定。在倾听中,她简单地提醒儿子刚才发生的意外,鼓励他释放所有残存的恐惧。他们稳扎稳打地帮助儿子从意外中康复。最后,那场意外留给孩子的是轻松的、符合事实的记忆:"我去游泳了,嘘!""今天我不进去了。"而母亲则继续利用倾听伙伴关系来处理这次意外带给自己的恐惧和其他情绪。

第 12 章

帮助有攻击性的孩子

孩子的攻击性几乎会让我们所有人感到为难。它会突然冒出来,而且一旦有了第一次,就会有第二次、第三次。在这些情绪激烈、难以控制的时刻,我们该怎么做呢?

你可能已经发现,传统的办法,如说理、记录好行为的小红花贴纸、罚站、打屁股以及其他"理所应当的惩罚",并不能长期有效地遏制孩子的攻击性。事实上,引发孩子猛烈攻击他人的强烈情绪的心结是无法被这些办法所消解的!

当孩子能思考时,他与自己的朋友和兄弟姐妹相处融洽、友爱。感到与你有联结时,他会让你知道发生了什么——有人惹他生气时,他会放声大哭或心烦意乱地跑到你身边向你求助。但是,当他被情绪完全控制时,大脑是无法思考的,根本不能理解你为纠正他的行为所采取的任何措施和所说的任何道理。

幸好我们还有别的办法!

攻击行为是孩子感到害怕时发出的信号

如果你意识到孩子突然打人是因为害怕,那么帮助他就容易多了。难产、看病就医、家里的紧张气氛、突然的变故、身边其他人的苦恼、失去可亲的人等，这些经历都会让孩子感到恐惧。孩子无法保护自己，恐惧会一直留在他的记忆中，除非有人能倾听他、陪伴他，帮助他排解情绪。情绪记忆不会随着时间的推移而消解。几个星期、几个月甚至几年后，当这种记忆被某个无害的事件或场景触动时，他会又一次被恐惧淹没，尽管他当时的处境十分安全。他的思维停滞了，被逃生本能所取代，这时孩子很可能会突然攻击身边的人。

孩子无法控制自己的攻击行为，尽管我们大人觉得是他故意所为。由于恐惧占了上风，他变得铁石心肠。当你指出他伤到了弟弟时，他会说："我不在乎！"他其实很在乎，但他的善良天性被伴随着恐惧的孤立感削弱了。事实上，把孩子伤害他人的行为——咬人、抓人、推搡、打人以及其他毫无意义的冲动行为——当作一种信号是有益的，这个信号的意思是："我害怕极了！救命！"

你的孩子是个好孩子。他喜欢游戏玩乐，而不是给别人制造麻烦。使用倾听的方法，你就可以接近他，让他意识到你是站在他这边的。然后，你们两个就能相互合作，释放使他感到被孤立的紧张情绪。你实施干预并给予关爱，而孩子则会向你展示他需要摆脱的负面情绪，然后慢慢放松下来。

如何消除孩子的攻击性

以暴力对待一个好斗的孩子有悖于我们希望孩子向善的努力。而在我们自己头脑发热时，即刻做出的反应往往是重蹈覆辙——重演我们自己小时候的遭遇。这些反应只会把事情弄得更糟：既让孩子受到了恐吓，也没能实现我们自己所宣扬的善良。下文讲述的步骤是为了逐步加强你和孩子之间的联结，并确保周围环境的安全。你可以使用各种倾听方法来接近孩子，并帮助自己卸下烦恼。你应该得到的支持至少要和孩子得到的一样多！专注于联结并保证安全会帮助你们发现彼此，走出有如荆棘丛生般包围着你们的情绪。

步骤 ❶ 获得支持。

养育一个总感到四面受敌的孩子实在令人疲惫不堪！要想让事情向好的方向发展，你需要头脑清醒地主动去接近他，而不是在他无法思考时被动地做出反应。所以，请对一位值得信赖的倾听者说说你小时候第一次被打或粗暴对待的经历。谈谈你和你的兄弟姐妹们是怎么被对待的，以及你小时候在学校或运动队里目睹的"处罚"。说说你受到惩罚时的感受，以及当你看到其他孩子受到愤怒的成年人的虐待时的感觉。把自己在回顾这些经历以及你的家庭传递给你对待孩子的态度时的感受尽量释放出来。

在你的倾听时间里，想象一下你终于能够为自己做主了。你可以面对任何惩罚过你的成年人来一场真正的训话。你可以为自己挺身而出，甚至严厉、苛刻地对待他们。用你的想象力重新回到曾经令你遍体鳞伤的场景，只不过这次是以强有力的姿态回去。当你专注于自己"是个好孩子，而且一直都是"这个事实时，允许自己流下眼泪，冒汗或发抖。你小时候的不当行为其实是向成年人发出的求助信号。从这个认识出发，就会把当年的创伤所留下的情绪以及有害信息都清除掉。

以下是一位母亲讲述自己如何对攻击性很强的儿子做出具有建设性的回应。倾听时间，包括在回顾幼年经历时采取强有力的姿态为自己发声，为儿子和母亲都带来了很大的改变。

我6岁的儿子有源于婴儿期的分离恐惧。最能让他释放这些恐惧的方式是在我实施干预之后"变得疯狂"，或者在他试图打我的时候，我坚持实施干预。但是在一开始，当事态发展到他打我的时候，我总是会吓一跳。我会试图保护自己，有时我对他叫喊，吓唬他让他停下。我意识到自己需要倾听时间！我得帮助儿子处理恐惧，这样他就不必总是有那样的反应了。

在一次倾听时间里，我的倾听伙伴温和地问我，儿子变得有攻击性时我想起了谁。我立刻说："我的父亲。"我开始回忆并回到那些让我身心都很受伤的早年的辛酸时刻。在以后的很多次倾听时间里，我哭诉了自己是如何挨父亲打的。在我的倾听时间里，我抓住机会为自己发声，向想象中的父亲高声抗议他对我的伤害，并告诉他，我不应该受到这样的对待。这帮助我释放了很多情绪。

慢慢地，我越来越能预判儿子什么时候会打人。例如，当他要求吃糖或看电视时，我会实施干预，我知道他会开始试图打我。我冷静多了，可以更好地保护自己。我发现自己能更好地倾听他的情绪了，我自己也没有太多情绪妨碍我倾听他。这些日子，我问自己："我能应付一场大爆发吗？还是我太累了，不能倾听那些恐惧？"如果我状态不错，我就会去做，实施我认为有道理的干预，于是儿子得以痛快地释放他内心深处的恐惧。之后我会在自己的倾听时间里处理我当时产生的情绪。

通过使用实施干预和陪伴式倾听，加上大量的专门时间和游戏中倾听，儿子可以很放松地和我们说再见了。现在送他去学校容易多了。他能够独处的时间变长了，也更经常去朋友家玩。过去我们每天都能看到的他的攻击性行为，现在每个月只出现几次。我们都有了不小的进步！

步骤❷ 用专门时间让孩子感知与你的情感联结。

专门时间是建立情感联结和信任的好途径。无论孩子多么好斗，你都可以从专门时间做起。父母的联结是孩子所需要的，也必须依据孩子的具体状况开始着手。

通常，你根本不知道是什么在助长孩子的攻击性。只要每天坚持做短暂的专门时间，孩子就可能会通过一个创造性的游戏来透露他受到的伤害，在游戏中他会让你扮演受害者的角色。例如，一个在学校被欺负的孩子可能会利用专门时间来展现他遭受的谩骂或折磨。你不需要问为什么他要在专门时间里把你称为"笨脑瓜"，你只要一直装作不懂的样子："你是在说我的脑袋吗？我觉得我的脑袋还行。嗯——要不我照照镜子？哪个地方笨呢？"你越是显得傻乎乎的，他就越能大笑。笑声释放了他所感受到的较轻的恐惧。他可能永远不会告诉你在学校发生的事情的更多细节，但是如果他能笑和哭，伤口就会愈合。

下面这位母亲讲的是在按照我们的建议给她好斗的儿子做专门时间后，她和儿子的关系发生了很大改变。

我真的很挣扎，4岁的儿子经常要打我。我知道，他需要帮助。我一直在做我以为的专门时间，后来才意识到我做得有些走样。我会和儿子一起玩，问他是否想要专门时间，但我并没有定期做。我会时有时无地，东一榔头西一棒子地做，而不是像每天早上都做那样固定。我会建议做什么样的游戏或逐渐加入我自己的想法，这就让游戏变了味儿。有可能是我在屋子里追他的时候发出一声大吼，而不是按照他要求的仅仅是追着他跑就好。

之后我真正领会到，做专门时间的关键是为儿子安排时间、让孩子领导以及坚持这样做。于是，第二天一早我的第一件事就是为儿子做专门时间。我宣布现在是专门时间，说："我们有10分钟可以做你想做的任何事。"我设好了计时器。儿子想玩枕头大战。我全力以赴，关注着他的一举一动。我们玩得非常开心，大笑着跑来跑去。计时器响了，他还想玩，但我说专门时间已经结束了，我们可以放学后再玩。他没闹别扭。这天早晨过得出奇地顺利。这可是从没有过的！我太高兴了。

儿子放学后，我们又做了专门时间，我发现变化真的出现了。我先前做走样的"专门时间"可没有我在这天早上和下午做的专门时间所产生的效果。我在做具有变革性的事！

过去一两个月我每天早上都会为儿子做专门时间，也会在儿子放学后做一两次。我简直不敢相信我们的关系会发生那么大的变化。儿子的恐惧感减轻了，过去的创伤已经不太能影响到他了。同时我还做了很多次陪伴式倾听，这些方法结合在一起带来了新的变化，加深了我们彼此的情感联结。我非常感激能找到这样一种充满爱心的方法来处理孩子的问题行为，避免更多的伤害。

步骤❸　用游戏中倾听传递你的爱，建立亲密关系。

大笑是一个很好地释放孩子轻度恐惧的阀门。游戏中倾听常有的打打闹闹可以成为一种强效放松剂。没有什么比在游戏中互相碰撞更能让孩子相信你是坚强可靠的，你在乎他。当孩子跳到你身上、拦住你、追你、把你推倒在地毯或草地上时，笑声、亲昵和身体接触会给他的身心带来极大的益处。活力四射的游戏能使他彻底恢复信心。在和孩子游戏时该如何把握力度，取决于你怎么做才能让他发笑。有些孩子对自己的体能很有自信，能够应对很多挑战；有些孩子则会小心翼翼地维持自己的安全感。你可以通过孩子的笑声来判断应该使多大劲儿，以及孩子能够承受的你们在游戏中相互接触的程度。

下面是一位母亲讲述的如何用游戏中倾听让儿子的攻击性呈螺旋式下降的经历。

当5岁的儿子对我又踢又打时，我经常和他玩这样一个游戏。我说："天哪，这儿有只愤怒的小狮子。嗯，亲他几下能让他平静下来吗？"于是我试着去亲他，他当然会反抗。这时儿子开始扮演小狮子的角色，低吼、咆哮着来吓唬我，还要拽我的头发。我说："我肯定狮子们是被亲吻驯服的。我在百科全书上看到的！也许这只狮子还需要更多的吻！"我假装惊讶于他还没有被驯服，然后继续努力去亲吻他，说："也许他需要的是在他肚子上亲一下。我知道狮子是被亲吻驯服的，但我忘了到底需要亲哪里了！"他喜欢这个游戏，不停地大笑！这样玩上3~5分钟总能帮助他恢复正常，不再让自己的不安表现为强烈的攻击性。

步骤❹ 当孩子行为失常时，立即实施干预。

你拖延的时间越长，孩子就越感到害怕和孤立，也就越可能变得好斗。实施干预的方式可以是风趣的玩笑，也可以语气坚定、实事求是，但一旦开始，就要坚持，直到孩子的情绪得到倾听和疏解，其失常行为消失为止。

如果孩子很烦人，但尚未被愤怒吞噬，一个比较好的策略是让你自己成为他攻击的目标，从那个被欺负的孩子身上把火引开。打打闹闹地疯玩能帮你做到这一点。你可以咧嘴一笑，对孩子说："啊，你就是这么对你妹妹说话的！好吧，为了这句话我得抓着你的脚趾头把你吊起来！"这足以让你好斗的孩子把注意力从妹妹身上转移到你身上。发出夸张的威胁，然后奋力和他打闹，同时始终保持友善和热情。对一个吐着舌头、大声叫骂或是在欺负另一个小朋友的孩子，你的吻和玩笑般地对打都是不错的回应。只要你的态度是热情和亲切的，就很有可能会在本来很棘手的状况中激发出（孩子的）笑声。

当你和孩子疯玩时，你就为孩子们创造了安全感。你让孩子看到你不怕他们吓唬你。你确保孩子可以在安全的环境下一次次地对你做出冲动的攻击行为。在孩子闹着玩似地多次试探你的底线之后，他可能会做出更恶劣、更伤人的行为，因为在他内心深处潜藏着一个很大的不安。当然，你必须巧妙地实施干预来保证自己的安全！例如，当你们在地板上滚在一起时，孩子可能会开始掐你。用慈爱的方式来回应他升级的攻击性："哦，那个小手指在哪里？我想它一定需要亲吻——亲一下，再亲一下！"他可能还会掐你，但随着你从亲吻他的手指到暗示说你可能还会舔它们的时候，他会笑得越来越厉害。如果他还要继续掐你，就"加重惩罚"，朝着他的肚皮发出很大的咂舌声。这些慈爱的回应构成了"柔和的干预"——当孩子对你的攻击性冲动变得和缓些时，你在实施干预的同时让他沐浴在你的慈爱之中。

如果孩子的行为逐步升级到让你无法应对或不想应对的程度，就停止游戏，靠近他。实施干预的机会就在眼前。孩子有足够的安全感让自己肆意妄为，他知道你会在适当的时机坚定地实施干预。他已经准备好释放那些给自己带来太多麻烦的情绪。

实施干预时，你可能需要握住孩子的双手，这样他就不能打到你或者伤到你。这时冒上来的情绪让孩子很难忍受，他可能会不想和你在一起。你可以这样对孩子说："我不能让你伤害我，我们就在这儿待一会儿吧。"不要让孩子去做别的事。他可能会感到不安，想逃离。巨大的令人伤痛的情绪正在上涌。靠近他，即使你必须跟着他到屋里最远的角落。孩子需要感受到你的关心，他会找到办法让自己大哭一场。

步骤❺ 用陪伴式倾听来治愈核心的伤害。

我可以肯定地告诉你，孩子的情绪会很强烈，而且"这是你的错"！（孩子会指责说）是你毁了游戏时间，你闻起来真臭，或者你就是世界上最糟糕的父母，因为你不肯放过他。孩子渴望发泄那些令他无法与别人友好相处的沉重的情绪。所以，你只要听着就好，不要为自己辩护，可以说："我知道这很难。""我知道你感觉不太好。"或者"我想陪着你，直到你觉得好一点儿。"他会大哭、冒汗、拳打脚踢、尖叫，这种状态会持续一段时间。这就是释放恐惧的情景——大吵大闹、愤恨、指责、控诉，还有惊恐。用倾听守护正在经历这段过程的孩子，你会看到他的一些明显改变，包括攻击性行为的减少，下面是一个例子。

我5岁的儿子在足球课上胡闹，扰乱了课堂秩序。几次警告之后，教练抓住他的胳膊，叫他安静下来。儿子的反应很激烈，他立刻从同学那里拿了一个球，使劲把它踢得远远的。当教练拿了一个新球回来时，儿子又狠狠地踢了它一下，然后跑到另一个孩子身边，试图和他扭打。

儿子分明是需要一些支持，于是我走过去，让他和我一起待一会儿。儿子起初不肯，然后又让我把他抱起来。当我们走出球场时，他向后拱起身子，要挣脱我。于是我抱着他坐下来，他继续挣扎着想要逃走。他一边用手抓我，一边用脚踢，想要咬我，还打掉了我的眼镜。我让他知道他很安全，我就在他身边。他浑身是汗，但没有哭。

过了一会儿，他平静下来，要求回去上课。我认为他对刚才发生的事还有强烈的情绪，就说我想和他再多待一会儿。这让他又挣扎起来，开始大哭。哭了一会儿，他说："教练抓住我的胳膊时，让我感觉不太友好。"说完他又接着哭起来。我说："你不喜欢他那样对你。"当我感到他的身体放松下来时，我问他是否想回去参加训练。他回去上课了，后来在训练中他显得很开心。

这是一个在公开场合做陪伴式倾听的经历：儿子的老师和其他孩子的父母都在旁边。他的老师对儿子从行为失常到哭泣，然后放松下来变得开心的整个过程感到大为惊讶。

通过以上步骤可以逐渐消解促发孩子猛烈攻击的恐惧感。一开始，你可能会发现孩子的冲动行为增加了，这是因为你的倾听以及你保证了他的安全使他充满希望。孩子想摆脱困境，他会频繁地向你发出求救信号。由于你让他有机会卸下恐惧，他的表情和行为都会显出如释重负的样子。他可能睡得更好，吃得更香，开始喜欢他曾感到对他有威胁的兄弟姐妹，或者更容易露出笑容。最终，他的烦恼会减少。每个人都会遇到麻烦——毕竟这就是他疗愈的过程——而他的恢复能力会得到增强。孩子会更有能力通过提出要求或者只是突然的哭泣来向你发出信号——我陷入了困境。随着情况的改善，你可能想要减少专门时间和游戏中倾听，但是在化解孩子的攻击性的过程中,这些方法和实施干预以及陪伴式倾听同等重要。每一种倾听方法都能满足孩子与生俱来的需求,传递你的爱和抚慰。

化解孩子攻击性的更多方法

还有一些策略可以用来消除那些令孩子好斗的情绪,使孩子与他人——包括兄弟姐妹——相处时能够更加包容和灵活。这个过程可能需要时间。如果你能利用倾听伙伴关系来消除自己的恐惧和不安,会使进程加快,当你靠近受惊的孩子时,也能平复自己的紧张情绪。

观察

在什么情况下,孩子的恐惧会导致攻击行为?是在妈妈去参加晚间课程之后,家里发生争吵的时候,被其他孩子围住的时候,当他和其他孩子在一个房间玩的时候,还是有个朋友来家里玩,想要一件他的玩具时?

你要学会识别孩子的恐惧被激发时的细微迹象。例如,你可能会注意到,在他咬人、推人或打人之前,变得面无表情或姿势僵硬。你越能预见他何时会有麻烦,就越能赶在他爆发之前想出办法在你们两人之间建立联结。

放弃不切实际的期待

父母有时会被不切实际的期待误导。如果你的女儿在过去两周的时间里几乎每天早上都在早餐前对弟弟出言不逊的话,就别理会你脑子里那个小声音："哦，我希望她早餐前不要欺负弟弟。"很有可能，她还会那样做。如果孩子在和你打打闹闹中常常突然咬你，就做好准备。在游戏中的任何时刻都保持让孩子的头至少离你的身体有5厘米。当她试图靠近你的时候，迅速躲开或做出温和的抵抗。

把保护每个人的安全作为你的任务

一旦你能识别孩子的某种攻击性模式，就做好准备，保持与孩子不超过一只手臂的距离，以防孩子突然出手攻击他人。

你要努力保持足够的警觉，防止你的孩子揪到他朋友的头发，或者在他要猛推妹妹的时候拦住他。例如，如果孩子在游乐场玩滑梯时常常会推排在他前面的孩子，在他蹬上梯子的时候，把你的一只手放在他的肚子上。这样，你就能让他和前面的孩子保持安全距离。你可以这样对他说："我需要保证大家的安全，所以我得让你慢一点。"

如果孩子对你温柔、预防性的触碰感到不快，那就做陪伴式倾听。当孩子感到迫切需要以某种方式做某件事时，这是一个明确的迹象：恐惧正在控制他——生活中很少有什么事情必须只能以一种方式去做，或者必须在此时此刻做！他会大哭，因为在感到孤独无助之时，他觉得你就像是个外星人，你已经侵入了他的空间。他受到惊吓的时候就会感到孤独，你的触碰带给他的感觉会把那些情绪激发出来，同时也不会让任何人受伤。

少说话

你的陪伴本身就传递了对孩子的关怀和限制。大多数成年人会对一个好斗的孩子发出很多警告："今天伊莎贝拉想玩你的火车时，你不许打她。记住，手不是用来伤人的！"事实上，当孩子感觉到与父母的情感联结时并不需要警告。当他感觉不到与父母的联结时，警告也没有用。所以不要白费口舌！还是带着警觉，亲切地陪伴孩子吧，需要时再实施干预。在干预的过程中传递你的爱。

尽你所能让孩子大笑

在游戏中与一个温暖的成年人建立联结是使孩子保持与他人的亲近感的有效手段。不要通过简单的挠痒痒逗笑孩子，要付出情感，想办法在游戏里扮演那个较弱的角色。这种有趣和亲密的感觉，才能帮助孩子与他的朋友以及兄弟姐妹和睦相处，使他更有可能在感到不安时向你求助。

要想理解恐惧是如何被释放出来的，你可以在第 11 章找到更全面的说明，具体了解如何使用陪伴式倾听帮助孩子卸下恐惧。

下面您将读到众多父母们使用多种倾听方法帮助孩子克服和消解攻击性行为的故事。

攻击　打人和咬人

将攻击行为扼杀在萌芽中

方法　专门时间　陪伴式倾听

一天清早，我 7 岁的女儿开始对弟弟耍横。她坚持让弟弟和她一起玩，还得按她的规定来玩。弟弟已经竭力对她说不行，但没能成功。情况迅速恶化。我决定邀请女儿和我做 5 分钟的专门时间，因为我可以看出她此刻不能很好地思考。

我们进了她的房间,她很快向我冲过来,抓我、咬我、用头撞、推搡、吐口水。她真的有点不对劲。我们开始扭打,我努力避开她的拳头,传递对她的关爱。快要结束的时候,女儿的头撞到了墙上。她开始大哭。

当计时器的铃声响起时,她非常伤心地站起来坐在一把椅子上。她提醒我,轮到她弟弟的专门时间了。我告诉她,我会和她在一起多待一会儿,因为她看起来很伤心。她半推半就地让我走。我没走,试着轻轻地、玩笑般地靠近她,给她一个拥抱。

过了一会儿,她为刚才对弟弟的恶劣态度道歉,告诉我说,当别人不想按照她想要的方式和她玩时,她就会很难过。我点点头,继续倾听。然后她敞开了内心,说有时她会觉得遭到了其他孩子的背叛。她指的是她在学校遇到了交友方面的麻烦。我和她紧靠在一起,继续听了一会儿。

那之后,我们又回到了原计划的日程之中,姐弟俩和好了。在艰难的时刻,那5分钟的专门时间帮助我的小姑娘触及了一些对她来说非常困难的事情。

小议

当然,出现紧张状况时,我们必须保证孩子们不会伤害彼此。这位母亲看到女儿不能和弟弟友好地玩耍,需要帮助。她为女儿做了专门时间,希望这能让女儿恢复正常,让姐弟俩重新亲密起来。女儿在专门时间里显示的攻击性证实了(母亲的判断),她需要一个安全的空间来摆脱自己的不安,不论这种不安到底是什么。母亲立即进入状态,和女儿做强体力的游戏,这是建立亲密关系的有效办法。游戏中的一个小小的磕碰正是这个小女孩所需要的,她可以借机哭出来,从那些驱使她做出攻击性行为的伤痛中康复。当专门时间结束时,女儿仍然很伤心,所以母亲继续留在她身边。当用专门时间重建母女的情感联结并用陪伴式倾听使女儿心情变得轻松后，这个女孩能够为自己对待弟弟的态度道歉，并说出她在学校遇到的问题。如果不是母亲的及时介入，姐弟之间的冲突可能会有完全不同的结果。

改掉儿子咬人的习惯

方法 实施干预 倾听伙伴关系 陪伴式倾听 专门时间

我的小儿子两岁多时就开始咬人。当他和哥哥因为要共享什么而发生问题的时候，或者当他的要求没有得到满足的时候，他会咬得很用力。他无法对抗哥哥。哥哥比他大三岁，更有能力，也更能说。所以咬人似乎是他的本能反应。

解决小儿子咬人的问题是我优先要做的事，我特地把精力和注意力腾出来应对他发起的新的攻击。我减少了做家务的时间，尽量缩短打扫、洗碗和做饭的时间，以便当儿子们在一起的时候能近距离看护他们。我要在事态升级之前就介入。白天我经常和他们待在同一个房间里，或者在他们一起玩的时候夹在他们中间。

但有时，正当我在浴室或去接电话时，他就张口咬了。哥哥会被弄伤，哭得很厉害，弟弟也会在内疚中一脸茫然。我会冲过去，为没能在那里保障他们的安全而向他们道歉。然后我会分别倾听他们。经常是当我给一个儿子做陪伴式倾听时，另一个儿子会试着爬到我的腿上。所以我学会了如何一起抱着他们，同时不让他们彼此伤害。

我越来越能及时阻止弟弟的额头靠近哥哥，从而成功地防止他咬到哥哥。我学会了解读他们失和时的预警信号，比如他们的语气或情绪的轻微变化，这样我就可以防止攻击的发生。当他们分开很久之后重聚到一起的时候，我会"监视"他们。

我持续这样做了一段时间。我利用倾听伙伴关系处理了在应对类似的情况中感到的尴尬、内疚、担忧和愤怒，这让我察觉到我小时候被人欺负时感到的孤独无助。我的倾听伙伴给了我好几次机会，让我不再被动，敢于发声，说出小时候因为没有力量而未曾说出的话，释放出我压抑已久的怒火。感觉就像改写了自己的人生历史。

我也一直定期为兄弟俩提供专门时间。有一次我给弟弟做专门时间，我们正快乐地做骑马游戏时他狠狠地咬了我一口。我停下来，盯着他的眼睛——尽管他不和我对视，说："我不能让你咬我。"他一下子哭了起来。同样的情况也会出现在其他专门时间里：他让我看到他的冲动，我用倾听作为回应，他就会哭得很厉害。

这些努力逐渐带来了变化。6个月后，他已经完全停止咬人了。

小议

这位母亲明白，终结儿子咬人的行为需要一项情绪处理工程，她允许自己放下其他职责，以便给两个男孩带来他们都需要的帮助。她认真对待自己作为"安全员"的角色，尽可能严密"监视"他们的互动。她没有试图压制小儿子的咬人行为，而是在他准备（通过咬人）释放情绪的时候以倾听作为回应。她还多次利用倾听伙伴关系来审视自己作为受害者的经历，释放出紧张情绪，从而降低了自己的压力。她越来越能敏锐地察觉弟弟无法思考时的细微迹象，使她能及时有效地实施干预。她始终把兄弟俩当作无可指摘的人对待，不论谁感染了"攻击性"，她都会陪伴在身边，以便给予孩子急需的帮助。

处理遭受创伤后的攻击性

方法　实施干预　陪伴式倾听

最近，我们全家都得了肠胃性感冒。就像是一部关于坏运气的电影！当我们乘坐飞机时，流感发作了，我一岁半的小女儿急需护理，但每次给她喝水，她都会吐出来。最糟糕的是，我也开始呕吐。

我丈夫在过道的另一边抱着一直要我照顾的女儿，她说了不下一百次的"求求你了"。我确信，看着我呕吐对她来说也很可怕。然后我的大女儿也开始吐了，我只得忙着照顾她，根本无法脱身去照顾小女儿。

"流感事件"过后，我的小女儿像是换了个人。她强烈地想要得到照顾，开始打、咬、踢她身边的每个人。我意识到，她正在处理"流感事件"带给她的感受：软弱无力；与能否生存下去休戚相关的要求被拒绝。她要我从冰箱里拿冰块给她。我不但不会拿冰块给她，还告诉她，这一整天都不会给她冰块了。她突然暴跳如雷。幸运的是，我的父亲当时刚好来到我家，能照顾我的大女儿。

小女儿四处乱踢，然后想咬自己和我。她哭嚎着，像野兽一样尖叫、跳跃。她持续这个样子很久。每当她的怒火似乎会平息下来时，她总会找到新的能量，场景就会变得更加狂暴。我从来没有遇到过这样的事情。长达一个半小时，她一直大汗淋漓、大哭着、挣扎着、打斗着。自始至终，我保持平静，并让她安心，告诉她我就在那里，倾听她，她现在很安全。

最后，她抬起头看着我，开始玩弄我的头发。她躲在我的头发后面，然后说："嘘！"咯咯地笑着。我知道她的情绪释放暂时结束了。她从我腿上滑下来，跑去找姐姐和姥爷。她满心欢喜，仿佛刚才那九十分钟里从未发生过什么。我父亲前几次来我家时已经熟悉倾听孩子的做法，但这次连他都对我小女儿的变化以及她现在看起来那么轻松愉快感到吃惊。

很多时候，因为微不足道的小事而大发脾气实际上是压抑已久的情绪在不可遏止地寻找出口。得不到冰块这件事看起来怎么也用不着大哭大闹90分钟，其实这个女孩是在抓住机会释放出压抑已久的一直在妨碍她理性行事的强烈的情绪。

　　幸运的是，有两位成年人在场——一个能够倾听她，而另一个可以在母亲帮她完成这项重要的情绪处理工程时照顾她的姐姐。她的母亲只是陪伴在她身边，向她保证她现在是安全的，创造出她所需要的环境，以便能够释放那些积累已久的情绪，让自己恢复正常。正如在这个例子里发生的那样，一个孩子长时间大哭、汗流浃背、怒气冲冲，之后却表现得好像刚才没有发生任何事情。这位母亲很聪明，不和孩子谈论刚才发生的事情。任何一个能很好地思考的孩子都知道，没拿到冰块不是什么大不了的事情，而伤害另一个人可不是好事。冰块只是一个导火索，并不是引起不安的真正原因。

如果孩子试图伤害你

方法　专门时间　实施干预　陪伴式倾听

　　早餐后不久，我3岁的儿子开始显露出行为失常：把玩具扔到地上不肯捡起来，还要求别人伺候他。这很不寻常，因为他是一个非常独立的男孩。

　　我决定做一个长达30分钟的专门时间，并宣布了这个决定。可他拒绝了。

　　我觉得有点困惑——拒绝专门时间？他是第一次这样。我想了一下，最后我对他说，如果他想用专门时间来抱怨，也没问题。我会陪着他，听他想要说的一切。

　　儿子的反应非常强烈：他尖叫，哭泣，然后试图咬我。"我不会让你伤到我。"我说着，轻轻地、坚定地把他推开。显然，他有大量的紧张和伤痛，现在有足够的安全感来释放它们。他试图把我推倒在地，然后跑向自己的卧室。"我不想让你进来！"他尖叫着，砰地关上了门。虽然我刚开始学习使用倾听孩子的方法，我意识到我已经为他创造了一个安全的空间，而他很愿意利用这个空间，让我看到他一直封闭着的情绪。

我坐在他卧室门外，说："我想和你在一起。我就在这里等，直到你准备好让我进去。"他哭了起来。我不时地隔着门对他说："我就在这儿陪着你。"

哭了几分钟之后，他打开了门。他看上去很平静，问我能否给他读几本书。剩下的专门时间我们就用来读他最喜欢的书。计时器响起的时候我们还在读书，享受着彼此的情感联结。他很放松，"现在准备好了吧。"我说。他穿好衣服，毫无怨言地刷了牙，然后和爸爸一起去买东西。

专门时间以及之后的陪伴式倾听——换句话说是联结与倾听——让我们在 30 分钟内从失常行为和攻击性行为转变成了联结与合作。

小议

这位母亲注意到儿子行为失常，但她没有惩罚他或试图说服他改变行为，而是代之以专门时间。她意识到儿子需要联结。就像偶尔会发生的那样，男孩拒绝了。但是做专门时间不是只有一种方式。只要你给孩子完全的关注并倾注你的爱，他可以随心所欲地利用自己的时间——即便是抱怨专门时间！当我们持续给孩子以关注时，这个尽其所能压抑情绪的孩子很可能会变得心烦意乱。孩子感觉到母亲的关心后，几乎不可能继续隐藏自己的情绪，于是这个男孩发出全方位的攻击。母亲快速地、坚定地实施了干预，同时也充满了爱意，保护了她自己和儿子的安全。最终，母亲留在他卧室的门外，偶尔提醒儿子她就在那里陪着他，使男孩能够把他的烦恼哭出来，重新恢复轻松、独立的自己。

学校里的攻击

方法　实施干预　陪伴式倾听

在我工作的幼儿园里有个5岁的男孩,几天来一直显得烦躁不安。他乱扔玩具,打了几个孩子,在集体活动里表现得很不礼貌。他没有用力乱扔玩具,打人出手也不重,但我看得出他感觉不好。

一天早上,当我们在走廊里穿外套要去外面活动时,他开始转着圈地抡自己的外套,打到了几个孩子。我把他带回教室,告诉他,我们要坐下来等一会儿,直到外面有足够的空间让他穿好外套。我故意用这个理由来帮助他面对自己的情绪。我很确定他不会喜欢这么等待。他的确不喜欢,试图跑到走廊里。

我拦住了他,温和地告诉他,走廊那边很快就不会那么拥挤了,那时我们再过去。他开始大哭。眼泪顺着他的脸颊流下来,他想逃走。5分钟后,他停止了逃跑的努力,但继续哭着,已经完全专注于处理自己的不安。又过了10分钟,他哭得轻些了,把头轻轻地靠在我的肩上。

没过几分钟,他就准备好回到走廊里去了。我打开门时,看到孩子们的鞋在地板上留下了很多土。他主动拿起小扫帚,把地打扫干净,使一切看起来都很整洁。穿外套时他快活地微笑着,还一边和我说话,显得很高兴,非常合作。

多大的变化啊!我为他和我自己感到骄傲。在刚才那段时间里,我很安心地倾听他,从未怀疑我们会有一个愉快的结果。

即使在学校这样的场合,只要有一个有经验的成年人,就可以用倾听方法来帮助孩子在相对较短的时间内改变攻击性行为。这位老师注意到了男孩的行为模式,并在某一天找到了机会去干预他的行为模式,帮助男孩摆脱那些驱使他去攻击别人的情绪。她建议最好等到走廊上不那么拥挤的时候再去穿外套,从而巧妙地实施了干预,避免了羞辱和指责。她陪伴着这个男孩,知道如果让他逃开,他的攻击性会再次爆发。男孩在试图逃跑失败时哭了起来,但后来接受了亲爱的老师的陪伴,继续哭了一阵。哭够了之后,他的状态完全变了。他心情愉快,感受到与老师的联结,很乐意配合。

攻击　当一个孩子伤害他的兄弟姐妹时

"她刚才摔倒了……"

方法　实施干预　陪伴式倾听

有一天下午,我看出4岁的儿子行为有些失常。他举止怪异,显得躁动不安。我不知道究竟发生了什么,但我听到17个月大的女儿在哭。我走过去,儿子说:"她刚才摔倒了。"有时他伤害了妹妹的时候也会这么说。妹妹手里拿着他的玩具,样子很不安,但我没有发现她身上有明显的伤。我走到儿子身边把他抱起来说:"你不愿意让妹妹拿你的玩具,但你不可以伤害她。"他开始号啕大哭。

我把他抱在腿上,试图和他保持目光接触。哭了几分钟后,他说:"她总是弄坏我的玩具,这让我很生气!"我对他说:"是啊,她真的弄坏了你的很多玩具!这实在令人讨厌。"没错,妹妹确实弄坏了很多他的玩具。我从来没听他这样概括地表述过有个妹妹在身边会有多烦。

他哭了一会儿，时而把头靠在我胸口上。我以坚定的口吻重复说妹妹拿了他的玩具，这让他很难过。然后，他不再哭了，我想他可能快哭够了。不久他开始拨弄我的鼻子。我笑了，他也笑了，他看起来像是哭完了。

几分钟后，女儿因为不知道该怎么玩一件玩具哭了起来。没想到，儿子走到她跟前，非常温和地说："我知道怎么玩。要我帮忙吗？"于是他轻言轻语地教妹妹玩玩具。没有抢夺，没有推搡。

小议

当孩子们打架时，我们最好照着这位母亲的样子去做，不用担心究竟发生了什么，而是直接着手修复孩子彼此的联结。一旦重新建立了联结，他们就会想出弥补的办法。我们通常总是担心地首先冲到受伤害的那个孩子身边。如果没有造成严重的伤害，有利于改进孩子们之间的关系的做法是把我们最先顾及的对象换一下。要记住，攻击方和受害方都会感到伤心。这位母亲在口头上实施了干预，让儿子知道，虽然他有理由不高兴，但伤害妹妹是不对的。这个干预导致儿子哭得很厉害。当哭声渐低时，母亲把他的注意力又引到让他不高兴的事情上，让他哭得更彻底。当儿子平静下来时，他轻松地主动向母亲发出(自己已经没事了的)信号。然后，他高兴地帮助妹妹弄明白玩具的玩法。他们又能在一起玩了。

争夺关注

方法 实施干预　游戏中倾听　陪伴式倾听

我儿子5岁了，通常一大早就让人很费心，因为他会和妹妹争夺我的注意力。他总是一下子就变得对妹妹很霸道。

　　有一天早上，当儿子朝妹妹走过去的时候，我插到他们中间，开玩笑地亲吻他，兴高采烈、轻松愉快地对付他的拳打脚踢。他有一阵真的很狂暴，一会儿又变得很顽皮，然后又显得无助和软弱。他的这些表现转变得很快。当我对抗的力度比较大时，他就开始抱怨："妈妈，你不该这样。"于是我就降低力度，让他觉得自己很有力量。这样持续了大概 10 分钟。女儿先在旁边看着，不久就想加入我们。当她偶尔被打到或踢到时，她会尖叫。在我觉得自己不能继续玩下去的时候，我大声地宣布："比赛结束了，该穿好衣服了！"我希望当我不在的时候他不要总找妹妹的茬儿。

　　我帮女儿穿衣服的时候，儿子继续玩玩具。他回头看着我们，突然哭了起来："你为什么先给她穿衣服？我想第一个穿好衣服！"他坐在床上，离我们几米远，大哭着。我走近他，他不再哭了，又生起气来，说："你应该先给我穿衣服！"我平静地回到女儿身边，一边给她穿衣服，一边不时地朝儿子望过去，但什么也没说。他需要哭喊，也需要和我保持一点距离才能这样哭喊。他哭得很厉害，独自坐着，但离我不远。

　　给女儿穿好衣服后，我过去坐在他旁边，他还在哭，我只是听着。过了一会儿，他要我给他穿衣服，我就给他穿衣服，但还是在哭。穿好衣服后，他看着我，要我把他像抱婴儿一样抱下楼。在按照他要求的去做之前，我告诉他，我不能继续倾听他了，因为我上班要迟到了。我们走到厨房后，他安静地和妹妹玩了起来。

小议

　　孩子们彼此争斗时，保证他们的安全是至关重要的。当儿子对妹妹很霸道的时候，这位母亲准备好进行调解，她通过让自己插到两个孩子中间的办法实施了干预，同时注意避开儿子的攻击。为了让游戏中倾听起作用，孩子需要在游戏中扮演强有力的角色。

这位母亲注意到自己对抗力度的大小会影响儿子。当她用力过大时，儿子产生了无助的感觉。她做了调整。对于大些的孩子，你会发现自己需要玩得更猛一些，这样他们才会觉得你在认真对待他们。当这位母亲感到体力不支的时候，她停止了游戏，但是儿子的情绪立刻强烈爆发。因为他们已经建立了联结，他现在能够大哭（释放情绪）而不是去争斗。母亲与儿子保持了一定的距离做陪伴式倾听，因为离儿子太近会打断儿子的疗愈过程。稍微保持距离，他就能继续哭。后来她靠得更近倾听儿子，直到他哭完。到那时他就能够感受到母亲的关爱，也能与妹妹好好地玩了。

当孩子招人烦时

方法　陪伴式倾听　游戏中倾听

我3岁半的儿子最近变得很蛮横。他会打我，打其他孩子，与朋友一起做游戏时搞破坏。总之，他走到哪儿都会把事情变得一团糟。他在任何时候、任何事情上都不讲道理，总是乱发脾气。一切似乎都是针对我的，我不再喜欢他了，却又为此感到内疚。

在学习倾听方法的育儿课上，我提到了这一点，得到的解释是，孩子的攻击性行为往往是由无法控制的恐惧引起的。老师问我，我的儿子是否经历过早期创伤，比如难产、接受治疗或者婴儿期的突然分离。这个问题令我惊讶。我回答说，儿子的出生拖了很长时间，很费劲，比预产期迟了三个星期。我在医院催产三天，花了四个小时才把他生出来，而且有过胎儿宫内窒息的迹象。他的出生对我们来说非常不顺利。我从未想过这些经历会给儿子留下恐惧的阴影。

我在课上学到的一个方法是，孩子们可以通过大笑来释放恐惧。我得到的建议是，丈夫和我与儿子摔跤，或者与儿子来一场傻乎乎的枕头大战。我们应该让他在游戏中显得强壮有力，让他在大部分时间里成为赢家,志得意满。但我们也应该做出适度的对抗,以便让他在游戏中更多地大笑。接着要做的是,留意儿子在这样的游戏之后紧接着会寻找任何可用的小借口让自己大哭一场,好有机会彻底摆脱令他如此好斗的紧张情绪。

这些建议非常有效!第二天晚饭后,我和丈夫在地板上和儿子来了一场枕头大战,并和他摔跤。他非常喜欢!笑个不停,非常兴奋,投入地和我们玩了很久。我们连着玩了两个晚上,他的行为开始变得和缓了一些。

第二次游戏后,他试着把一只球踢向空中,却变得很沮丧。他开始恶狠狠地对自己说:"我老是踢得不对!瞧,我又踢错了!为什么我总踢错?我到底是怎么了!"

我想:"这就是那个紧张情绪,正在浮出水面。他对自己太挑剔了。"于是我朝他走去,密切地关注他,他开始大发脾气。(以往遇到这种情况)我通常会试图阻止他发脾气,让他罚站或者自顾自地生气。这一次,我陪在他身边,靠近他,他可真来劲了。他要打我、踢我,一边哭一边乱打一气。我顶住了他的攻击,过了一会儿,他坐在我腿上哭诉了大约半个小时。

他哭的时候,我一直在想:"这不是为了踢球的事,是为了比那大得多的事。"有时他会把我推开,然后哭得更凶。我坚持留在他身边,不断靠近他。过了一会儿,我想也许他已经哭够了,就递给他一杯水,他停下不哭了。

自从那场大哭以来,他变得很有爱心,与人更亲近、更爱说话了。他又变得那么可爱了——我觉得就像是把儿子找回来了。他还没有完全处理掉那些情绪,但我已经下定决心要花更多的时间和他一起游戏,让他大笑,并且倾听他的感受。倾听的回报是如此美好!

好斗的孩子几乎都受到过惊吓。如果我们学会将孩子的好斗行为看作一种求助的信号，就更容易感同身受，想出解决问题的方法。一旦父母明白他们的儿子受到过惊吓，儿子的恐惧有具体的原因，他们就能够尝试使用倾听的方法。游戏中倾听会引发大量的笑声，使他们的儿子感觉更安全、更有联结。然后，当儿子努力踢球时，他感觉到自己终于可以尽情大哭了。处理深层的恐惧需要时间，但即使是半个小时的陪伴式倾听也可以显著地改变一个孩子的行为。这个家庭已经学会了如何一起游戏，建立联结，帮助一个善良的男孩解开那个曾使他自己和那些爱他的人觉得很痛苦的恐惧的心结。

"是她的错！"

方法　陪伴式倾听

一天，我带着6岁的儿子和4岁的女儿去一家咖啡馆吃午饭。儿子下了车，关上门，没注意到他的妹妹正要从那个门下车。妹妹没有受伤，但因为哥哥刚好冲着她把门砰地关上而感到遭受了羞辱。她开始大哭。起初儿子想把责任推到妹妹身上，对妹妹说，她不该从他那边的门下车。我阻止了他："她真的很难过。让我们听听她对这件事的感受吧。"

我搂住妹妹，哥哥也走过来，妹妹哭的时候，我们都关注着她。我想，倾听妹妹的哭声也帮助了哥哥，因为当妹妹哭完以后，他道了歉，而没有像原先那样说些指责的话。妹妹欣然接受了哥哥的道歉，以往她感觉受到伤害时的反应可不是这样的。他们挽着手走进餐厅，哥哥温柔地提醒妹妹，下次要让他知道她要从他那边下车，那样，就不会再发生同样的意外了。

对我来说，这是一个很好的例子，倾听感觉受到伤害的一方可以使两个人都能更清晰地思考，感到被理解和爱。

小议

当一个孩子去伤害另一个孩子时，常常会戴上冷漠的面具，或者把责任推到别人身上。其实他很害怕：害怕那个人受伤、害怕他自己失控、害怕周围成年人的指责。但是，如果一个孩子感觉到自己和一个亲切的成年人的联结，他是不会去伤害另一个孩子的。这位母亲看到了儿子的善良，邀请他参与妹妹的疗愈过程。他看到母亲为妹妹做陪伴式倾听，没有感到被羞辱和责备。妹妹从这个小创伤恢复之后，他表现得与妹妹很亲近。无需别人的敦促就主动消除刚才的不快，甚至可以就以后如何避免问题再次发生轻松地交换想法。

攻击　真诚的道歉

强迫道歉是没有意义的。设想，如果你被同事冤枉了，你的老板要求对方向你道歉，你会有什么样的感受。当那句"对不起"说出来时，它有分量吗？我们的孩子也是如此。使用倾听的方法重点帮助孩子重建与你和其他人的联结，帮助他重回感觉良好、思维清晰的状态。这样做还将引发发自内心的和解姿态。

调停争端

方法　实施干预　陪伴式倾听

当我的女儿们打架的时候，我总是冒出要去阻止和教训她们一通的冲动。我想告诉她们，她们应该善待彼此，她们互为无可替代的姐妹。我想纠正她们的行为，但当我这样去做的时候，我看不到任何效果。于是，我尝试改变做法。有一天，我听到她们恶言相向时，慢慢地走进房间，实施了干预，对她们说，她们互相说话时不可以恶言恶语的。我让她们解释发生了什么事情。于是，有奇效的陪伴式倾听开始了。我听着刚才发生的事，几乎不说话，而是让她们彼此相互理解。如果是一年前，我可能会要求她们相互道歉。这次虽然她们并没有那样做，但她们确实倾听了彼此，承认自己做错了。真不错！我需要做的只是倾听，然后她们也会倾听彼此。真是太棒了！

小议

当孩子们彼此刻薄相待时，似乎会在父母的身上点燃一团火，引着我们去教训和责骂他们。这位母亲却能够把那些冲动推到一边，实施干预："你们不能这样相互攻击。"她慈爱而坚定的干预以及乐于倾听的姿态，让女儿们能够在一个安全的空间分享各自的想法，卸下情绪，消除不快。最后，她们能够为自己的行为负责，重新感到彼此的情感联结。

你不必做得很完美

方法　陪伴式倾听

我有两个女儿，姐姐 10 岁，妹妹 6 岁。有一次她们在做游戏时出现了意见不一致。小女儿回到屋里后对我说了这件事。她的姐姐不和她玩了，这让她很失望。她气恼地大声哭诉起来。我听了她一会儿，就觉得自己的情绪被勾起来了，所以请求我的丈夫帮忙。他还不太能接受倾听的方法，想转移一下女儿的注意力，就建议妹妹去骑自行车。当然，女儿的反应并非如他所愿，丈夫觉得厌烦了，一走了之。好在短暂的休息帮助我回到了正轨，于是我回去继续倾听她。她特别生气和烦躁。我不需要做太多。我只是亲切地听着，不时地指出，她真的很想继续和姐姐一起玩。她哭得很厉害。

过了一会儿，我得开始做晚饭了，于是向她解释说：我很抱歉，不能继续倾听她了。我问她是否愿意帮忙。我原以为她会说不，因为我没能等她哭诉完，她应该还是有些心神不宁。但令我惊讶的是，她很高兴地来帮我！当我们坐下来吃饭时，她突然对姐姐说："我真的很抱歉。"连我丈夫都对她的转变感到惊讶。

小议

遇到这样的情况，我们中的许多人都想先弄明白究竟是怎么回事。但大多数时候，是谁引发了这场"战争"，或者是什么引发的都无关紧要。重要的是，孩子们都陷入情绪之中，失去了与一个关心他们的成年人的联结，无法思考。这位母亲用陪伴式倾听帮助小女儿从心烦意乱中平复。当母亲觉得自己正失去耐心时，就叫丈夫帮忙。在稍事休息、平复心情之后，她能够回来继续倾听小女儿。当她要去做饭时，她对小女儿做了说明。让她吃惊的是，小女儿很乐意帮忙。晚餐时，没有任何人的督促，她已经可以清晰地思考，为之前发生的事向姐姐道歉。

车里的打斗

方法　实施干预　陪伴式倾听

我的两个孩子都是 6 岁半，有一天我们正开车去参加一个期待已久的生日聚会，女孩们玩着玩着就动手打了起来。车里的打斗对我来说是件麻烦事，因为我不能立即采取行动。雪莉哭得很厉害，显然是凯茜打了她。

"凯茜打我了，凯茜打我了。"雪莉边哭边喊。我把车停在路边，转过身去看发生了什么事。雪莉哭得更厉害了。我把车停在路边想要实施干预。孩子们说："我想去参加聚会！别停下来，妈妈，我们不想迟到！"

我把车停好，开始评估情况。凯茜显得很冷漠，双臂交叉放在胸前，皱着眉头。我能看出她确实动手打过雪莉。雪莉还在号啕大哭。我顿了一下，说："雪莉，很抱歉我没能保护好你的安全。"我一边说，一边温和地看着她，抚摸着她的腿。她抓住我的胳膊，抱着待了一小会儿。

我又把注意力转向了凯茜。"凯茜，很抱歉我没能帮你让你住手。"我和蔼地看着她说。这对我来说是一个了不起的突破，因为这几年她们打架总会惹恼我。"你的手从你身上跳了出来，打了雪莉。我敢打赌，你甚至都不相信会发生这样的事。"她眼含着泪，点了点头。"你不是真的想打雪莉，对吧？"

"不，妈妈，我不是。"她说。"可她想掐我。"

"真抱歉我没能帮到你。"我说。我意识到她自己也很害怕被伤害。她还没有感觉到和我有足够的联结，还不能让眼泪尽情流淌。尽管如此，我还是看到她忍住泪水，用温柔的目光看着雪莉。她们俩都告诉我事情已经过去了，我们可以继续上路了。她们真的很想准时参加聚会。虽然我本可以耽搁一下，好让她们处理自己的情绪，但我当时没有那个能力。

当我再次启动车子的时候，我听到她们在说关于道歉的事。"但我们还没有说对不起。"一个女孩说。接着我听到她们俩都主动向对方说了句"对不起"。她们是认真的。

聚会进行得很顺利，我们都玩得很开心。我真的很高兴自己在半路停下来实施了干预。

如果我们责怪其中任何一个孩子，都会造成她们关系紧张。

这位母亲没有那样做，她实施了干预，然后对每个人的安全担起了责任。通过为自己未能防止冲突的发生而向孩子们道歉，她给攻击者和被攻击者创造了一个空间，让她们从烦恼中解脱。我们忘记了那些有攻击性行为的孩子也会受伤。如果这位母亲羞辱并责备自以为是的凯茜，就会平添一层离间姐妹的伤害。两个孩子就没有机会重建情感联结了。

攻击　好孩子说脏话

当你无法忍受孩子说脏话时

方法　游戏中倾听　倾听伙伴关系

　　一年前，我开始学习建立倾听伙伴关系，我觉得自己正身处一次真正的旅程之中！起初，看着人们如此迅速地开始大笑、流泪，让我觉得很奇怪。后来，当这些情景变得熟悉起来，我开始接受自己的情绪，而不是硬把它们推开，体验到为那些影响自己的事情痛快地大哭一场带来的好处。

　　当我说起引发我的恐惧的那些事情时，关注躯体感觉是一件很有意思的事——我想要伸展身体。我一开口，双肩就感到紧张以及发抖。以前我常把发抖归为寒冷，但现在我意识到，只有当我感到受威胁时，才会发抖。我开始让自己充分感受情绪。

　　然而，直到最近，我才能有效地通过笑声释放恐惧。我6岁的女儿生气的时候会说"拉便便，尿嘘嘘，臭屁"。我意识到这是她用来表达自己不喜欢正在发生的事情的方式，但我却无法平静有效地应对她这种表现。我尝试过各种传统的方法，如记录表现的黑板、给予奖励以及和女儿讨论她用词的不妥之处。自从我学习了倾听方法，我已经试过亲密地与孩子依偎在一起和游戏中倾听，可惜我自己的状态很不稳定。有时我可以做出有效的回应，但大多数时候我只会生气。

在我的倾听时间里，我多次提到这件事，这在短期内起了作用，我理解了自己正在承受恐惧。我意识到那些话本身并不坏，只是我担心女儿以后会说出更糟糕的话，或者她会无法控制自己的用词。而且我的反应还是很不稳定。后来在一个父母倾听小组里，我开始模仿女儿，这立刻让我大笑起来！我把女儿想象成一个20岁的女孩，生着气，大声喊着那些话，这让我笑得更厉害了。我的倾听伙伴也忍不住大笑起来，这加剧了我的大笑，直到我感到无助——从大笑到流泪，尽情地释放情绪。这次的倾听时间很短——只有4分钟，但是它的效果令人惊异。

在那之后，我不仅感觉很好，女儿的那些话也不再能刺激到我，甚至还让我觉得有些好玩，因为这让我想起了我曾当众说出那些话！正因为如此，我才能以一种逗趣的方式做出回应，这比我要求她住嘴，或者告诉她不该说那些话要有效得多。我会冲过去，开玩笑似地给女儿一个紧紧的拥抱，或者抱起她，把她扔到床上（这是她最喜欢的），或者追着她满屋子跑。结果是，女儿现在很少说那些话了！

小议

亲子关系陷入僵局的原因之一是双方都处于情绪爆发状态。通常，孩子说脏话导致的焦虑感让我们无法清醒地思考。就像这位母亲一样，试图讲道理，让孩子明白我们为什么不希望他们说脏话，或者不顾一切地以各种奖励收买他们，期望那些奖励能使孩子停止说脏话。但这些策略不论是在短期还是长期内都行不通，真正重要的是孩子是否具有理性的思考能力。当孩子的举止不理智时，你可以假设她是在跟着自己的情绪奔跑。这位母亲很明智，利用倾听伙伴关系来了解自己的恐惧，让恐惧感在笑声中消散。释放自己的情绪之后，她就能很好地思考如何支持孩子处理情绪。然后，游戏中倾听帮助她们加强了彼此的情感联结，女儿的言行也有了很大的改变。

"屁股讲坛"

方法　游戏中倾听

我7岁的女儿常在各种各样的场合使用大量的垃圾词，大多与"屁股"有关。于是，有一天晚上，我宣布我们要在家里设立"屁股讲坛"。每天晚上，女儿都有5分钟的时间说任何她想说的话，用她喜欢的任何语气。其余时间，她必须使用适用于当时场合的语言。然后每次她说了不合适的话，我就会提醒她应该把它留给"屁股讲坛"。

我们已经这样做了好几个月，"屁股讲坛"发生了很多有意思的事。有时，她会要求我唱一首儿童歌曲，"无意间"插入不恰当的词；我们甚至合作了一首满是脏话的说唱作品。我确保自己不给她那些"坏"词库里增砖添瓦，同时随心所欲地重复她说的话，说出来或者唱出来，或者用不同的声调说出来，重点是要带着喜悦的心情。当我开始发表一场非常正式和严肃的演讲时"不小心"说出一个当下的热门词时，女儿笑得特别来劲。

女儿的语言有了显著的改善，但最棒的是她特别喜欢这个时间。有时她早上要去上学的时候，会兴奋地宣布："今晚的'屁股讲坛'再见！"她已经开始邀请人们加入，好像这是对客人最好的款待。我只允许客人参加一两次。她刚成年的表姐说，这是她最近一次来访的亮点之一。只有我们两个人的时候，规则是她可以随心所欲地说任何事，包括关于我的或针对我的事，但是当有别人加入时,她不能说涉及别人的事。

这星期连续两个晚上我们都没有时间去做这件事,女儿提到她很需要它,因为白天的时候情况开始"失控"了。我对她说,她可以把我们错过的时间攒起来。我们正计划这个周末做一个很长的"屁股讲坛"。这次能有整整20分钟的时间,女儿很兴奋,其实我多少也有些期待。

小议

这可能听起来挺极端的——让孩子使用你认为不恰当的语言。但是,给孩子提供一个安全的空间,允许她在指定的时间里体验禁忌语,往往正是孩子能够逐步减少使用那些"脏话"所需要的。在自己家里,不会打扰到其他人的私密空间里,这位母亲无需感到羞愧、尴尬或担心。她可以全神贯注地欣赏这场表演,愉悦地和女儿在一起,尽管女儿说了些蠢话。和专门时间一样,一起给这段时间命名,可以方便女儿在意识到自己就要失去控制时提出要求得到她所需要的。我见过父母把汽车、特定的房间,甚至浴缸变成了安全的"避难所",他们在那里可以随意说"脏话"。这样会建立更牢固的家庭关系,有助于净化孩子的日常用语。

是什么在驱使孩子骂人

方法　陪伴式倾听

在过去的一两天时间里,3岁的女儿一刻不停地缠着我,寻求情感联结。她一直在使用以往用过的各种策略让我抱她。而且,她每次一有小磕碰或撞到什么东西时,都会抱怨、大呼小叫的。一天晚上我在厨房做饭时,她推了我的屁股,因为她知道,只要她推了我的屁股,就会得到一个"拥抱"。她一次又一次地推我,让我都没法做晚饭了。我可以看出她在寻求联结。第二天早餐时，她骂我"大笨蛋"。大约一年多前，她开始尝试说脏话，我低声对她说，她可以说任何令人不悦的话，但在任何情况下她都不能说"大笨蛋"。我想允许她以自己觉得好玩的方式来要求我的关注，但同时又不会让我太受刺激，以致没办法很好地回应她。

她一遍又一遍地高喊"大笨蛋"。我明白她需要关注，所以当她的脚撞到桌子腿儿时，我抱起她走向卧室。这一点儿也不难，但紧随其后的是一场号啕大哭。我把她抱进卧室后一起坐在床上，让我可以在她哭的时候陪伴、倾听她。这样大约过了5分钟，她说她想一个人待着。这对我来说是一个明确的信号，表明女儿现在状态失常，需要我。所以我告诉她，我要陪着她。她讨价还价地说，她在床上时我可以待在她的房间门口。后来我一点一点地挪到床上和她躺在一起，她也没反对。她又哭了一小会儿，然后说："那些佛罗里达的人很坏。"

我问她，她指的是什么人。三个月前，我们去了佛罗里达，住了两周的公寓。房东在我们整个逗留期间只提供了一个垃圾袋，我们要求他再给我们几个，却被拒绝了。丈夫和我很恼火，因为我们只需要三个垃圾袋，却不得不去买一整盒。当时女儿听出来我们很恼火。于是我猜想要么是这件事对女儿来说历历在目，要么就是她哭完了，想换个话题。反正我不知道这句话因何而起。

自从这次陪伴式倾听以来，女儿和我一直很亲密。显然，她那时有一些不好的感觉想要摆脱掉。我花了很多时间运用我已经掌握的方法来保持与孩子的联结。很高兴我的女儿也有方法来保持和我的联结！

小议

当我们读懂孩子的暗示并跟随其引导时，我们很快就会意识到他们在照顾自己的情感需求方面是多么的出色。这位母亲意识到女儿的表现不正常。她在女儿的叫喊声中听出了呼救，看到她在一个小碰撞之后的巨大情绪，以及隐藏在她想独自一人待着的请求的背后的情绪。她使用陪伴式倾听，不去探查原因，也不试图安抚女儿。最后，女儿让母亲瞥到一丝可能与她的某些麻烦行为有关联的潜在的不安。最重要的是，这个机会带来了亲子关系的增强，为孩子积极的改变铺平道路。

当孩子骂你"蠢货"的时候

方法　倾听伙伴关系　游戏中倾听　实施干预　陪伴式倾听

我6岁的儿子放学后明显状态失常，需要释放一些情绪。他一上车就开始对着他的弟弟挑衅，然后在回家的路上，开始骂我"蠢货"。通常，被骂"蠢货"让我很生气，但我已经和我的倾听伙伴处理过这种情况，所以在这一天我觉得自己可以从容应对。

于是我对他说："哦，那不是我的小名！我的小名是酸菜，但不要告诉任何人。这是一个秘密！"不出所料，他和两岁的弟弟开始尽全力高声大喊起来："酸菜！"我假装吓坏了，担心每个人都知道我的秘密。到家后他们也不肯住口。但我觉得这个名字正在失去吸引力，所以我改变了方向，说我有很多的吻要给他们。他们都跑开躲在毯子下面，咯咯地笑着。我假装找不到他们，最后我隔着毯子靠在他们身上。他们在毯子底下大笑着、蠕动着，我做出要亲吻他们的样子，却因为隔着毯子够不到他们，假装为了这个很气恼。

然后，他们转换了游戏角色，要把吻印在我身上。于是我配合着他们玩起来。"不，不，不！你们不能吻我！我才是送亲吻的人！"在我的抗议声中他们把吻印遍我的全身。大约5分钟后，他们俩爬起来一起去玩了。

当晚随后的时间里，他们都很好，直到临睡前，大儿子踢了我一下，还想咬我。我迅速走近他，把他搂在怀里，这样他就不会对我造成伤害了。他开始尖叫，狂怒着大吼："不要这样，不要这样，你弄伤了我的脖子！别弄伤我的脖子！"我检查了一下，确保我没有弄伤他的脖子，我的胳臂甚至没有靠近他的脖子。我重新搂住他，同时小心防止自己伤到他，但他继续说着同样的话，用力挣扎。这是一个熟悉的模式，我最近一直在帮助他处理这个模式。据我所知，他正在努力处理以前发生的一件事——一场事故之后被人按住缝伤口的经历——对他造成的恐惧。

过了5分钟，他停止了哭泣，看着我说："我想坐在你旁边，妈妈。"我们一起读了一本书。那天晚上他握着我的手，很快就睡着了。这天我先是惊讶地看到，在车里的一段相当激烈的摩擦后，游戏中倾听是如何迅速地让两个儿子又亲密联结起来的。我也很高兴游戏中倾听后的夜晚过得这么平和，然后来了一场暴怒和情绪释放，让这个夜晚有了如此甜蜜的结束。

小议

这位母亲知道自己被孩子骂时会触动情绪的开关。她确保自己在倾听伙伴关系中处理了这些感受，这样她就不会让情绪干扰自己帮助孩子的过程。我们看到了她的做法是如何奏效的。面对一个骂她"蠢货"的孩子，她能够迅速思考，并提供了一个可笑的替代品，哥俩儿趋之若鹜。为了让笑声保持下去，母亲在他们到家后给游戏中倾听添加了亲吻。

到了晚上，通过骂人展现了攻击性的儿子感觉到足够安全，就用更明显的攻击行为来展示自己的恐惧。母亲实施了干预以保证自己的安全，但同时允许儿子在她怀里边哭边挣扎着释放情绪。然后，就像来得快去得也快的疾风暴雨一样，儿子很快就平静下来。他已经把恐惧扫走了，可以重新甜蜜地享受与母亲的亲情了。

第四部分 我们的未来,紧密的联结

第 13 章

当我们觉得无计可施时,建立联结

　　我认识的每位父母都想知道当孩子让他们忍无可忍的时候该怎么做。可惜,不存在用之不竭的耐心能让你应对这样的时刻。不过你可以做一些事来扭转态势。即便是和另一位父母交换 5 分钟的倾听时间,也能让你避免打骂或责备孩子。当你不知道该怎么做的时候,正是你该释放情绪的时候。你有聪明的大脑,也很了解孩子,很可能是你自身的情绪在妨碍你想明白下一步该怎么走。

同时，尽管你还没想出应对的办法，你总可以运用倾听方法之中的一种——专门时间或游戏中倾听——让事态朝着建设性的方向发展。建立联结是解决问题的主要步骤。如果你因为自身的情绪而无法与孩子建立联结，就利用倾听伙伴关系来帮助自己。

应对糟糕时刻的三件法宝

为了配合你定期运用倾听的方法帮助孩子，这里有几个实用的办法可以帮助你应对作为父母的糟糕时刻。

约定紧急倾听时间

几乎每位父母都会有心绪不宁的时候，而我们大多数人往往会选择独自承受。如果你能给自己一点时间，你的一位朋友或倾听伙伴都可能对你有所帮助。他们能倾听你几分钟，帮助你释放紧张情绪，这样你就不会拿孩子出气了。

所以，你可以问问他们是否有兴趣和你做个约定，在紧急时刻通过电话倾听的方式相互支持。如果愿意这样做的一位朋友是初次接触建立倾听伙伴关系这样的事，你最好在做了最初的一两次之后询问一下对方的感受。要向对方讲明为彼此所说的内容保密的重要性，以及在倾听你的时候请他们不要给你任何忠告或建议。

我知道很多父母至少有两个能够满足他们的紧急要求的倾听伙伴，可以让自己得到5～10分钟的倾听时间。我认识的几位父母甚至有10位这样的支持者。这样的安排对帮助一位父亲或母亲渡过紧急关头会起到重要的作用。

为孩子安排后援，然后导演一场"发火演习"

麻烦经常是突然冒出来的。当我们必须努力控制自己的情绪时，就会变得僵硬，不再是孩子所熟悉的亲爱的爸妈了。当我们试图压制的发酵已久的情绪喷涌而出的时候，孩子会惊恐万分，感到失去了安全港湾，不知所措。所以你需要帮助孩子练习如何寻求帮助。这样做的目的并不是依靠孩子解决问题，而是教会孩子在需要的时候寻求帮助，这相当于给了孩子一件礼物，并让他知道自己值得别人的帮助。

具体操作如下：

由你列出孩子在紧急情况下——当你火冒三丈，想不出有谁能支持你的时候——可以打电话向其求助的一个或多个人的名字。把这个名单及联系电话贴在家里孩子容易看到的地方。如果孩子还不识字，就在每个人的名字旁贴上照片。

然后让孩子练习给名单上的人打电话。"我妈妈/爸爸需要和你说话。"这是孩子在电话里要说的重点。在紧张之时，孩子未必记得该说什么——只要能拨通电话就是真正的胜利。所以事先和你的朋友约定好，请他（在这种情况下）主动要求与你通话。这样就可以让你在紧急关头能与一个了解你的、能够倾听你的人建立联结。于是，即便你自己因为无法思考而不能主动寻求外援，依然可以让你的孩子脱离"火线"，同时为事态缓解找到一个有效资源。

事先要朋友提醒你接电话时不要让孩子听到。如果做不到，那就请他提醒你在电话里不要大声用语言具体描述自己的情绪状态，只要单纯的用声音（哭声等）释放情绪就可以了。你可能还是火气很大。实际上，有人在电话的另一头倾听你，你的火气很可能有增无减！一位贴心的倾听者往往会强化我们的情绪，使它更加汹涌澎湃，直至释放出去。一位愤怒的父亲或母亲正需要痛快淋漓地大哭一场来恢复理智。

一旦孩子练习过自己打电话，你就可以做一次完整的"发火演习"。以轻松的声音，加上可笑的手势，表演一场展示你发火过程的滑稽版本。然后鼓励孩子练习给你的朋友打电话。你还可以看看是否能用模仿失常的自己引出孩子的笑声。你可以询问孩子的评价——他或许能给你出点主意！"发火演习"可以让孩子看到，尽管你有时会情绪失控，但你仍然很清楚自己的问题所在，而且你会永远和他站在一起。

就地躺下，待在那儿

第三件法宝是即刻就地躺倒。如果你无法清醒地思考，不如放弃挣扎。哪儿都不要去，躺下就是，必要的话哪怕是躺在厨房的地上，任由孩子继续做那些让你烦心的事。你目前的状态使你不能帮助孩子，所以只要他们没打算冲到马路上去，你就什么都不要做。

躺下来能使你充分地关注内心汹涌的情绪。当你放下履行父母职责的所有努力，你或许能够释放那些紧张情绪。看看有什么情绪会冒出来。假如你能够让自己大笑或大哭，你的状态就会有所好转。

情感联结是人类与生俱来的内在需求，所以孩子最终会来到你的身边。他们会过来坐到你肚子上，问你为什么要躺在那里，或者拿给你他们认为对你有用的东西。他们会采取行动调整你们的联结。当你躺在地上的时候，他们比较容易做到这些，因为你躺下的样子显得不那么强大，让孩子们觉得更有安全感。当他们围拢过来时，你们就可以从头开始建立情感联结。下面是一位母亲的尝试：

我特别不擅长处理冲突。所以当我听说了"躺在地板上以防止事态发展到不可收拾的地步"的方法时，我对丈夫说我或许可以试试。

不久之后的某一天，孩子们为了争谁先做什么事而吵个不停，我夹在中间无计可施，觉得很无奈。我转过身就地躺下，按照那个方法所述，放弃任何努力。

我丈夫也在场，他明白我在做什么，这给了我很大的支持。但是我并没有太多情绪让自己大哭，反而感到了解脱，止不住地开怀大笑。我有很长时间没这样笑了！那是一场笑得肚子发颤的失去控制、无法停止的大笑。我就是笑得停不下来！孩子们开心地看着我！这样做消解了正在我内心聚集起来的怒气，为我打开了新思路。

笑过之后，我有了新的领悟。我想，我会为了"到底听谁的"而陷入与孩子的争执之中是因为我认为在某些事情上我必须"坚定不移"。我一直认为，如果要好好地做一件重要的事情，需要坚定不移的态度。但是现在我注意到自己有时在不必要的时候依然固执己见。而现在我的想法是，若争议是有关该这样做还是那样做，那我宁可坚持让自己不那么招人厌和凶巴巴的，而不是死守着某些规则不放。

我喜欢就地躺下的体验，打心底里推荐这个方法！这是与我们通常的做法正相反的、能带给我们意外启发的体验。

下面是另一位母亲的经历。她有5个孩子，最大的还不到9岁。

有一天还没到中午我就筋疲力尽了。随着我3岁的孩子任性地抗拒所有事情并放肆地尖叫，孩子们似乎把一切都搅成了一锅粥。我7岁的孩子要我坐在床上和正在上厕所的他聊天。于是我借机躺倒在床上——我已经没有精力做任何事了。没过几分钟，另外4个孩子都爬上了床，趴在我旁边或我肚子上。我们一起放松地说说笑笑。很快，那个上厕所的孩子也加入了我们。我们一起躺在那儿足有15分钟。这完全改变了上午的气氛，改变了我的心境。我任何事都没做，只是躺在那儿，情况就不同了，一切都恢复了正常。孩子们和我，以及孩子们彼此之间，又恢复了联结。

如果我们被情绪控制，把怒气撒到孩子身上，那么过后向孩子道歉很重要。孩子需要听到我们说爱他，说我们很抱歉由于自己的恐惧和烦恼而做了我们不想做的事。孩子需要听到我们保证自己一定会找到一位成年人倾听我们，这样我们就不会总对他大发脾气。即便是小婴儿也应听到我们为自己曾迷失在情绪之中而道歉。

父母在气头上时很难想到要采取紧急措施，但我们有很多机会去尝试！上述策略可以在我们发火的当口保障孩子的安全。但倾听伙伴关系会给我们带来最有效的帮助。在一位倾听者的面前处理自己的情绪可以降低我们发火的频率，给我们一些时间及时调整心态，避免完全陷在愤怒情绪之中。

第 14 章

父母的支持体系

当父母获得了有效的支持,就能比较容易地觉察到孩子的进步,也能够为自己预留足够的缓冲时间。同时,面对生活中的挑战,你知道能向谁求助,也经常有足够的精力给予孩子亲切的关注。

为解决一些难题——比如找到一份自己喜欢的工作、处理孩子们之间的争端或推动幼儿园某方面的改进——营造你所需要的支持,第一步是关注你自己。你(日常)感觉如何?很多父母意识到主要是以下几个老问题在损耗精力和扰乱情绪:孤独、难以主动求助、内疚和指责他人、困惑以及精疲力竭。上述任何一个问题的改善都能减轻你每天的负担,使原本耗费在那些不断淤积、发酵的情绪上的能量流向爱、游戏、友谊和每晚的安睡。

铺就一条走出孤独之路

是什么让你每天感到负担沉重?孩子出生之前的生活的哪方面让你很怀念?你觉得和谁很亲近?谁让你感觉自己很特别?谁了解并珍爱你独特的才能?谁会坚定不移地守在你身边?如果你自己的支持体系过于薄弱,你如何渡过难关?如何才能让你真正感觉得到了支持？你在幼年时曾得到过谁的支持？谁珍爱你？如果你没有得到过支持，你是如何找到足够的力量支撑你长大成人的？

下面是一位母亲讲述她是如何处理自己孤立无援的感觉的，以及在释放了那些情绪后发生的可喜的变化。

以前，每当情绪被触动起来的时候，我就忽视它们。我抑制着情绪，直至让自己与他人隔离并变得麻木。当我最终学会感受自己内心的情绪后，我发现自己有能力释放那些负面情绪。当我保持思维敏锐而且与他人有牢固的情感联结时，我会有更高的效率。

一次，我终于获得一天休假能陪伴儿子，我带着他去公园玩，在那儿偶遇了一位朋友，她刚开了一间美发厅。而我已经做了13年的发型师，还没能自己开店，但我"为她感到高兴"。整整20多分钟，我站在那里，听她喋喋不休地讲述自己的成功。之后的时间全被毁了：我开始感到孤立无援，变得对别人很挑剔，对儿子也没有耐心。我试图像往常一样抑制情绪：喝杯咖啡，打电话给一位朋友对一些不重要的事发发牢骚。但这些似乎都没能改变我的心情，我没办法把心思放在陪伴儿子这件事上。最后我意识到麻木自己的旧模式又出现了，于是主动向一位倾听伙伴求助。

在倾听伙伴的关注下，我讲述了刚才发生的事，详细到哪时哪刻我的心境发生了变化。我发现，有关成就感的负面情绪早在我的孩童时期就扎下了根。只是这些年我完全没有觉察到我一直背负着对自己的负面印象。随着我让自己沉浸在失败的感觉中，沉浸在那个发生在幼年时期的种下了那些感觉的事件中，持续哭了10分钟之后，我开始感觉到一种难以置信的轻松。那一天又开始显得明媚起来，我觉得自己就好像扔掉了一个塞满了痛苦的背包。我又能够把注意力放到儿子身上，陪着他，让他尽兴地玩乐。

再次遇到那位美发师朋友时，我发现自己对她的生意有了好奇心，也有兴趣了解她的成功和面临的挑战。倾听伙伴关系使我能以完全不同的心态面对之前让我难以应对的情境。

主动寻求帮助

我们在为当好父母各自为战时，很多人会认为自己做得不够好。但任何有经验的父母都会告诉我们，为了当好父母，我们有时候需要暂时放下孩子，给自己一些时间；我们需要其他人的关心和帮助；我们需要有机会与孩子一起思考和谈论生活的具体细节。向他人求助对于在现代社会中生活的人们来说难以启齿，特别是在个人主义文化中长大成人的个体。对于遭受种族歧视、性别歧视或者其他社会偏见的个体，主动寻求帮助更是难上加难，因为我们曾经遭受过冷酷和不公正的待遇，担心自己主动寻求帮助可能会证实那些偏见，但事实是，每位父母都应该获得帮助。

在寻求与他人的情感联结的尝试中，倾听伙伴关系很有帮助。在下面的例子中，一位单身妈妈讲述了倾听伙伴关系如何为她和母亲的关系转变铺平了道路。

我和女儿搬到离我爸妈家很近的地方居住。因为我有了一份新工作，爸妈同意帮我照顾女儿。有一天，我妈来帮我粉刷卧室。整个过程中，她不停地批评我：踢脚板安错了；刷墙的方法不对；应该早点儿打开窗户；没在冰箱里储存足够用作午餐的食物。

我一直在利用倾听伙伴关系思考有关我不放弃作为一个母亲的想法及需求的话题。其实我已经有很多次想放弃了。所以每当我意识到自己情绪低落时，我就努力思考自己该怎么办。我可以任由我妈继续这样唠叨，只要我听而不闻就好。或者是我生她的气,但这样无益于我们之间的关系,毕竟她是在帮我!最终,我想出了第三种办法:我要告诉她我的想法。我说:"妈,我心情好时,就会把事情做得更好,您能留心找几件我做得不错的事情,找到了就告诉我好吗?我想这样的话,我们会相处得更好。"她没回答,但她听进去了。后来,我们相处得好些了,她甚至有好几次对我说了鼓励和肯定的话。

关于内疚和指责他人

做父母不大可能达到完美。我们知识有限,无法控制环境,也得不到必要的帮助来把每一件事都做好。但我们珍惜、钟爱孩子,为自己身为父母感到骄傲。因此,父母应该更多地关注好的方面,这将有利于我们结交朋友,有利于为我们的家庭营造关爱的气氛。

因为自己做得不够完美而感到遗憾,我们需要把这些感觉通过诉说或哭泣释放出去。过去的事不能重来,但过去留下的那些感觉可以被释放出去。所以,如果你面前有一位倾听者能够在你释放那些伤痛的感觉时给你贴心的关怀,就请把注意力放在释放那些遗憾的感觉上吧。

指责他人是内疚的反面——向外寻找问题的原因。当你发现自己因为孩子的问题指责孩子,因为伴侣的问题指责对方,或因为其他父母惹你生气而指责他们,就是自己有大量情绪会随时爆发的信号。是的,人会犯错;是的,孩子的行为也不总受我们控制;是的,如果我们能够更好地把控自己的生活,事情就会好得多。但是我们确实不可能完全控制孩子的行为。我们也不可能通过责备孩子、责备他人或责备自己来弥补我们所经受的痛苦。

当你在自己的诉说时间里处理了内疚和指责他人的情绪后,

就会更容易接受那些你在乎的人，有更多的精力去思考如何使他们更有安全感，如何更好地与人联结。你会更主动地实施干预，更有能力长时间地倾听他们为了恢复最佳状态而做的情绪释放。

有时，不论是感到内疚，还是责备他人，都是源于我们对于家庭"应该"是什么样的期待。你的另一半"应该"下班后准点回家；你的孩子"应该"更友善地对待幼小的妹妹；孩子"应该"更多地说"请"和"谢谢"这些礼貌用语。

如果你发现实际情况和自己的期待不一样，那就努力把你的期待放下来。如果你已经非常努力了，但还是不能做到欣赏自己或其他人，那就给自己放个假。你可以连续两周停止为家人准备丰盛的晚餐，代之以胡萝卜、烤面包和花生酱；决定这个月不再去拜访亲戚们，哪怕他们可能会生气；午休时间小睡片刻，哪怕还在工作的同事会议论你；你应该自己决定什么对你有益，什么对你无益；当别人指责他人的模式发作时，你高高地昂起头来。你当然有理由去体验、尝试，为你自己、为你的家庭、为你所做的决定感到自豪。

以下是关于父母们如何处理内疚与指责他人的模式的两个例子。他们的经历说明，每个人都有可能战胜这些高度耗费精力的困难。

我3岁的长女就要上幼儿园了，这让我焦虑不安。我不想让自己的这些情绪影响女儿，于是就把它们讲给我的倾听伙伴。

在倾听伙伴的关注下，我意识到自己的恐惧源于孩提时与母亲的分离。我大哭着释放出每天早上女儿离家去幼儿园都可能会激起的那些情绪。我发现自己的不安情绪源于每当离开女儿都会感到的那种内疚。当我想起自己小时候是多么希望母亲能够更多地陪伴我时，我有了新的领悟。我明白了自己的负罪感来源于我不想让女儿也有自己当年的那种感觉。

得到伙伴的倾听让我感到释然并获得领悟。我不再像以前那样，容易被过去的经历触动情绪。我确信这也会让女儿更容易接受与我的分离。入园的第一天，女儿非常高兴，在那里玩得很开心，盼着第二天再去。到了周末，我又约了倾听伙伴，探寻和释放了自己的情绪。当女儿需要通过大哭一场来释放和我分离的感受时，我能够全身心地陪在她身边，不带情绪地、平静地倾听她。我花在倾听上的所有时间都是值得的！

还有一个例子：

我一直在利用倾听伙伴关系帮助自己处理因为难以为有学习障碍的女儿找到支持而感到的愤怒。倾听伙伴关系对我很有帮助，但我的愤怒情绪依然存在。我开始对着女儿发泄，弄不清愤怒的源头在哪儿。为什么我现在对她的行为如此恼怒？于是我继续将情绪带到我的倾听时间里去处理。

在一次倾听时间里，我提到："如果女儿像这样回应我母亲，她就会把孩子放倒在地板上。"倾听伙伴问我："你母亲接着会对她做什么？"天哪，我想，我们非得说这个吗？我说不出话来，感到非常害怕和内疚。我哭了起来。我的母亲不会轻易放过她，"你要是敢顶嘴，我就打你了"。孩子不能顶嘴，非洲裔孩子更不能顶嘴。我们每件事都得"做得正确"。很多都是生死攸关的。我们得顶住成见，我们得证明自己出身于一个好的家庭，得证明我们和周围的白人孩子一样优秀，一样有能力。这就是我所感受到的，一个来自美国南方非洲裔家庭的孩子所感受到的。非洲裔家庭的孩子经常会遭到惩罚，包括被抽嘴巴、被大人暴打一通。现在我们可以大笑着把那些事当笑话讲出来，但残酷的现实是，它们伤害了我们的心灵。现在我终于可以为这些伤害而哭泣并释放愤怒了。

我爱自己的父母，无法想象在养育孩子的过程中没有他们的支持会变成什么样。但是我不想剥夺孩子说话的权利，羞辱她，让她感觉不到自己的存在。如果我们从小受到的教育是"你不能和大人顶嘴",而你的孩子恰恰是无时无刻地与大人顶嘴的话,你会怎么做?你可以为自己安排一些倾听时间,在属于你的时间里,回到自己的幼年时光,你可以对母亲发脾气,说出孩提时代从未被允许说的话。然后,你可以告诉内心的那个孩子:"你很重要,有人在听你说。"那时你会想起,孩子的无礼表现其实只是他在深陷压力和困惑的时刻发出的呼救。

在具体行动上,我已经开始采用实施干预的方法。当女儿说话不礼貌时,我只是走到她身旁,对她说:"我们之间不能这样说话。"如果情况需要,我就做陪伴式倾听。这是一个小小的安静的空间,我就在这里开始改变世界,参与者是一位母亲和一个孩子。来吧!我准备好了!

底线是尽我们所能做到最好,即使我们忍不住责备了孩子或者自我感觉很糟。我们当然需要持续努力为自己构造支持体系,但只要我们能够不断学习,就不需要追求完美,我们都是很好的父母。

清除困惑

当我们必须为自己的家庭做决定的时候,困惑则不可避免。有些决定可能是每天都需要做的,比如,每天早上孩子一起床就哼哼唧唧的,我们该怎么办。还有一些重大决定——比如是否再要一个孩子,或者在孩子很小的时候你是否要去找份工作。倾听伙伴关系能帮助你更清晰地思考——连续安排几次倾听时间,每次针对你想到的其中一个选择。

以下是两位父母讲述倾听伙伴关系如何帮助他们找到难以做决定的根源,释放情绪,最终理清了思路。

一想到两个孩子在学校里的状态，我就感到焦虑。我不知道应该将极其敏感的儿子送到哪个学校，也不知道是否该让女儿继续留在现在的幼儿园，这个幼儿园的归属权发生了变化。每当朋友们问我过得如何，我就会陷入不安和恐慌。我们是该搬家呢，还是保持现状？我没法做决定，我想不清楚。

我带着这个问题和我的倾听伙伴约了时间，向她倾诉了所有的困惑和零乱的想法。倾听伙伴让我集中注意力关注自己的感觉：假如留在这里我会有什么感觉？我很肯定自己不会搬离现在居住的这个区域。在伙伴的倾听中，我边说边思考着如果不搬家应该怎么做可以让情况有所改变。我逐渐卸下了有关给孩子选学校的所有担忧。我感到头脑逐渐清晰，轻松多了。

自那以后，我能够采取实际步骤朝着我所需要的方向努力。我们难得有机会把自己所有的困惑都倒出来，从一团乱麻中理出头绪来，因为旁人总会打断我们或提供建议。而我则从倾听伙伴那里得到了我真正需要的支持。

第二个例子涉及一个时间比较长的情绪处理工程：

我有个非常重大的决定要做：是否要把家从现在所在的南边搬到北边的一个城镇。我妻子坚定地认为搬到北边可以为我们 2 岁和 13 岁的孩子提供更好的教育机会，我们也可以有更多的时间陪伴住在附近的她的父母。然而，我已经几乎 20 年没搬过家了，对于应对这次搬家可能会给我们带来的各种变化相当不自信。

我将自己的害怕和担心都倾诉给倾听伙伴，主要关注了对于告别的感受，引出了童年时父母离婚留给我的感觉。经过好一阵连哭带笑之后，搬家的想法变得没有那么恐怖了。倾听伙伴建议我再花一些时间处理一下我们继续留在原地带给我的感觉，这触动了我对于钱和我作为家里顶梁柱的角色的恐惧。我在这方面有大量的情绪要处理！

几次的倾听时间和深入思考之后，我能够做出搬家的决定了。

这是迄今为止我做过的最好的决定。

从倾听伙伴处获得帮助，意味着你会带着良好的自我感觉全面探索自己关于某件事的想法；而且，不论你做出怎样的决定，都可以从倾听者那里汲取善意和信心。无论你朝哪个方向走，你都能够带着良好的感觉迈出第一步。即便你选错了方向，倾听伙伴关系也能帮助你很快地识别错误，并且在必要时调整路线。

突破疲惫不堪的感觉

当你发现休息已经不能像往常那样使你精神振作，就可以假定你已经精疲力竭了。另一个迹象是，你有许多事情必须要完成，但你已经没有能力创造性地解决遇到的问题了。即便你工作一直很努力，你还是觉得自己得更加努力；即便你一直在叫喊，还是觉得自己喊得还不够；即便没钱你也要花钱买东西，你会想："只要我得到了这件东西，我的好运就来了。"但是以上这些没有一样能够使你对自己感到满意，或者对你的孩子感到满意。

精疲力竭的父母会有强烈的情绪，通常是孤独、担心或者绝望，还会夹杂着疲惫感。花些时间去回想别人对你的关心，可以使你释放那些压在心头的情感负担。在休息时或以后的时间里可能会引得你好好地哭一场。

下面的例子介绍了一位母亲如何在父母支持小组里处理已经开始妨碍她照料孩子的疲惫感。

有一段时间，我每每和孩子们在一起时，就会感到疲惫不堪。这也不奇怪，因为我的双胞胎儿子那时才两岁。但是即便是休息也无法缓解我的这种疲惫感。后来，我参加了一个父母支持小组。在那里，我痛痛快快地大哭了一场，触动并释放了自己童年的一些忧伤和丧失的感觉。当我离开时，我感到自己充满活力，变得开心了。我匆忙回到家，期待看到孩子们，兴奋地盼着和他们一起玩。后来我意识到只有释放了自己的情绪才能够带着活力和关注陪伴孩子。我也学会了尽早发现那些疲惫感，以便尽快给自己安排倾听时间。

下面是另一个例子：

星期五早上9点，我把车停在一家商店的停车场里坐在车上发呆，感到疲惫和崩溃。幸运的是，我约了倾听时间。我的倾听伙伴打来电话。我们各自有15分钟，我先开始，我需要先说。

"我在听你说。"她说。我一下子哭了出来，何止是哭，简直就是狂风暴雨，不做任何解释，没有任何逻辑。最初5分钟，我号啕大哭，停不下来，我觉得自己像是一个"神经病"一样对着在电话另一头的什么人放声痛哭，但是我很庆幸为自己寻求了这样的帮助。

在剩余的时间里，我滔滔不绝地讲着自己有多想取消所有的事情——取消下个月的所有计划，包括感恩节和圣诞节。我太累了，觉得被压垮了。我只想要休息，绝对不想烹制火鸡也不愿意烤制任何馅饼。我的倾听伙伴只是听着，偶尔会发出令人安心的低语，或者说："是的，把所有的事情取消。"

15分钟结束的时候，我的脑子开始恢复正常，我意识到经过周末的休息，周一我有可能感觉好些，我并不是真想取消感恩节计划。

然后，带着感激，我开始倾听对方。能够倾听另一位母亲，并能够将我刚才获得的亲切的关注回馈给对方，让我感觉很好。至于过感恩节，我把倾听时间列在我的感谢清单之首。我还是烹制了火鸡，但是让一位朋友带来了馅饼。

在我看来，我们所感到的精疲力竭有很多都是由找不到出口的情绪压力所引起的。一旦有人倾听这些情绪，使它们得到释放，就仅剩下疲倦了。你可以放松下来，能够想出怎么让自己好好休息的办法。

为你的家庭建立"同盟军"

你最好的同盟者可能正从孩子玩的沙箱的对面，或是从会议室的另一头盯着你看。联合其他父母进行互助。加入当地的父母团体、运动团体或者是你和孩子可以与其他家庭聚在一起的"公园日"活动，开始发展你的"父母圈"。邀请朋友加入你的育儿之旅会带来巨大的改变。

还可以在家庭内部寻求同盟者。鼓励孩子多与你的父母、兄弟姐妹或其他家庭成员接触，建立亲密关系，这会让你有机会喘口气。学会接受家庭成员的帮助，甚至是那些与你的看法处处相左的人的帮助。即便是外婆让孩子吃了过多的糖果或者小姨忘了给孩子擦防晒霜。

下面讲的是一位父亲的经历。他打算在自己家和女儿的新学校之间建立紧密的联系，却被告知那不可能。他在倾听伙伴的关注下释放了自己的情绪，在女儿新学校的会议上很好地倾听了园长和老师，结果，原先关闭的门为他敞开了。

去年春天，离女儿上幼儿园还有几个月的时候，园长和幼儿园老师宣布他们不再允许父母志愿者进入教室了。我上夜班，因此我可以在上午做些志愿服务。我真心希望能帮助女儿要去的公立幼儿园办得更好。我看得出来其他父母也抱有同样的想法。我在倾听时间里释放了情绪，决定说出我的想法。

开学几个星期后，我独自去了当地的学校理事会会议，有些忐忑。我将"孩子课堂上的父母志愿者"这个议题写在了公开讨论议程上。这个话题是这场公开讨论会的唯一议题,在会上我侃侃而谈。我说:"我不希望女儿的学校只是一个孩子寄存处。"理事们都点头表示赞同,并说父母的参与听起来不错,但还是要由园长决定。于是,园长站起来,对着我振振有词地说了大概10分钟。他从"教室里需要的是老师,而不是父母"说起,称"父母该放手了",甚至说"如果你这样看问题,你可以在家里教育你的孩子"。我一直在努力地听他讲话,因为可以清楚地看出他的焦躁不安。所以我对着他微笑、点头,尽管心里想着:"这都说的是什么啊!"

休息的时候,园长过来找我,我又一次倾听他。然后我告诉他,我知道他在一整天的工作之后还要在晚上开这个会是多么辛苦。我询问了他本人和幼儿园的一些情况。我让他知道我已经考察了所有可能的选择,而他的幼儿园是我希望女儿能去的地方。

出乎我的意料,他突然开口说道:"我得让你进入课堂。"会后,女儿所在班的老师找到了我。我说:"有一件事我想说明白,我真心赞赏您这位老师。"她笑了。我说,我知道她自己可以做好工作,而我只是想帮助她,我会照她的话去做。她大笑了好一会儿。最后谈话结束的时候,她邀请我在下周四来帮忙。几个月以来一直坚持不让我进入教室的两个人就这样改变了主意,对我开了绿灯。

当晚回到家以后我激动得哭了,我把整个过程告诉了妻子。先是在公众场合受到那样的贬斥,然后还要以友善的态度对待他们,耗尽了我所有的能量!那个周四我在课堂上过得很愉快。我从9点待到11点半。我和老师也有交流,那个上午我感到越来越自如。孩子们也非常喜欢我在那里。

你值得获得足够的帮助、有力的支持,你与孩子的联结让整个家庭充满生气。要想放松地和孩子们相处,你需要有人作为朋友、倾听者、专业的育儿者来支持你。找到他们、赞赏他们、了解他们，让他们与你更亲近。他们会感到在生命中遇到你是多么幸运。从小事做起，与他们在公园里聚会，和他们一起安排一场活跃的周日篮球赛或者儿童书籍交换活动。从那儿开始，让他们和你成为"一伙儿"。

第 15 章

前方的路

你的独立思考很重要

做父母最难的事情是无论用什么方法，你都无法完全确定你是否做对了。所以，你得自己尝试、观察和思考在自己的家里怎样做最好。你需要留意自己对所采用的方法有什么感觉，它是否体现了你的价值观，它看起来是否有利于传递你的爱。它尊重孩子的智慧和独特性吗？尊重你的智慧和独特性吗？当事态变得棘手时，它会提示你把爱放在一边，还是鼓励你向孩子伸出援手？它是否告诉你如何处理履行父母职责时产生的压力？

我想我们做父母的应当受到鼓励去发现那些能够让我们，也让我们的孩子，达到最佳状态的方法。我们需要一些信息让我们知道遇到困难时我们如何相互帮助。找到这样的信息时，你仍然需要先尝试一下，看看它们是否对你和孩子有用。然后，你必须相信自己的判断。这就是父母能做到的最好的事。

我们提供的信息很简单：倾听能把我们联结起来。当我们感觉到彼此的联结时，就会感到足够的安全，能够清除情感上的伤痛，使我们能够恢复享受乐趣的能力，能够享受彼此，实施必要的干预，完成重要的工作。

在"手拉手做父母"育儿中心，我们学会了通过倾听打开彼此的心扉，治愈昔日伤痛。倾听能够帮助我们找到共同点，即使道路漫长；倾听能够给予我们为公正而努力的勇气，能够阻止我们放弃彼此；倾听能够赋予我们解决复杂问题的韧性，能够帮助我们形成更好的判断；倾听能够在不同的种族、阶层、信仰、年龄和境遇间建立桥梁；倾听能够把陷入冷寂世界的亲人带回我们温暖的怀抱。

倾听能够帮助孩子释放潜能

在本书中你读到的由父母们讲述的一百多个故事表明，倾听孩子可以改善孩子的观念和行为。其中几个故事甚至证实，假以时日，父母使用倾听方法能够使孩子的整个状态放松下来。当然，这需要父母的大量努力，需要父母愿意去面对他们自己的焦虑不安。

可是那些由使用倾听方法的父母养育成人的孩子们现在怎么样了？他们以自我为中心吗？情感脆弱吗？有良好的判断力吗？

我们与一些这样长大的孩子保持了联系，他们的父母于20世纪90年代参加过我们举办的课程或阅读过相关读物。这些父母属于不同的种族、阶层，经济状况也各不相同。他们的孩子现在怎么样了？首先需要说的是——孩子们现在也各不相同。下面是关于他们的孩子在生命中的第三个十年正在做什么的简要信息。

让我们从一个在 22 岁已经实现了童年梦想的男士说起。他在欧洲踢了两年职业足球，现在已经成为成功的私人教练。另一位年轻女性，赢得了大学全额奖学金，之后又获得了富布赖特奖学金。还有一位极有天赋的年轻小伙,在美国的一座大城市为无家可归的青年人提供咨询服务。另有一位年轻男性在经营着一家文身店;一位年轻女性在一家大公司做部门主管。还有一位年轻女性作为双语儿童顾问和救济工作者,为那些处于危难中的父母和孩子服务。一名年轻男性自高中毕业后成为社会活动家,目前是美国联邦第五巡回上诉法院的一位法官的助手。还有一个年轻人在从事他非常中意的工作,他高中刚毕业就被聘请设计太阳能装置。他年仅21岁,薪酬不菲,负责培训新员工,在老板度假期间被指派负责公司。还有一位年轻女性是舞蹈家和初露头角的神经科学家,以优异成绩毕业于一所名牌大学。另一位年轻女性在上大学期间就获得了在印度、意大利和法国的工作经历,她现在效力于一家开展自行车租赁业务的公司来促进城市交通模式变得更加环保。

　　这些年轻人中有很多来自经受过巨大坎坷的家庭。有的来自单亲家庭,有的曾受困于学习障碍;许多人不得不忍受种族歧视。但是他们在父母的支持下克服了重重障碍,取得了很大的成就。

　　他们之中的几个人在二十出头、努力在社会上立足之际,被其中的一个女孩召集了起来——他们都是经常随父母参加"手拉手做父母"育儿中心的活动的孩子。在她的发起下,他们建立了一个支持小组,相互帮助着克服贫穷、种族歧视带给他们的影响,让大家一起努力向上。连续两年,他们每个星期都做相互倾听,没有让一个人放弃努力。后来她在美国东海岸一个大城市为那里处于危境的年轻人创立了舞蹈和领导力培训项目。

　　这些年轻人在面临困境时,不会在公共场所失控流泪;当车子被贴罚款单时也不会乱发脾气。他们往往更在意情感支持,会为自己建立正式或非正式的情感支持。在遇到重大问题时,他们往往愿意让父母作为自己信任的倾听者。

　　他们的父母非常欣慰并以他们为傲。这些父母在孩子渡过青春期时坚持使用倾听方法,以足够的爱和干预维护了彼此的联结,渡过了那些令人煎熬的境况。这些年轻人积极投身社会，同时与父母保持着很好的联结。他们找到了通往做自己所爱之事、过健康生活的道路。

为自己营造支持系统以便能够平静地倾听孩子释放情绪，这并不会使孩子成为超人，也不能为他们挡住所有的困难。但据我们所知，在这样的家庭环境中成长起来的年轻人具有很强的抗压能力。他们在困难时刻也能保持一种学习的心态。他们知道，不安的情绪是可以被释放出去的；挫折仅仅是一种感觉；当我们与其他人建立了深层联结后会变得更有力量、更聪明。这些年轻人仅仅是很小的样本中的一部分，还有很多十几岁或正值青春期的青少年，他们的状况看上去同样令人鼓舞。

如果我们回看自己十几岁或青年时期的生活状态就会发现，来自成年人的倾听能够培育孩子的智商以及抗压能力。任何一个曾在年少时有机会让成年人认真地倾听过自己感受的人，都会记得这段经历。我们中有很多人的生活因为当年那个富有爱心的倾听者而改变。想象一下，我们的孤独和自我怀疑会在得到几小时或几个星期的倾听就发生了改变，而不是等到几年之后。

倾听释放我们自己的潜能

在使用倾听方法为自己构建支持时，我们的领导力也同时获得了增长。首先，我们学会了倾听，可以解决孩子和我们自身的一些小的或中等程度的问题。随着我们更多地发现自身拥有的能量，我们就可以处理更大的问题，那些问题影响了我们的自信心、家庭关系、邻里关系以及学校表现。在这个过程中，我们会为他人赢得尊重并不断提高自己倾听的技巧。

上面的认识可以用我在一家大型生物技术公司领导了近三年

的父母支持小组的情况来阐明。那家公司的6位父母经过几次午餐时的交谈，有兴趣建立一个支持小组。于是，我们利用每星期的一个中午做一次小组活动，每次75分钟。小组的成员来自不同的种族，经济状况也各不相同。组员包括一位机械维修师和他的妻子——人力资源部的职员；一位秘书；两个博士研究员和其中一个研究员的妻子——一名家庭主妇。他们的孩子都很小，有的进入了公司办的口碑不错的托幼中心。

在小组里，我们带着尊重轮流倾听每一位父母。我们会谈到自己在育儿体验中的亮点和烦心事。我们经常大笑，想哭的时候就哭。随着时间的推移，我们之间建立了很深的信任和愉悦的关系。通过应用倾听方法，每一位小组成员的生活都变得更好了。第一年年底，他们在育儿方面都取得了令人感动的成功，有的人把倾听方法很好地应用在处理令人惊恐的情境中。

到了第二年年底，更大的变化出现了。那位秘书已经释放了许多源于自年幼起身体上与别人的差异带给她的困扰，获得了很大的自信，开始拓宽自己及其职业生涯的发展前景。那位家庭主妇有阅读障碍，第一次开始努力克服对阅读的恐惧。两位博士研究员中的一人已经获得了五年来的首次升职，并且惊讶地发现他其实喜欢自己的工作。而那位职员也变得对自己的想法更有自信。

机械维修师的儿子最喜欢的两个老师相继离开了托幼中心，这引起了他的关注。通过倾听其他老师，他了解到许多老师都不喜欢该中心的主任，因此老师的流失率很高。他去见了中心主任，主任设法打消了他的担心。当他得知又有几位老师也打算离开时，他向公司吁请解雇托幼中心主任。起初，他处处碰壁。他似乎是唯一注意到这个问题的父母。在每周的小组活动中，他都会处理自己的沮丧情绪。当公司的管理者为父母们举行了一场大型会议专门讨论托幼中心的情况时，所有人都轻蔑地对待他。

但是他继续坚持。又过了一段时间，大部分的父母开始像他一样担心中心的问题。那时几乎已经过去了整整一年，但他们最终获胜了。公司请了新的、反应迅速的管理人员。这位父亲做出的不寻常的努力所需的情感支持来自他的妻子和强有力的午间小组。

我们看到，定期使用倾听方法的父母的领导力均有发展。他们对自己解决问题的能力的自信持续增长，他们的支持网络也在扩展。和他们自己独自奋战的时候相比，彼此的联结使他们变得更有力量。由于他们能够和孩子很好地联结，孩子也带着更多的自信不断成长。

通过育儿，我们能够让事情发生改变

发生在我们周围的事情表明，早已过时的具有破坏性的人类思维定式正摇摇欲坠。假借种族、阶级、宗教、经济地位和国别之名，在人与人之间和群体之间存在的传统分工和激烈竞争长期耗损着人们的精力和智慧。我们需要采用全新的、合作的、包容的方式去促进和平，分享资源，指导和培育我们的孩子，确保人权，爱护我们的地球，建立人性化的社会，为所有人享有正义而努力。我们自己以及我们培育后代的努力正是其中至关重要的一环。毕竟，是我们在培育未来领导者和创新者的才智和意志。

我们来看看过去60年间美国在社会习俗、法律、习惯等方面因为父母们的引领而产生的三项改变，这些改变已经让我们所有人获益。第一项是为智力残疾儿童建立服务机构，并逐步推动对这类人群的包容性。在我小时候，如果谁家的孩子智商不正常，通常会被隐藏起来或是送到专门的机构。我的母亲带领大家设立和资助了旨在帮助这些孩子和他们的父母的各项服务。现在每个社区都能找到这种服务。在这个过程中，我们的社会已经变得更为包容，尽管仍然存在有待改进的空间。

"反酒驾母亲协会"（MADD），又一个普通人努力的成果，使酒驾变成过街老鼠，人人喊打。在立法、量刑和社会观念诸方面的改变极大降低了公众对酒驾的容忍度。如今，人们在 1980 年以前从未听说过的代驾已经成为社会规范。据 MADD 统计的数字，与该协会刚成立时相比，美国每年因酒驾死亡的人数减少了至少一半。

最后一项是由父母们和分娩指导师所引领的影响了上一代或上两代人的一场温和却重大的改变——让父亲参与分娩。在 60 年前的美国，父亲参与分娩过程几乎是闻所未闻的，如今却很平常，这有助于父亲与孩子建立联结以及作为主要养育者处在应有的家庭位置上。

作为父母，我们数量庞大；作为父母，我们具有影响力。当我们与其他父母行动一致时，传统观念和社会惯例就会发生改变。作为父母，我们很愿意看到为父母建立情感支持的做法能够如同日常刷牙一样平常、普遍。

倾听能够把我们联结在一起。倾听可以使我们焕然一新；倾听能够使我们有机会了解彼此；倾听能帮助我们深入了解自己的孩子，就像我们当初总希望父母能够理解自己一样；倾听能够给予我们力量，去帮助孩子解决问题；倾听让我们变得更加智慧。

是时候利用联结、合理的干预和倾听孩子去替代命令与控制了。对父母的支持是第一步。在任何一个社会，如果想保持并发挥人们的潜能，支持父母都是必要的基石。我们正是在播撒引发改变的种子。

希望您能够加入我们，开始使用本书所讲述的倾听方法，与他人建立联结，自信地实施合理的干预。倾听，不怕犯错误，这样你就能够持续学习。跟随你内心最好的思考，你的努力将带给你自己、你的家庭和我们的世界持久且巨大的收益。

译者后记

很高兴参与了帕蒂·惠芙乐这部著作的翻译工作,把凝聚着她几十年心血的育儿理念和经验通过这本书完整、全面地分享给国内的读者。

这是我第二次参与翻译帕蒂的著作。第一次是翻译帕蒂撰写的"倾听孩子"系列中的七本小册子。为便于出版,我们按其内在逻辑编辑成书,取名为《倾听孩子——家庭中的心理调适》(以下简称《倾听孩子》),由北京大学出版社于1998年出版。迄今,该书已更新至第三版,随着陆续编入了帕蒂的新文章,字数也从最初的16万增加到现在的近24万。现在想来,该书的出版使中国的父母提前20年分享了帕蒂的独特理念和实践。

我第一次听说并见到帕蒂·惠芙乐是在1993年的春天。

那时我正在威尔士读一个一年的课程,我从当地的倾听(我几年前开始学习的一种通过两人之间交换倾听时间做情绪管理的方式)伙伴那里得知,南英格兰的一座城市将举办一场家庭咨询活动,活动主持者之一是帕蒂·惠芙乐。这是我第一次听说这样的活动,充满好奇,不想错过。

待到报名时,我却遭到了活动组织者的拒绝。我被告知该活动是为具备一定相关经验者举办的示范性研习班,而我完全没有参加家庭咨询活动的经验。我只好向当地相关团体的领导求助,说明这次机会对于我来说是多么难得,最后总算获准参加。

活动一开始就让我目瞪口呆:只见个头不大的主持人帕蒂刚

站到人群的前面，还没开口，一群孩子就上前把她团团围住，她全身上下立刻"挂满了"孩子。她刚要说话，就有孩子去捂住她的嘴、蒙住她的眼。她的开场白就是在这样的一片混乱中进行的。随后发生的事证实，组织者拒绝我是有道理的。对家庭咨询活动一无所知的我犹如堕入五里雾中，完全找不着北。因为意识到自己的确不够格参加这个活动，所以尽管我几乎立刻被那些孩子发出的"噪声"搅得头昏脑涨，也根本不好意思向任何人求助，还得假装没问题。而成年人都已进入活动中的角色——孩子的倾听者，根本没有人顾得上关注我，为我做任何"解惑"。我完全是硬着头皮"挨过"活动的第一个半天的：茫然地跟随另外两位女士寸步不离地追着一个三四岁的不停地大哭大喊的小女孩，我一边纳闷她为什么大哭，一边盼着小女孩快点安静下来。当时我的确有点后悔来参加这个活动。

对我来说，终于悟到点儿什么是在第二天的晚上。在专门为孩子安排的"才艺展示"时间里，大大小小的孩子们在众多成人的鼓励喝彩声中依次挑战跳山羊，连我陪伴过的那个爱哭的小女孩也精神抖擞毫不畏惧地一试再试，失败了、摔倒了非但不哭一声，还哈哈地乐。一个曾让我很讨厌、总是调皮捣蛋到处惹事的八九岁的男孩子，此时却表现得非常善解人意、热心助人、行为得体。这些都让我吃惊不解：他们怎么会前后判若两人呢？

第三天活动结束之前，帕蒂和另一位主持人为参加活动的四五十位成年人做了答疑。虽然我依然基本听不明白，但我相信这个活动值得我去深入了解，于是毫不犹豫地买了一套现场提供的由帕蒂撰写的小册子。

那年秋天回到北京后，我陆续读了那些小册子，茅塞顿开，那次家庭咨询活动留给我的困惑也都有了答案。这些小册子，即帕蒂撰写的"倾听孩子"系列——"专门时间""游戏中的倾听""孩子哭泣的时候""孩子恐惧的时候""孩子发脾气的时候""孩子愤怒的时候"以及"听你听我"，如此清晰透彻地解释了孩子情绪的由来以及如何用倾听的方法帮助孩子处理情绪。想到其中的理念和实践必能帮助国内的父母，我决定和志同道合的伙伴们一起把它们翻译过来，编成一本书出版。

经过两年多的时间完成了编译，参与编译的中国科学院心理所的李美格老师通过北京大学心理学系的老同学的介绍，把书稿送到了北大出版社，并获得了出版社的认可，使《倾听孩子》得以在 1998 年年底出版。

那次给帕蒂写信请她允许我们把"倾听孩子"系列编译成书的经历也开启了我们延续至今的联系。《倾听孩子》出版后，次年 8 月帕蒂受邀来华，分别在北京和深圳举办了家庭咨询培训活动及讲座，为中国的父母、青少年教育工作者、心理咨询工作者生动地展现了她多年来一直倡导的新鲜理念和实践。我有幸全程陪同和参与了帕蒂在华的各项活动。

自那之后，我和伙伴们也开始用帕蒂《倾听孩子》的理念和实践陆续在北京和其他地方开展家庭咨询活动。

和帕蒂的第三次见面是在 2015 年夏天。她告诉我，她正在朋友们的全力支持和鼓励下与人合作撰写自己的第一本书，理念和我们根据她写的小册子编译而成的已出版多年的《倾听孩子》虽无二致，但在内容的组织和编排上会更加完善，具体实例也会更加丰富。

一年后，这本书在美国如期面世。

现在，这本书的中文版也和中国读者见面了。相信已经读过《倾听孩子》的父母们会发现，这本书尽管似曾相识，却依然能带给我们很多新的信息、新的启发，值得一读再读。

译者于北京
2018 年 5 月